中国社会科学院重大课题
国家“十五”重点出版项目

列国志

GUIDE TO THE WORLD STATES

中国社会科学院《列国志》编辑委员会

利比亚

◉潘蓓英 编著

社会科学文献出版社
SOCIAL SCIENCES ACADEMIC PRESS (CHINA)

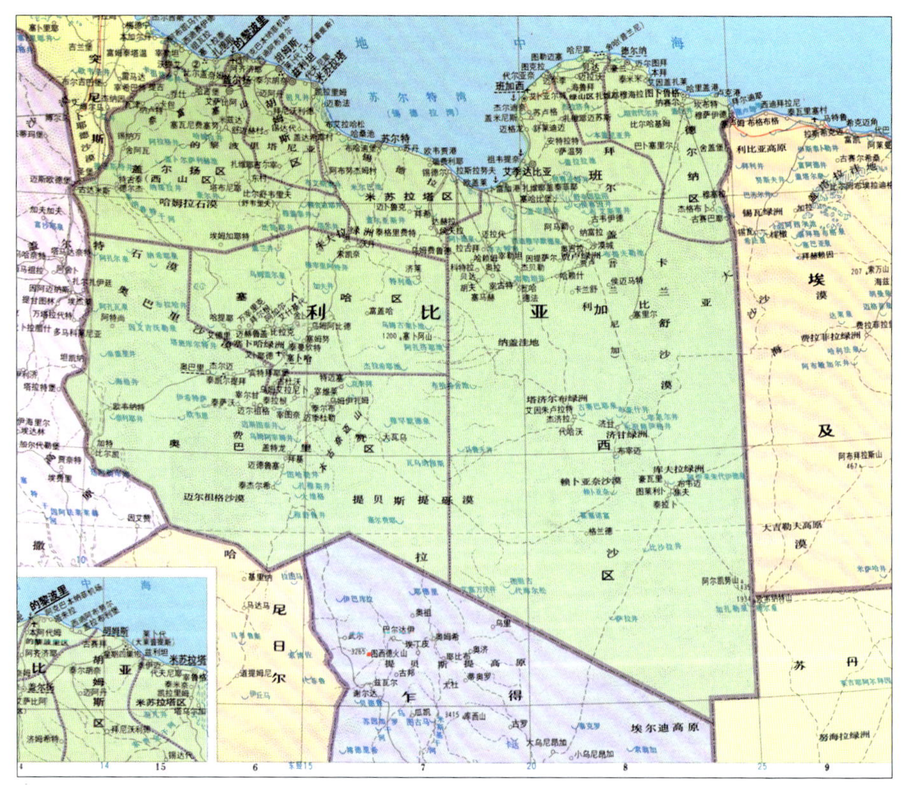

利比亚行政区划图

利比亚国旗

利比亚国徽

用石灰石建造的古代公共浴室

昔兰尼古城的
宙斯神庙遗迹

塞维鲁集会场
北缘的精美石雕

莱普蒂斯华丽的剧场遗址

塞卜拉塔剧院舞台下部的浮雕

豪华的班加西UZO饭店

班加西商务中心

柏柏尔人在
卡巴建造的粮仓

盖尔尤尼斯大学

旧城一角

实施农业发展计划成效显著

高层住宅

渔民

卜雷加天然气液化工厂

沙漠绿洲

现代化公路

草地上的羊群

民宅前的小巷

海滨旅游设施

乡间公路绿树成荫

前言

自1840年前后中国被迫开关、步入世界以来，对外国舆地政情的了解即应时而起。还在第一次鸦片战争期间，受林则徐之托，1842年魏源编辑刊刻了近代中国首部介绍当时世界主要国家舆地政情的大型志书《海国图志》。林、魏之目的是为长期生活在闭关锁国之中、对外部世界知之甚少的国人"睁眼看世界"，提供一部基本的参考资料，尤其是让当时中国的各级统治者知道"天朝上国"之外的天地，学习西方的科学技术，"师夷之长技以制夷"。这部著作，在当时乃至其后相当长一段时间内，产生过巨大影响，对国人了解外部世界起到了积极的作用。

自那时起中国认识世界、融入世界的步伐就再也没有停止过。中华人民共和国成立以后，尤其是1978年改革开放以来，中国更以主动的自信自强的积极姿态，加速融入世界的步伐。与之相适应，不同时期先后出版过相当数量的不同层次的有关国际问题、列国政情、异域风俗等方面的著作，数量之多，可谓汗牛充栋。它们对时人了解外部世界起到了积极的作用。

当今世界，资本与现代科技正以前所未有的速度与广度在国际间流动和传播，“全球化”浪潮席卷世界各地，极大地影响着世界历史进程，对中国的发展也产生极其深刻的影响。面临不同以往的“大变局”，中国已经并将继续以更开放的姿态、更快的步伐全面步入世界，迎接时代的挑战。不同的是，我们所面临的已不是林则徐、魏源时代要不要“睁眼看世界”、要不要“开放”问题，而是在新的历史条件下，在新的世界发展大势下，如何更好地步入世界，如何在融入世界的进程中更好地维护民族国家的主权与独立，积极参与国际事务，为维护世界和平，促进世界与人类共同发展做出贡献。这就要求我们对外部世界有比以往更深切、全面的了解，我们只有更全面、更深入地了解世界，才能在更高的层次上融入世界，也才能在融入世界的进程中不迷失方向，保持自我。

与此时代要求相比，已有的种种有关介绍、论述各国史地政情的著述，无论就规模还是内容来看，已远远不能适应我们了解外部世界的要求。人们期盼有更新、更系统、更权威的著作问世。

中国社会科学院作为国家哲学社会科学的最高研究机构和国际问题综合研究中心，有11个专门研究国际问题和外国问题的研究所，学科门类齐全，研究力量雄厚，有能力也有责任担当这一重任。早在20世纪90年代初，中国社会科学院的领导和中国社会科学出版社就提出编撰“简明国际百科全书”的设想。1993年3月11日，时任中国社会科学院院长的胡绳先生在科研局的一份报告上批示：“我想，国际片各所可考虑出一套列国志，体例类似几年前出的《简明中国百科全书》，以一国（美、日、英、法等）或几个国家（北欧各国、印支各国）为一册，请考虑可行否。”

中国社会科学院科研局根据胡绳院长的批示，在调查研究的基础上，于1994年2月28日发出《关于编纂〈简明国际百科全书〉和〈列国志〉立项的通报》。《列国志》和《简明国际百科全书》一起被列为中国社会科学院重点项目。按照当时的计划，首先编写《简明国际百科全书》，待这一项目完成后，再着手编写《列国志》。

1998年，率先完成《简明国际百科全书》有关卷编写任务的研究所开始了《列国志》的编写工作。随后，其他研究所也陆续启动这一项目。为了保证《列国志》这套大型丛书的高质量，科研局和社会科学文献出版社于1999年1月27日召开国际学科片各研究所及世界历史研究所负责人会议，讨论了这套大型丛书的编写大纲及基本要求。根据会议精神，科研局随后印发了《关于〈列国志〉编写工作有关事项的通知》，陆续为启动项目拨付研究经费。

为了加强对《列国志》项目编撰出版工作的组织协调，根据时任中国社会科学院院长的李铁映同志的提议，2002年8月，成立了由分管国际学科片的陈佳贵副院长为主任的《列国志》编辑委员会。编委会成员包括国际片各研究所、科研局、研究生院及社会科学文献出版社等部门的主要领导及有关同志。科研局和社会科学文献出版社组成《列国志》项目工作组，社会科学文献出版社成立了《列国志》工作室。同年，《列国志》项目被批准为中国社会科学院重大课题，国家新闻出版总署将《列国志》项目列入国家重点图书出版计划。

在《列国志》编辑委员会的领导下，《列国志》各承担单位尤其是各位学者加快了编撰进度。作为一项大型研究项目和大型丛书，编委会对《列国志》提出的基本要求是：资料详实、准确、最新，文笔流畅，学术性和可读性兼备。《列国志》之所以强调学术性，是因为这套丛书不是一般的“手册”、“概览”，而是在尽可能吸收前人成果的基础上，体现专家学者们的研究所得和个人见解。正因为如此，《列国志》在强调基本要求的同时，本着文责自负的原则，没有对各卷的具体内容及学术观点强行统一。应当指出，参加这一浩繁工程的，除了中国社会科学院的专业科研人员以外，还有院外的一些在该领域颇有研究的专家学者。

现在凝聚着数百位专家学者心血、约计200卷的《列国志》丛书，将陆续出版与广大读者见面。我们希望这样一套大型丛书，能为各级干部了解、认识当代世界各国及主要国际组织的情况，了解世界发展趋势，把握时代发展脉络，提供有益的帮助；希望它能成为我国外交外事工作者、国际经贸企业及日渐增多的广大出国公民和旅游者走向世界的忠实“向导”，引领其步入更广阔的世界；希望它在帮助中国人民认识世界的同时，也能够架起世界各国人民认识中国的一座“桥梁”，一座中国走向世界、世界走向中国的“桥梁”。

《列国志》编辑委员会

2003年6月

CONTENTS

目 录

CONTENTS

目　录

CONTENTS

目 录

CONTENTS

目录

CONTENTS

目 录

CONTENTS
目 录

CONTENTS

目　录

序

二战结束至今的数十年中，世界风云迅急变幻，形势起伏跌宕，亚非拉民族解放和独立运动蓬勃发展，不同政治、种族、宗教力量和思潮不断激荡着全球各个角落，而中东地区一直是一个令世人特别关注和研究的热点地区。地处非洲大陆北端和中东地区西翼的阿拉伯国家——利比亚，一向以其优越的地理位置和悠久的文明历史而引以为自豪。1969 年，以穆阿迈尔·卡扎菲为首的自由军官组织发动“九一”革命推翻旧王朝之后，利比亚进入了一个全新的卡扎菲时代。卡扎菲撰著的《绿皮书》很快成为这个国家全方位的绝对指导思想，该国的政治、经济、文化、社会面貌和内外政策无不体现出卡扎菲的独特思想和理论。从此，利比亚与卡扎菲这个名字紧密地联系在了一起，卡扎菲似乎成了利比亚的代名词。

卡扎菲是一位神奇、独特、很有思想和个性的政治风云人物。他是非洲大陆和阿拉伯国家中，于20 世纪 60 年代领导本国人民取得民主民族革命胜利，而至今仍然健在且一直掌权的唯一一位国家领导人。在当今国际政治舞台上，也只有古巴国务委员会主席菲德尔·卡斯特罗可以与其相提并论。但卡扎菲经常语出惊人，见解独到，行踪诡秘，居无定所，其人其事以及他的思想、理论和治国方略却是世间独一无二的。为此，卡扎菲的言谈举止、何去何从，往往成为国际社会关注的焦点，而利比亚也随之名扬四方。

潘蓓英教授编著这本列国志《利比亚》分卷，无疑是应运当前国际形势的发展以及广大读者渴望了解利比亚的需求。她广泛收集国内外的相关资料，埋头钻研和考量，精心梳理和撰写，为完成此书倾注了不少心血。我本人曾在中东地区工作20多年，并在利比亚出任大使3年有余，与“九一”革命领导人卡扎菲上校直面交往多次，对这个国家及其领导人的印象颇为深刻。如今有幸拜读这一书稿，觉得格外亲切和迷恋，深感此书是一部很好的书。

该书编排有序，章节清晰，层次分明，文字通俗易懂，读者浏览此书，目录和概要一目了然，便于阅读和查寻相关资料。书中引用的所有资料和数据均有可靠出处，且比较翔实和鲜活。对国家文献、数据和新闻管制非常严格的利比亚来说，此书能够做到这一点，实属不易。更值得特别一提的是，该书涵盖的内容十分丰富和全面，对利比亚古往今来的一些重大事件都有详述和反映，尤其是对利比亚古今历史和现状、卡扎菲《绿皮书》和世界第三理论、人工河宏大工程、洛克比事件前因后果等诸多内容的撰写更显得丰满和厚重，这些章节也正是了解和关注利比亚这个特殊国家的主要架构和组成部分。

另外，此书也是我国学术界和图书出版市场多年以来第一部全面介绍利比亚的综合性书籍，是一本很有价值、很有吸引力的新书。它兼顾和满足了众多专业人士和广大读者两大群体的需要与期待。对专业人士和有关专业高校师生来说，此书是一本难得的参考书，很有参阅和收藏的价值。对于非专业的广大读者来说，此书具有可读性、知识性和现实性的鲜明特点，其丰富多彩的内容更具特有的吸引力，尤其是此书充分揭示了一个独特的人物（卡扎菲）、一个独特的理论（世界第三理论，即非资本主义、非共产主义的第三条道路）、一个独特的国家（当今世界上唯一的一个人民社会主义民众国）……这一切足以引起广大读者的浓厚兴趣。

中国前驻利比亚大使　秦鸿国

2006年4月20日

第一章
国土与人民

第一节　自然地理

一　地理位置

利比亚位于非洲北部，地跨东经 9°～25°，北纬 18°45′～33°。北邻地中海，海岸线长 1770 公里，领海宽度为 12 海里。东面和东南面与埃及（两国边界长 1115 公里）和苏丹（边界长 383 公里）为邻，南面和西南分别与乍得（边界长 1055 公里）和尼日尔（边界长 354 公里）接壤，西北为突尼斯（边界长 459 公里），西面为阿尔及利亚（边界长 982 公里）。利比亚国土面积为 1759540 平方公里，相当于英国、法国、荷兰、比利时、卢森堡、意大利、西班牙、葡萄牙等国面积的总和，在非洲居第 4 位，全世界居第 15 位。

利比亚地理位置十分重要。它位于地中海南岸，是地中海沿岸国家中海岸线最长的国家之一。的黎波里、卜雷加、班加西、德尔纳、托卜鲁克等都是由大西洋经直布罗陀海峡进入地中海后，往北经爱琴海穿越达达尼尔海峡和博斯普鲁斯海峡到达黑海，或往南穿过苏伊士运河进入红海到阿拉伯海和印度洋两条航线上的重要港口。利比亚又处于非洲北部的中心，与欧洲的希腊、阿尔巴尼亚、意大利、法国、西班牙、马耳他等国隔海相望。它与意大利的西西里岛的直线距离不过200公里，同亚洲西部的土耳其、塞浦路斯、叙利亚、黎巴嫩等国家也相去不远。在历史上，利比亚是亚洲和欧洲殖民国家争夺的对象，先后十多次遭到异族入侵。但优越的地理位置又为利比亚开展对外贸易、航空及其他活动提供了有利条件。

二　主要城市与行政区划

1. 的黎波里

利比亚的首都的黎波里，[①] 人们又称它为西的黎波里，以别于黎巴嫩的北部港口城市的黎波里，[②] 阿拉伯文名称是塔拉布卢斯—加尔卜。的黎波里是位于利比亚西北部的全国最大的港口，又是穿越撒哈拉沙漠商路的终点，历来是非洲重要的贸易中心和战略要地。许多到非洲来寻找“黄金国”的人都把的黎波里作为进入这块神奇大陆的门户。

大约在公元前500年，腓尼基人建造了的黎波里城，当时的名称是奥萨。后来，这座城池成为布匿人的4个主要居留地之一。公元前146年迦太基灭亡后，奥萨曾经被努比亚王国统治，后来又成为罗马帝国的保护地。在罗马统治时期，奥萨同塞卜拉塔和莱普蒂斯一起被称为的黎波里，在意大利语中是“三座城市”的意思。奥萨当时是为罗马帝国提供谷物和奴隶的非常富饶的地方。

公元2世纪后，奥萨渐趋衰微。365年，塞卜拉塔和莱普蒂斯毁于地震，硕果仅存的奥萨便发展成为日后的的黎波里。公元

---

① 利比亚有意确定苏尔特市为新首都。苏尔特距离的黎波里约600公里，是一座新兴的滨海城市。目前利比亚政府的主要机构已在此办公。

② 黎巴嫩北部的的黎波里，习惯上称为东的黎波里，阿拉伯文名称是塔拉布卢斯—沙姆。

5 世纪汪达尔人侵入北非，的黎波里遭到严重破坏。533 年，拜占庭征服北非，的黎波里的经济状况有所好转。7 世纪阿拉伯人到达北非，发现在奥萨的旧址上已经建起一座新城，便命名它为塔拉布卢斯。这时的的黎波里即塔拉布卢斯已是一座市场繁荣、财富充足的港口城市了。11 世纪初，的黎波里发展成为黑非洲同南欧、埃及和西亚之间进行贸易的中心。1046 年阿拉伯人第二次入侵之后，在罗马遗址之上重建了的黎波里旧城。虽然在此后的 100 年里曾经有诺尔曼人时间不长的占领，阿拉伯人居住的市镇在 14 和 15 世纪继续保持繁荣。1460 年，的黎波里宣布为独立的城市国家。1510 年，的黎波里又被西班牙占领。1551 年，奥斯曼帝国海军上将西纳安·帕夏将西班牙委任负责防务的马耳他的圣约翰爵士逐出的黎波里，其后称的黎波里为塔拉布卢斯—加尔卜，即西的黎波里。到 17 世纪末，的黎波里居民已达到 3 万人。

20 世纪初意大利人入侵和征服利比亚后，在的黎波里市中心建造了有柱廊的街道、公共建筑物和花园。的黎波里真正成了美丽的“地中海边的白色新娘”。二次大战期间，的黎波里旧城遭盟军轰炸损毁严重。战后意大利人离开利比亚之后，的黎波里的许多家庭迁入了他们留在新城的空闲的公寓和住宅。的黎波里新城逐渐扩展，在市区西部 3 公里左右的盖尔盖什建成了一座全新的现代化城市。

的黎波里是利比亚的政治、经济、文化和交通中心，是具有浓厚的阿拉伯传统风格的城市，但历史上入侵和统治过利比亚的其他民族都在的黎波里留下了自己的文化标记。在滨海棕榈树后有罗马马卡斯·奥里欧斯皇帝时代的拱门、奥斯曼时代的清真寺和意大利风格的别墅。的黎波里市的西北角是老城区。在它的东南部由绿色水泥铺设地面的著名的绿色广场，是的黎波里主要的群众集会场所。城区街道由绿色广场向东、南、西 3 个方向展开。广场北边是的黎波里港。港口区有200多米长的深水码头，常年可停泊大型船只，是利比亚海上通道的咽喉。广场西边是名为“红堡”的老城区。老城区由奥斯曼帝国时期的土耳其人建成，其中还有当年的清真寺和土耳其浴室等古代建筑，著名的有卡拉曼利清真寺、古尔吉清真寺、查梅勒清真寺等。狭窄的街道、宏伟的古建筑、熙熙攘攘的集市和幽美的庭院，呈现出浓郁的阿拉伯古城风貌。广场西北角是利比亚政府斥巨资建成的著名的民众国博物馆。博物馆是一座五层大厦，内设47个展厅，按编年次序分别陈列自30万年前利比亚史前时期至今各个历史时期的珍贵文物。在现代化的展室里，保存得十分完好的地中海流域的古典艺术品以及反映人民抵抗意大利侵略者和卡扎菲领导“九一”革命和建设的大量文物，是利比亚悠久历史的见证。绿色广场的西南方向是的黎波里的新城区。以民族英雄奥马尔·穆赫塔尔命名的长达十多公里的宽阔的商业大街穿越新城区的中心，大街两侧是林立的高楼大厦和绿树鲜花构成的街心花园。繁忙的商业活动和安逸休闲的人群交织在一起，充分反映了的黎波里作为地中海海岸的一座现代化都市的风貌。新市区内也有不少古代建筑，如已改建成清真寺的原罗马天主教堂和在“九一”革命后改成人民宫的摩尔式的白色王宫等。

的黎波里市人口约150万左右，占全国人口的1/4。全国工业企业的大部分都集中在此地。

2. 班加西

位于昔兰尼加西北部地中海滨，居民约75万人。利比亚联合王国时期班加西与的黎波里组成联合首都。现在是利比亚第二大城市。

公元前7世纪，从昔兰尼加迁来的希腊族移民在此处建城，称它为赫斯佩里德斯。公元前6世纪，这个城市的名称首次被载入史册。公元前249年，埃及国王托勒密三世以其妻子昔兰尼加公主的名字称此城为贝雷尼斯。15 世纪时，根据当时著名圣徒伊本·加西的名字，此城被命名为班加西。

班加西在历史上曾多次遭到民族入侵和占领。公元前 1 世纪中期，它被罗马人征服，成为罗马帝国的一部分。5 世纪汪达尔人的入侵使此城遭受严重破坏。后来，拜占庭占领时期它稍有恢复，但时间不长。7 世纪阿拉伯人来此定居。直到 15 世纪的黎波里塔尼亚商人来到后，此城才得以逐渐繁荣发达。1578 年，奥斯曼占领了班加西。由于征税过重，许多商人纷纷离开此地转往别处经商，班加西市面又趋于萧条。19 世纪中叶，班加西一度恢复了元气。1911 年，班加西遭到意大利人从海上进攻并沦为意大利殖民地。到第二次世界大战开始时，班加西全城有 2.2 万名意大利人居住。战争期间，英军与意军多次在此交战，班加西多次易手。盟军和轴心国军队先后投下 1000 多枚炸弹，城市遭到严重破坏。

利比亚独立后，在 1951 ~ 1972 年期间班加西曾经作为利比亚两个首都之一。城市建设重新得到恢复。现在，各类设施已经大为改善的班加西港是联结非洲内陆和海外贸易的重要枢纽。港口区以南是饭店、餐厅、银行集中的地区。20 世纪 50 年代利比亚发现石油后，班加西逐渐发展成为生产石油设备的中心，此外还有纺织、烟草、食品和鱼类加工等工业。利比亚著名的卡尔尤尼斯大学和阿拉伯医科大学都设在班加西。

3. 行政区划

利比亚的行政区划多次变更。1963 ~ 1973 年全国划分为 10 个省。80 年代初期，全国分为 24 个大区。后来又分为 44 个大区：库夫拉、贾卢、托卜鲁克、德尔纳、拱北、舍哈特、贝达、马尔季、艾卡亚尔、班加西、盖米尼斯、艾吉达比亚、本杰瓦德、苏尔特、米苏拉塔、朱夫拉、迈尔祖格、塞卜哈、乌巴里、加特、沙提、古达米斯、米兹达、拜尼沃利德、兹利坦、胡姆斯、迈塞拉特、泰尔胡奈、盖拉布利、塔朱拉、的黎波里、阿齐齐耶、盖尔扬、宰赫赖、扎维耶、塞卜拉塔、奥吉拉特、贾杜、耶夫兰、纳卢特、陶尔格、五点区、萨瓦尼、埃古利亚。①

一年后，利比亚全国又被划分成25个大区：扎维耶、胡姆斯、米苏拉塔、班加西、盖尔扬、的黎波里、兹利坦、乌巴里、苏尔特、耶夫兰、五点区、阿齐齐耶、沙提、迈尔祖格、法塔赫、泰尔胡奈、索费金、朱夫拉、绿山、塞卜哈、古达米斯、德尔纳、库夫拉、艾吉达比亚、托卜鲁克。②

1988年，利比亚全国分为13个省，省下设县、区，共185个。各省名称为：的黎波里、班加西、苏尔特、绿山、库夫拉、扎维耶、西山、五点、木祖克、米苏拉塔、塞卜哈、瓦迪尔哈亚、拜特南。③

1990年，全国行政区又重划为7个省，下设42个区。各省名称为：沙拉拉、巴延奥卢、五点、苏尔特湾、的黎波里、绿山、西山。④

1995年，全国行政区划分13个省：巴特曼、绿山、班加西、伍斯塔、瓦哈特、朱夫拉、索费金、米苏拉塔、耐加扎、的黎波里、扎维耶、西山、费赞。⑤

1998年，利比亚全国又分成26个区。⑥

2002~2004年底，全国共设25个区（表1-1）。⑦

---

① 《世界知识年鉴》1982，第299页。

② 《世界知识年鉴》1983，第143页。

③ 《世界知识年鉴》1990/1991，第325页。

④ http：//www. xzqh. org/waiguo/africa/3003. htm. 另有资料称，1988年利比亚取消省、市、区级政权，全国划分成1500个公社。

⑤ http：//www. xzqh. org/waiguo/africa/3003. htm.

⑥ 《世界知识年鉴》2000/2001，第418页。

⑦ 《世界知识年鉴》2000/2001，第418页。

表 1-1　全国行政区

名　称	面　积（平方公里）	首　府	名　称	面　积（平方公里）	首　府
艾吉达比亚	215050	艾吉达比亚	米苏拉塔	2124	米苏拉塔
奥巴里	89159	奥巴里	五　点	5183	祖瓦拉
阿齐齐耶	1692	阿齐齐耶	塞卜哈	16591	塞卜哈
班加西	11536	班加西	索费金	55554	拜尼沃利德
德尔纳	21390	德尔纳	沙　提	101078	比拉克
法塔赫	13857	迈尔季	苏尔特	55741	苏尔特
古达米斯	70758	古达米斯	的黎波里	2616	的黎波里
盖尔扬	77623	盖尔扬	泰尔胡奈	2478	泰尔胡奈
绿　山	7041	贝　达	托卜鲁克	94804	托卜鲁克
朱夫拉	118120	沃　丹	耶夫兰	10581	耶夫兰
胡姆斯	2026	胡姆斯	扎维耶	4052	扎维耶
库夫拉	479160	焦　夫	兹利坦	2862	兹利坦
迈尔祖格	298464	迈尔祖格			

三　地形特点

利比亚幅员辽阔，北部是地中海海岸，南部深入撒哈拉沙漠，属于从大西洋延伸到红海的北非高原的一部分。境内除了沿海的绿色地带外，90%以上为沙漠和半沙漠干涸高原。沙海（即大面积的沙丘）约占全国面积的 20%，其中有绿洲、湖泊和干涸的河道。境内的撒哈拉沙漠中有因长时期的风蚀形成的石质高原和由干涸的河道形成的、其中沉积有经过蒸发的盐的盆地。

全国最低点是海拔 -47 米的塞卜哈，最高点是位于利比亚—乍得边界的贝泰峰，海拔 2286 米。

根据地形的特点，通常把利比亚分成三部分：

1. 西北部为泰拉布鲁斯（的黎波里塔尼亚），面积约占全国的 20%

北部沿地中海的 300 多公里分布有绿洲、沙地和咸水湖，向南是宽度不足10公里、面积约1.5万平方公里的三角形狭窄地带杰法尔平原。南部为海拔200~500米的高原。高原的西部是满布砾石的哈姆拉沙漠。杰法尔平原的南部高度逐渐上升，直到平原与沙漠之间平均海拔为700米（最高处达1000米）的内富萨山。杰法尔平原是利比亚主要的农业区。

2. 东部为拜尔盖（昔兰尼加），面积约占全国的48%以上

在班加西和德尔纳之间是长约210公里、宽度不超过50公里的新月形低地。除此之外，沿海其他地方均为荒芜的高原峭壁，绿洲不多。新月形低地之南是面积不大的马尔季平原。马尔季平原的东部地势突然升高，构成海拔600米的绿山山脉。绿山山脉有郁郁葱葱的杜松、丝柏和野生橄榄树，是拜尔盖的主要农业区。绿山山脉以南是向北倾斜的、为沙砾覆盖的高原，其间有一些盆地，有的地区因有地下水而成为绿洲，如库夫拉绿洲和塔济尔布绿洲。这一地区的沙漠向西南伸展直到乍得边界。

3. 南部为费赞，面积约占全国30%以上，为高原型盆地

其中有人烟稀少的牧区和沙漠，如西北部的乌巴里沙漠、南部的木祖克沙漠。沙漠中间有一些绿洲，如朱夫拉、比拉克、塞卜哈、木祖克等地都是较大的绿洲。费赞南部沿乍得边界的提贝斯提因有海拔2286米的贝泰峰，是利比亚地势最高的地区。

这3个地区之间多有沙漠阻隔，交通不便，而同它们相邻的突尼斯、埃及、阿尔及利亚、尼日尔、乍得等国之间均无天然国界，彼此交往十分方便。泰拉布鲁斯同摩洛哥、阿尔及利亚、突尼斯等国沿海地区在人种、语言、价值观念等方面几乎没有差别。利比亚同上述国家共同属于马格里布地区。拜尔盖同埃及之间有合法和非法的口岸相通。费赞同阿尔及利亚、尼日尔和乍得接壤地区均为沙漠，没有常设的边关口岸。

四 气候

由于缺乏天然屏障，利比亚北部地区的气候主要受地中海的影响，南部地区则受撒哈拉热带沙漠的影响，全国形成有明显差别的几个气候区。

北部沿海低地属于亚热带地中海型气候，夏季炎热干燥，在来自南部沙漠的干热风的影响下气温可高达40℃以上，平均气温为30℃左右。冬季温暖多雨，年平均降水量为380毫米。高地冬季寒冷，最高处可出现霜冻。

南部内陆地区属撒哈拉热带沙漠型气候，冬季冷，夏季十分炎热，季节温差和昼夜温差极大。1月平均气温为12℃～15℃，7月平均气温为32℃，最高可达50℃。在阿齐齐耶和比拉克曾分别有过气温高达57℃和55℃的记录。

利比亚平均降水量不足100毫米，全国只有1.03%的土地有足够的水量可以进行耕作。北部年平均降水150～400毫米，雨水大部集中在内富萨山和绿山区之间，年最高降水量可达600毫米。南部沙漠地区年降水量常不足50毫米，甚至连续几年不下雨。中部的塞卜哈是世界上最干燥的地区。而且，降水多少极不规律。的黎波里在1945年曾因暴雨成灾而被洪水淹没，两年后却遭遇史无前例的干旱，几千头牛羊因缺乏饮用水而死亡。

利比亚北部地区春季和秋季常有来自沙漠的干热而且携带大量沙粒的“吉卜利”风肆虐。刮风时气温急剧升高，几小时内即可达到40℃～50℃。沙暴可延续几小时甚至几天，对农作物和人畜都有极大危害。昔兰尼加因为土质坚硬，“吉卜利”风刮起时只是气温升高而不常伴有沙暴。

五 河流、湖泊与水资源

由于自然条件的限制，水资源的极其缺乏严重制约了利比亚经济的发展和人民日常生活的需要，其后果是利比亚每年需要从国外大量进口粮食和其他农产品，对外国的依赖使利比亚不能真正实现经济独立。寻找和开发充足的水资源成为利比亚政府面临的紧迫任务。

利比亚境内没有常流河。在泰拉布鲁斯北部、昔兰尼加和费赞中部等地，骤雨之后往往有水流入河床，但随后河水因烈日暴晒而蒸发，直至完全干涸。境内也无大的湖泊，只在地中海沿岸有一些由渗入的海水形成的咸水湖。与地表水缺乏的情况相反，井泉在利比亚分布较广，可资利用的地下水资源比较丰富，成为利比亚的主要水源。为了满足经济发展和人民生活的需要，特别是由于石油收入增加之后工农业生产和住房建设对水的需求激增，利比亚政府采用先进技术，通过海水淡化、循环利用、人工增雨和输送地下水等办法，开源与节流并重，努力开发水资源。规模宏大的人工河使大片干旱的土地得到灌溉，推动了农业生产，取得了巨大的成就。

在第一个过渡计划实施前的 1972 年，利比亚政府决定成立水务总局。1977 年，根据第 3 号法律又成立了级别更高更具有权威性的堤坝与水资源秘书处。统管水资源的开发和利用。

1. 地下水开发

为了全面了解地下水的分布和储藏情况，利比亚政府首先对过去从未勘察过的广袤国土进行了勘察，把全国分成西区、中区、东区、中东区、索费金和乔夫拉区、古达米斯—代赖季区、迈尔祖格区、拉贝斯提区、东南区、库夫拉区等 10 个区，聘请外国专业公司对这些地区进行实地勘察和研究，摸清地下水总的情况、找出沟通地下水同地表水的管道、确定本地区最适宜于开发的部位，为进一步进行研究和开发打下基础。

在全国范围内由于水源有保证而宜于开发的地区确定后，利比亚政府在各地开凿了许多用来监测地下水水面升降和水质变化情况的观察井，并根据这些观察构成的网络进一步了解含水岩层的现状。在这些调查研究工作的基础上，利比亚政府对全国的地下水资源进行分析和统计，制定了全面的用水计划。据估计，在全国4个砂岩蓄水层结构中，在深达4公里的盆地底部，储存着可能是几百年前留存至今的水。这些“原生水”的总储量可能相当于面积有德国（约35万平方公里）那么大，深达几百米的“地下湖”的容量。

2. 地表水

在利比亚北部和其他降水量较大的地区，地表水也是重要的资源。为了防止雨水沿着山谷流入大海或在地面蒸发。利比亚政府兴建了许多大坝以储存难得的雨水。除了为工农业提供生产用水外，筑坝蓄水还有保护山谷附近的城镇不受洪水侵袭的作用。

表1-2　“九一”革命后利比亚政府兴建的大坝

大坝名称	总容量（百万立方米）	汇集雨水的面积（平方公里）	大坝名称	总容量（百万立方米）	汇集雨水的面积（平方公里）
卡阿姆	111	2310	贾里夫	2.4	600
卡塔拉	94	1224	宰哈韦耶	2.2	70
耶尔宁	58	578	扎　扎	2	17
盖　尔	30	620	锡卡尔	1.6	11
布曼苏	24	602	塔卜里特	1.6	10
扎阿特	15	175	德尔纳	1.5	620
利贝达	6	174	本贾沃德	0.5	94
扎伊德	2.6	174	米尔格斯	0.1	8

3. 海水淡化

将海水淡化处理可以无穷尽地获得淡水。但是，淡化海水成本极高，也会使海底沉积物质发生变化，所以难以大规模进行。

利比亚政府根据沿海地区急需生活用水的实际情况，兴建了一批海水淡化工厂见表1-3。

表 1－3　政府兴建的主要海水淡化工厂

工　厂所在地	每日淡化海水能力（立方米）	年产量（百万立方米）	工　厂所在地	每日淡化海水能力（立方米）	年产量（百万立方米）
北班加西	48000	16	廷　角	13500	4.5
托卜鲁克	24000	8	苏尔特	9000	3
西的黎波里	22500	7.5	艾季达比亚	9000	3
扎维耶	18000	6	本贾沃德	9000	3
兹瓦拉	13500	4.5	德尔纳	9200	3
兹利坦	13500	4.5	卜雷加	7500	2.5
苏　塞	13500	4.5			

4. 循环利用

利比亚政府重视水的循环利用，在的黎波里、班加西、扎维耶、胡姆斯、兹利坦、米苏拉塔、塞卜哈等地兴建了污水处理工厂，可以将居民日常生活污水的40%处理后用于农业灌溉。

六　规模宏大的人工河工程

在利比亚政府所采用的多种开发利用水资源的小法中，兴建堤坝所能利用的地表水只能满足用水总量的2.3%；海水淡化成本极高而产量低，只能提供用水总量的1.4%；污水处理也需要建造和维持工厂和实验室，处理后的污水用途有限，只占用水总量的0.7%，这些措施对于解决水资源匮乏问题的作用极小。而丰富的地下水约占全国水资源的95.6%，是利比亚开发利用的主要源泉。

1968年，在利比亚进行勘探的美国西方石油公司在昔兰尼加的库夫拉地区的砂岩中发现了地下水，随后以高价购得600公顷土地建立农场，使用旋转喷头浇灌的方法种植谷物和饲料。但由于技术工人数量不足，水源距离较远、成本过高等原因，这一利用地下水进行农业生产的计划未获成功。70 年代初，利比亚政府计划抽取撒哈拉沙漠的地下水输往沿海地区，因为地质勘探表明撒哈拉沙漠确实储存有大量地下水。而且，利比亚北部地中海沿岸气温不很高，雨量较为丰富，常年降水量超过 100 毫米而蒸发量较小（班加西年平均相对湿度将近 70%）。从地理位置和自然条件来说，抽取地下水输往沿海地区的计划是可行的。据估算，如果兴修人工河，每投入 1 个第纳尔便可获取 14 立方米水，与淡化海水、船运淡水、从欧洲用输水管道送水等方法比较，经济上也是最合算的。

1973～1979 年，利比亚政府对修建人工河计划进行初步研究，对农业区、水井区和输水管道走向等情况作了详细调查。前期准备工作还包括：对各地的需水量和经过灌溉可以耕作的地区进行调查，分析土质的渗透性以免日后产生不利于农作物生长的因素，调查和选定适合各地自然条件和水质的农作物等。能否满足沿海地区居民饮用需要也是选定水源的重要标准之一，因为沿海地区水中的氯化物含量不能过高，否则不仅不宜饮用而且会加剧对供水系统的腐蚀。

1979 年，利比亚政府选定美国得克萨斯布朗鲁特公司的英国子公司负责实施输水计划。1983 年 11 月，卡扎菲向总人民大会特别会议提出修建人工河的建议。计划中的人工河由深埋在地下（最深处将近 7 米）的 50 万根输水管道组成，总长度为 4000 公里。人工河建成后可以将储存在萨里尔、塔济尔布和库夫拉的地下水输送到北部沿海地区。建设资金预计为 250 亿～300 亿美元。

自 1986～2010 年，人工河计划分 5 个阶段进行。

第一阶段工程由韩国的东亚公司承包，美国、巴西、德国、意大利、土耳其等国公司参与附属工程的建设。这一阶段工程的主要内容是铺设自萨里尔和塔济尔布每天向班加西和苏尔特之间的沿海地区输水 200 万立方米、全长 1900 公里的输水管道，主

要项目有:

(1) 在萨里尔和卜雷加各建造一个大型混凝土输水管制造厂。除了生产长7米、管内直径4米、重约73吨、具有抗磨损抗腐蚀抗重压和能经受气温变化的大型预应力钢质内胆混凝土输水管外，卜雷加厂还生产直径较小的输水管。萨里尔厂年产量为36万米,卜雷加厂年产量为24万米。

(2) 铺设输水管道。工程内容包括：挖沟深埋25万根输水管，建成由萨里尔至苏尔特和由塔济尔布至班加西的两条输水管道；建造出水口、压力控制装置以及装配和维护输水管的设备。为了把大型输水管运到施工现场，还修筑了2000公里公路。

(3) 在萨里尔和塔济尔布建造蓄水网。在塔济尔布地区有水井150眼。先把水集中到塔济尔布，再经过286公里长的输水管道输送到萨里尔的两个水库。水库可贮水17万立方米，每天可向沿海地区供水200万立方米。

(4) 在艾吉达比亚建造调节水库。这个蓄水量为400万立方米的大型水库，其功能是容纳由萨里尔的两个水库流入的水，并根据需要开启一个或两个闸门通过运输管道将水输出。

第二阶段工程是将费赞东部和北部的地下水输往的黎波里塔尼亚，为此需要打井450眼，铺设管道全长1100公里。这一期工程总造价为53亿美元，仍由韩国东亚公司承包，计划每天供水250万立方米。

为了防止过高的压力对电力供应和泵站可能造成的损害，在铺设混凝土输水管道时增加了减压阀和水流控制装置。对于费赞地下水中所含有的高浓度二氧化碳，也采取措施进行了处理。

在这一条输水管道上建有若干出水口，可将河水抽入沿线的河谷以供农业灌溉或居民日常需要。在本加希尔的电脑控制中心可对全线运作情况进行遥控。本加希尔和赛姆努还设有运行和维护中心。

20 世纪 90 年代第二阶段工程完工后，朱夫拉地区得到的供水相当于年降水量的 6 倍。

第三阶段工程主要是修建由库夫拉地区通往萨里尔的输水管线，利用这两地的地下水每日为班加西和苏尔特供应 168 万立方米水。为此，在贾卢和艾吉达比亚至萨里尔及艾吉达比亚至班加西的两条公路沿线修建了大型泵站。

第四阶段工程是建造由艾吉达比亚通往托卜鲁克的管线，每日向昔兰尼加东部供水 20 万立方米。

第五阶段工程是建造从苏尔特和乔布拉平原通往的黎波里的输水管线，使第一阶段和第二阶段的工程得以贯通。每日可供水 100 万立方米。为此，需在苏尔特和胡姆斯附近各建一所抽水泵站。

此外，在这一阶段还要将第二阶段工程同周围的两个水井区相连接，修建从费赞的维格克比尔到哈萨维纳的管线连通沿海的的黎波里塔尼亚，以增加供水量。

利比亚的人工河工程是耗资巨大的改造自然的壮举。人工河输水管道总长度达 4000 公里，相当于从瑞士南部经过德国和波兰，向西直到苏格兰北部的距离。一滴水从沙漠砂岩中流到沿海地区平均需要 9 天时间。整个工程共开挖水井近 900 口，修建输水管线 3000 多公里、集水管线 1000 公里、公路 4000 公里、9 万千瓦发电站 1 座、输油管线 1 条、传动与分布线 4000 多公里、大型泵站 5 座、水处理和水流量控制站若干座、调节水库若干座，以及与光纤网络连接的遥感控制中心 9 座。据估计，整个工程将耗费水泥 600 万吨、碎石 8000 万吨，钢材 200 万吨、燃料 850 万吨，开挖的土方可修建 12 个阿斯旺水坝。人工河工程规模之宏大，设计之奇妙，世所罕见，卡扎菲称之为“世界第八大奇迹”。

人工河工程的建成对利比亚经济的进一步发展具有重大的战略意义。原来利比亚北部沿海地区因超量开采地下水，水质有被盐分浸蚀之虞。现在，大量纯净水源源而来，其中 86% 可用于发展农业，15.5万公顷土地因得到灌溉之利而可以种植农作物，小麦、裸麦、玉米、高粱、豆类等可望满足居民需要，水果、蔬菜、畜产品和乳制品产量也将增加。此外，沿海地区的黎波里和班加西等大城市和苏尔特湾卜雷加和拉斯拉努夫的石油化工联合企业、米苏拉塔的钢铁联合企业等大型工业企业可以因为获得价廉质优的工业用水而增加产量，农村的小型轻工业企业也能更好地发展。工农业的发展不但可以提供更多的就业岗位，还能吸引农村人口留在当地生活和发家致富，从而减轻劳动力流向的黎波里、班加西等大城市所形成的压力，有利于社会稳定和协调发展。

总之，工农业特别是农业领域里劳动力和资本投入之后所产生的生产能力，将大大地减少对国外进口物资的依赖以及进一步提高人民的生活水平。人工河的建成对于增强利比亚的综合国力具有十分重大的意义。

第二节　自然资源

利比亚的矿藏资源极为丰富，以石油和天然气为主。原油探明储量为450亿桶，总储量估计可达1000亿桶。目前勘探工作还在进行，在沙漠覆盖的土地下可能还有新油田发现。天然气探明储量达1.29万亿立方米。其他矿产资源有铁(铁矿石储量为20亿~30亿吨)、钾、锰、磷酸盐、铜、锡、硅石、硫磺、铝矾土、石灰石（储量为1840万吨）、高岭土（储量为2004万吨）等。

海洋资源也相当丰富。沿地中海的海产品主要有金枪鱼、沙丁鱼、海绵、珊瑚等。

地下水资源丰富。南部沙漠地区地下水探明储量达250亿立方米。

森林资源稀少。

第三节　居民与宗教

一　人口

利比亚是非洲大陆人口最少的国家之一。但呈逐年增长的趋势，详见表 1－4 所示。

表 1－4　1996～2004 年人口统计

单位：百万人

年	1996	1997	1998	1999	2000	2001	2002	2003	2004
居民数	4. 85	4. 96	5. 06	5. 18	5. 29	5. 34	5. 45	5. 56	5. 63

人口增长是利比亚政府为了满足经济发展对劳动力的需要，采取奖励生育的政策以及改善居民公共卫生条件和增加医疗设施的成果。根据利比亚官方统计，“九一”革命后初期人口增长较快，1970～1986 年间平均增长率为 4%。世界银行预计，这一比率将保持到 2000 年，届时利比亚人口可达到 600 万。事实上，利比亚的人口增长率后来有所降低。据美国中央情报局估计，2004 年利比亚的人口增长率为 2. 37%，出生率为 27. 17‰，死亡率为 3. 48‰。到 20 世纪末，利比亚全国人口并未达到 600 万。

人口增长的直接原因是居民平均寿命延长，死亡率降低。根据联合国统计，1980～1985 年，利比亚男性预期平均寿命为 56 岁，女性为 59 岁，比 1960 年延长 10 年以上。2004 年，男性和女性的预期寿命又分别增加到 74. 1 岁和 78. 58 岁。1980～1985 年间，自然出生率为 46‰，这一数字虽比 1965 年下降，但自然死亡率仅为 11‰，死亡率比出生率降低得更多。1965 年，利比亚婴儿死亡率为140‰，1985 年下降为92‰，2004 年更降低到25.7‰。这些数字在北非各国中是不算高的。

表1－5　2004 年全国人口的年龄和性别结构

年　龄		14 岁以下	15～64 岁	65 岁及以上
%		34.2%	61.7%	4.1%
性　别	男	98 万	179 万	11.3 万
	女	94 万	167 万	11.9 万

由于利比亚学龄儿童全部都能入学，居民受教育的比例较高，目前全国 15 岁以上居民的文盲率为 23.8%，其中男性为 12%，女性为 37%。

利比亚人口分布极不平衡，居民大量集中于北部地中海沿岸。全国人口中的 65% 居住在的黎波里塔尼亚，30% 居住在昔兰尼加，费赞人口只占 5%。这样的人口分布状况至少在过去 30 年间没有变化。地中海沿岸人口密度为每平方公里 50 人，内地每平方公里不足 1 人。全国人口密度为每平方公里 2 人。

独立以后，特别是在利比亚发现石油储藏之后，由于石油开采和炼油业的发展，建筑、运输、市政服务、食品加工、纺织等行业也随之兴起，提供了大量就业机会，农村人口迅速地大量向城市转移。在 20 世纪 80 年代初期，城市人口便以年平均 8% 的速度增长。的黎波里、班加西及其周围地区只占全国面积的不足 10% 却容纳了全国将近 90% 的人口。农村劳动力的大量流失引起利比亚政府的重视。政府制定了一系列开发和经营沙漠农业的计划，鼓励农村居民留在当地，不要再向人口密集地区流动。

由于本国劳动力不敷需要，利比亚只得从外国大量引进劳工。根据法律规定，只有在能胜任工作的利比亚工人数量不足的情况下才能雇佣外国籍人，但事实上不少行业都把利比亚人不愿意做的工作留给了外国人。主要来自邻近的阿拉伯国家的外籍工人构成了利比亚劳动力大军的重要组成部分。他们中间大部分是非熟练工人，遍布各经济领域。1964 年，利比亚有外籍工人约 1.7 万人；1971 年为 6.4 万人；1975 年更迅速增至 22.3 万人，占全国劳动力总数的 33%。根据官方统计，1980 年利比亚的外籍工人有 28 万人。主要集中在建筑行业，约有 13 万人，占该行业雇工总数的 46%；在制造业和农业中，外籍劳工都占 8%；石油工业中只有外籍工人 3000 人左右，只占外籍工人总数的 1% 左右。80 年代中期以后，由于利比亚政府采取了限制措施，许多外籍工人离开利比亚回国。

根据利比亚政府计划秘书处统计，1983 年在利比亚的外国人超过 56 万，其中主要是埃及人约 17.4 万，突尼斯人有 7.36 万。西方国家中有 1.49 万意大利人、1.07 万英国人居住在利比亚。80 年代中期以后，居留在利比亚的外国人数量大为减少。1987 年，在利比亚的非本国籍人大约有 20 万人。

利比亚的国语为阿拉伯语。在主要城市里，许多居民能使用意大利语和英语。

二　民族

目前利比亚的居民是由几种不同的人群组成的，其中占绝对多数的是阿拉伯人。从 7 世纪至 11 世纪阿拉伯人多次入侵北非地区，将阿拉伯语言和文化带到了利比亚。原来居住在包括利比亚在内的北部非洲的土著柏柏尔人接受了伊斯兰教和阿拉伯语。历时几百年的阿拉伯人同柏柏尔人和当地其他民族之间的通婚产生了混合血统人种。所以，现在真正具有纯粹阿拉伯血统的利比亚人为数很少，90% 的利比亚人都是操阿拉伯语的兼有阿拉伯人和柏柏尔人血统的穆斯林。此外，利比亚居民中还有柏柏尔人、其他当地少数民族和黑非洲人。在城市中有希腊人、克里特穆斯林、马耳他人、意大利人、埃及人、巴基斯坦人、土耳其人、印度人、突尼斯人和亚美尼亚人居住。

1. 阿拉伯人

利比亚阿拉伯人是7~11世纪来自西亚的阿拉伯人同当地的柏柏尔人长期融合而成的主体民族。这个融合的过程相当缓慢。最初来到北非的阿拉伯人不过70万人。12世纪阿拉伯人在利比亚全部人口中，尚不足10%。整个北部非洲居民的绝大部分是柏柏尔人。

阿拉伯人到达北非之初，许多柏柏尔人逃进沙漠并把伊斯兰教作为一种城市宗教进行抵制。11世纪时，统治利比亚的法蒂玛王朝为了对不顺从他的当地总督进行报复而把贝都因阿拉伯游牧部落自埃及引到马格里布。贝都因人是居无定所的游牧部落，他们先后侵入昔兰尼加和的黎波里塔尼亚，强迫居民接受伊斯兰生活方式，对当地社会造成了严重破坏，也加速了马格里布的阿拉伯化。

总的来说，北非各国实现阿拉伯化经历的时间很长，但与其他马格里布国家相比，利比亚柏柏尔人阿拉伯化的过程相对比较快。当摩洛哥、阿尔及利亚和突尼斯的一些地区的柏柏尔人仍然作为少数民族保留着自身的特性时，在利比亚能操柏柏尔语的人已经不多了。

利比亚的普通群众和社会各界上层人物都是深受阿拉伯文化影响、信奉伊斯兰教的穆斯林。利比亚于1951年独立时，农村居民仍保持传统的阿拉伯生活方式，后来随着社会变革，传统生活方式逐渐发生变化。在沙漠地区，许多贝都因部落仍然过着逐水草而居的游牧生活。有些部落则在夏季游牧冬季定居，是一种半游牧生活方式。但从总体上来说，大部分农村居民是定居的，或者可以说是过着定居和游牧混合的生活；家庭中某些成员住在村里，年青人则在适当的季节外出放牧。

2. 柏柏尔人

柏柏尔人被认为是利比亚原始居民的后裔，在历史上是北部非洲最强大的部族之一。阿拉伯人入侵利比亚后，有一些柏柏尔人因躲避战乱遁入荒凉的山地和沙漠，在阿拉伯人没有到达的地方定居下来，成为未被阿拉伯化的柏柏尔人。目前，利比亚的柏柏尔人人数已很少，主要居住在的黎波里塔尼亚的内富萨高地。在沿海的一些地区和沙漠里的绿洲也有少数柏柏尔人居住。

"柏柏尔"这个名称不是柏柏尔人对自己的称呼。相传是罗马帝国时期人们把北非沿海地区称为"巴尔巴里"（Barbary），称不说拉丁语的当地居民为巴尔巴里人（Barbari），后来演化成柏柏尔（Barbers），所以"柏柏尔"事实上是人们对说着某种方言的部族的统称，而不是指某种具有许多共同特征的部族。

柏柏尔人没有建立过统一的国家。柏柏尔人的共同特点在于语言和文化。柏柏尔语与阿拉伯语同属闪含语系，但没有形成文字，更没有书面的文字。目前，除了居住在昔兰尼加艾吉达比亚以南，和其他一些地方的柏柏尔人外，大部分柏柏尔人都能说柏柏尔语和阿拉伯语两种语言。

柏柏尔人多信仰伊斯兰教，属于哈瓦利吉教派。

未被阿拉伯化的利比亚柏柏尔人人数很少，难以形成单独的群体。他们同阿拉伯人基本上可以友好相处，但也时有摩擦和纠纷发生。在争取利比亚独立的斗争中，柏柏尔人的领袖人物曾经起过重要作用。

3. 图阿雷格人

图阿雷格人也是北部非洲的土著，可能是当地兰塔（Lemta）人的后裔，除利比亚外，还分布于阿尔及利亚、尼日尔、马里和毛里塔尼亚。阿拉伯人入侵以后，图阿雷格人大批移居撒哈拉沙漠成为游牧民。目前，利比亚的图阿雷格人仅1万人左右，主要居住在费赞地区西部沙漠中的加特、木祖克和古达米斯等地周围的绿洲里。这些地区特别是古城古达米斯是一些古代商道的必经之地，所以，赶着骆驼队往突尼斯、苏丹、乍得、尼日尔、加纳、几内亚、刚果和尼日利亚等地长途贩运商品，或是向过往商队和旅行者收取服务费就成为当时图阿雷格人谋生的主要手段。

同柏柏尔人相同，“图阿雷格”也不是图阿雷格人自己的称呼，而可能是源自阿拉伯语特瓦雷克（tawarek），意思是“被上帝遗弃的人”。图阿雷格人后来虽然认同了这个阿拉伯人对他们的称呼，但有时他们自称是“塔马舍克（Kel tamashek）”，意思是“说塔马舍克（tamashek）语的人”，或是“伊马杰格（Imashaghen）”，意思是“高贵和自由的人”。

图阿雷格人说的塔马哈克语属于闪含语系柏柏尔语族，实际上是柏柏尔语的一种方言。尽管图阿雷格人同柏柏尔人所说的语言有相近之处，但两者的生活方式和习惯均不相同。图阿雷格女性的社会地位和文化水准都高于男性，一般只有妇女能读能写，部族间的争端也往往由妇女进行调解。图阿雷格女性通常不戴面纱，而男性须戴蓝色面纱和穿蓝色长袍。由于皮肤易被颜料染成蓝色，图阿雷格人又有“撒哈拉的蓝色人”之称。

利比亚图阿雷格人多数信奉伊斯兰教，属逊尼派，同相邻国家的图阿雷格人有比较密切的联系。

4. 图布人

图布人居住于利比亚东南部与乍得交界地区，约有2600人。在乍得、尼日尔和苏丹等国也有图布人，总人数有21.5万左右。图布人操属于尼罗—撒哈拉语的泰达加语，无文字。

图布人饲养骆驼、山羊，也从事农业耕作和商业活动，是深受19世纪萨努西教派影响的穆斯林。

5. 耕种者（harathin）

“耕种者（harathin）”是几百年来生活在撒哈拉沙漠绿洲内

的黑人。一般认为，他们是费赞地区图阿雷格人的奴隶的后代，因此社会地位很低。第二次世界大战期间，有一些 harathin 移居到了的黎波里等沿海地区。

6. 欧洲人

20 世纪 60 年代有近 3 万名意大利人生活在利比亚，多数居住在的黎波里及其附近地区。1960 年利比亚政府曾制定法律禁止他们进一步获得土地。“九一”革命后，利比亚政府又采取了没收土地等限制措施，并于 1970 年宣布将把意大利人在殖民时期取得的财产归还给利比亚人。许多意大利人离开了利比亚。

除意大利人外，还有人数不多的希腊人和马耳他人居住在城市里。1986 年 4 月美国飞机空袭利比亚并实行制裁后，很多外国人因业务停顿而回国，但在石油和其他经济部门还有不少外国籍人。

目前在利比亚的欧洲人约有 5 万人。

三 语言

阿拉伯语是利比亚的国语，属于闪含语系闪语族。阿拉伯语言和文字可以分为 3 个层次。古典阿拉伯文是《古兰经》上的文字，也是利比亚的伊斯兰教职人员使用的文字；现代阿拉伯文是正式用于交流和书写的文字，其语法较古典阿拉伯文简单，也包含有一些《古兰经》中所没有的词汇；阿拉伯世界各地区的口语，其中通行于利比亚的黎波里塔尼亚和费赞的阿拉伯语是马格里布国家的通用语言，它近似突尼斯南部的贝都因阿拉伯语，但与西亚的阿拉伯语有较大区别。昔兰尼加的阿拉伯语则与埃及人说的阿拉伯语相近。在利比亚一些城市里人们说的阿拉伯语同内地也有差别。利比亚南部地区的阿拉伯语中还掺杂有苏丹口语的成分。

1969 年“九一”革命后，利比亚采取措施提高阿拉伯语言

和文字的地位，命令所有街道标识、商店橱窗广告、店铺招牌以及车票等等都只能使用阿拉伯文而不能使用英文。1973 年政府还规定，在进入利比亚的外国人所持的护照上也必须使用阿拉伯文。利比亚政府还为了争取联合国和其他国际组织采用阿拉伯语作为正式语言而进行了努力。

聚居于古达米斯和加特等地的图阿雷格人说塔马哈克语，也有一些人说法语。

在内富萨高地和昔兰尼加的一些地区，柏柏尔人说 Mazir 语，即柏柏尔语的方言。

在意大利统治期间，意大利语曾作为学校里的教学语言，但由于当时就读的儿童不多，意大利语在利比亚并未像北非其他地区的法语那样广泛流行，目前只有在某些大城市里有人说意大利语。

英语在当前利比亚社会生活中的地位日益重要。从小学开始学生就要上英语课。特别是因为阿拉伯文中科技词汇比较少，所以大学里自然科学、工程技术、医学等专业的教学都要用英语进行。为了适应国际交往的需要，利比亚政府发行的一些文件、材料和书籍也用英文出版。

四　宗教

公元 7 世纪阿拉伯人入侵北部非洲，随着在当地进行的军事征服和扩张，阿拉伯人也把伊斯兰教引入利比亚。当前，利比亚居民的 98.6% 信奉伊斯兰教，其中绝大部分（约占 96%）是逊尼派信徒。伊斯兰教是利比亚的国教。

在世界三大宗教中，伊斯兰教具有最强大的生命力。它既是一种意识形态，又是一种社会组织，经历长时期的发展而成为在阿拉伯国家乃至整个世界产生重大政治影响的有组织的社会力量。作为一种意识形态，伊斯兰教的内在核心是“伊玛尼”，即对于宇宙间唯一的最高主宰安拉及其意志和启示的信仰，以求得今世和后世的幸福和安宁。《古兰经》是安拉降给先知穆斯林的经典，其中集中了安拉的“启示”，是伊斯兰宗教理论的主要体现。在穆罕默德心里，伊斯兰教和《古兰经》都是十分崇高和神圣的，从而对安拉产生敬畏和顺从的感情。作为一种社会组织，由全世界数以亿计的穆斯林组成的伊斯兰教组织和宗教团体不仅是宗教活动的组织者和宗教事业的经营者，还因为伊斯兰教与社会生活有密切联系而在现实生活中发挥着不可低估的作用。与佛教和基督教不同，穆斯林崇拜真主安拉的观念十分坚定而且具有明确的政治目标。先知穆罕默德最初建立的“乌玛”同时具有宗教和政治的双重职能，后来发展成为政教合一的神权国家的“原型”。神圣的伊斯兰教教法又被认为是安拉意志的体现，其内容不仅是宗教教义和道德规范还包含了法律制度，因而成为规范人们日常生活和判断伊斯兰国家政权是否合法的标准，在各伊斯兰国家有崇高的地位。

伊斯兰教在传播过程中表现出了宽容和开放的姿态。在阿拉伯人通过军事手段扩大势力范围的过程中，被征服地区的居民在接受政治统治的同时，并不一定要改变原来的宗教信仰。随着自身的不断发展和变化，伊斯兰教已由阿拉伯民族的宗教演化成世界三大宗教之一。

利比亚在阿拉伯穆斯林入侵之前曾经有犹太教和基督教在当地流行，土著居民柏柏尔人则信仰原始宗教和巫术。7 世纪，伊斯兰教随着阿拉伯人的武力征服传入利比亚，遭到柏柏尔人的强烈抵制。直到 11 世纪，利比亚的伊斯兰化才告完成。

最早在利比亚出现并扩展势力的是伊斯兰教的哈瓦利吉派。这一教派起初以山区为据点，后来势力逐渐发展，甚至扩大到绿洲里的柏柏尔居民。但是，在利比亚影响最大的是苏菲派。18

和19世纪时，伊斯兰教的苏菲派在利比亚农村有许多信徒，在北非抵制法、意殖民者的宗教复兴运动中起过重要作用。苏菲派的萨努西教团的势力曾经扩展到北非的许多地区。

萨努西运动是以沙漠地区为基础发展起来的宗教复兴运动，主张恢复伊斯兰教的早期精神，提倡苦行、禁欲、绝对遵循《古兰经》和伊斯兰教教法，号召穆斯林为安拉之道进行圣战。萨努西的主要活动范围是昔兰尼加（当地萨努西信徒占利比亚穆斯林总数的30%），但在的黎波里塔尼亚和费赞也建立有许多“扎维亚”（即传教据点）。19世纪80年代，萨努西教团的影响还传播到苏丹、埃及、突尼斯和赤道非洲。意大利侵占利比亚之后，萨努西成为抵抗意大利统治的重要力量。

1951年12月利比亚独立，萨努西的孙子伊德里斯出任国王，直到1969年9月被推翻。但萨努西教团仍是利比亚的一支重要政治力量。

1969年“九一”革命后，伊斯兰教在利比亚的政治生活中仍然起着重要作用，卡扎菲是虔诚的穆斯林。他多次表示要提高和恢复伊斯兰教在人民日常生活中的应有地位。卡扎菲尊崇《古兰经》是当代世界道德和政治的指针。他所著《绿皮书》的唯一的基础便是《古兰经》。他认为《古兰经》宣扬的教义是普遍适用的，至少能在穆斯林世界适用。

卡扎菲认为，伊斯兰教在西方列强对利比亚实行殖民统治时被玷污了，必须重新恢复伊斯兰教的纯洁性。因此，卡扎菲领导下的革命政权采取了一系列措施来实现这一目标，包括禁止不正当的行为和穿着，关闭酒吧、夜总会和有刺激性的娱乐场所等。政府宣布伊斯兰教教法是利比亚法律制度的基石，政府建立专门委员会对伊斯兰教教法进行研究，由卡扎菲亲自担任委员会主席。1973年1月，政府颁布法令，对利比亚的司法体制进行改革以适应伊斯兰教教法的实施。1977年，总人民大会宣告，利比亚今后制定的法令都应该以《古兰经》为基础。利比亚法律规定，盗贼应被砍去一手一足，在斋月期间白天进餐和犯有私通罪的男女都应处以鞭刑。这些都是将《古兰经》的戒律应用于当代社会的例子。

20 世纪 70 年代，伊斯兰教被用来为卡扎菲进行政治和社会改革提供合法根据。但到 70 年代末，卡扎菲对伊斯兰教逊尼派提出了批评。他声称，《古兰经》是伊斯兰秩序的唯一指导方针，每一位穆斯林都有读懂和解释它的能力。卡扎菲还否定乌勒玛、伊玛目[①]和伊斯兰法学家的作用，质疑作为伊斯兰教教法基础的圣训和圣行的真实性。他主张，伊斯兰教教法只适用于宗教领域内发生的问题，而不能用来解决其他问题。卡扎菲还号召修改伊斯兰教历，以公元 632 年即先知穆罕默德卒年为第一年。这些看法和主张实际上反映了卡扎菲要使《古兰经》的内容与当前的现实相吻合，作为他推行政策的根据，同时也是他向一些反对他在 70 年代后期制定的经济政策的人士提出的挑战。

利比亚政府多次表示，利比亚应当成为伊斯兰世界的领袖。卡扎菲为了同其他阿拉伯国家实现政治联合而进行了尝试，目的是要建立一个大伊斯兰国家。

利比亚的穆斯林绝大多数属于逊尼派。在的黎波里塔尼亚，逊尼派的马立克教法学派信徒占全体穆斯林的 85%，多为农民和牧民。信奉哈乃菲教法派的约占穆斯林总数的 7%，主要是土耳其人的后裔。极少数居民仍信奉哈瓦利吉派的分支易巴德派，大多是居住在内富萨山区的柏柏尔人，约 6.5 万人。

除了信奉伊斯兰教的穆斯林外，利比亚还有罗马天主教徒和埃及基督教徒各 5 万人左右，在全国居民中只占 2%。

① 一译伊玛姆，指逊尼派对著名宗教学者的尊称。

第四节　民俗与节日

一　民间习俗

1. 衣饰

利比亚阿拉伯人的传统服装是男子穿长袍戴毡帽；女子穿衣裙，从头到脚都用布料裹住身体。

阿拉伯男子穿在衬衣外的长袍通常是白色或浅色的，也有人穿蓝色或绿色的。在天气凉爽时则再增加一件深色的背心。阿拉伯人认为，穿着长袍显得高雅大方，可以体现阿拉伯民族的尊严。但利比亚有一些地方的农民爱穿白色短袍和肥大的灯笼裤。冬天，利比亚阿拉伯人常用一块宽大而厚实的布把身体裹起来，或披上羊毛斗篷，戴红色或白色毡帽。冬天人们常穿布鞋或羊皮鞋；夏天过去多穿木屐，现在塑料拖鞋几乎取代了木屐。

利比亚的女子上身一般穿前胸绣花并镶有漂亮花边的上衣，下身则穿宽大的长裙，腰间用腰带束紧。利比亚的阿拉伯妇女多数不戴面纱，但需用布把身体严严实实地裹住。

除传统服装外，目前不少利比亚男子，特别是男青年和职员，在许多场合已经是西装革履，衣冠楚楚。青年人更是爱穿便装，小学生一般穿绿色校服，高中学生多数穿墨绿色军服。在1969年“九一”革命后，利比亚政府提倡妇女解放，妇女的衣着也发生了巨大变化。在大城市里几乎已经没有妇女在外出时再戴面纱，而喜欢西方服饰，穿女式西服和裙子、丝袜。但是，传统的阿拉伯长袍宽大舒适，在夏季仍然得到许多阿拉伯人特别是年长的阿拉伯男子的喜爱。中年以上的阿拉伯妇女也是以传统的装束为主，特别是在外出时依然要把头部和身体裹在布料或披风里。

根据伊斯兰教的传统，利比亚的阿拉伯男子除了戴银质戒指外不戴其他首饰。女子则可佩戴金耳环、金项链和金手镯。但目前利比亚女青年崇尚西方服饰文化和化妆术，衣着打扮已与西方女性无异。

除阿拉伯人外，利比亚还有许多基本上已经阿拉伯化的黑人。他们的传统服饰有自己的特色，但在青年人中间西式装束已经相当流行。

集中居住在利比亚西南边境的图阿雷格人多穿白色衣裤，腰间扎红色腰带或有花纹的皮带。未婚男子不戴帽子，只在头顶中间蓄一绺头发作为标志。已婚男子则戴挂有各式护身符的突尼斯便帽，还用布缠头，肩披围巾。气温低时，图阿雷格人常常再穿上深色斗篷或披风御寒。

与阿拉伯人的习俗相反，图阿雷格男子在 25 岁左右便开始戴面罩而妇女不戴。面罩其实就是一块把嘴和鼻子遮盖起来、只留出眼睛的长布，一般是闪亮的蓝色、白色或黑色。男子戴上之后在任何时候都不能取下，即使在入睡之后。只有在进食时才能将它稍稍挪开，同时用手把嘴遮住。戴面罩是图阿雷格男人自尊的表现，在妇女面前露出脸面更是奇耻大辱，是绝对不可以的。图阿雷格人保持这种独特风俗的原因是什么？一种说法是，北非的柏柏尔人中的男性原来都戴面罩，但在信仰伊斯兰教而逐渐被阿拉伯人同化之后，遵照伊斯兰教教规，妇女应该戴面纱而男子不必。图阿雷格人受伊斯兰教影响较小，所以保留了男子戴面纱而妇女不戴的风俗。也有人认为，图阿雷格人是长期生活在沙漠里的游牧民族，崇尚勇武。男子戴面罩是为了伪装自己，也可能是为了阻挡风沙和强烈的阳光。

图阿格雷女子大多喜欢穿红色衣服，长可及地。她们不戴面罩而以蓝色头巾裹头。衣服外常加一块披巾。

图阿雷格男子常以长矛和佩刀作为随身装饰物，有时还带有匕首。女子多戴手镯和脚镯。耳环极大，直径可达10厘米以上。未婚女孩一般都把许多小辫拢成一束，婚后便应改变髪式。银币是图阿雷格妇女最常用的饰物，在额头、手指上都可以用银币作为装饰品。

2. 饮食

在发现石油而使经济极大增长的前后，利比亚人的饮食结构和饮食习惯有着巨大的差别。利比亚的自然条件差，农业资源贫乏。在国家没有充足的财力大量进口食物的年代，利比亚人民只能以大麦、小麦、玉米和高粱加上一些蔬菜瓜果维持生活。农村居民的主食通常是以粗面粉做的饼子或馍。进餐时用手掰下干馍蘸着用南瓜和蔬菜熬成的稀粥吃。利比亚盛产椰枣，居民常用作主食。椰枣干后可以长期储存，也可以同粮食和蔬菜一起加工成各种食品。沙漠里的游牧民族在取食困难时，甚至以骆驼作为食物的来源。

阿拉伯人进食不使用餐具，而用手抓取食物。他们认为左手是不洁净的，所以取食只用右手，绝不使用左手。图格雷格人则用匙作为餐具，即使手头没有匙，也会用别的东西代替而不用手抓。

20世纪60年代以后，随着石油资源的大量发现和利用，利比亚经济飞速发展。特别是利比亚政府推行开垦绿洲和发展农业的“绿色革命”，使人民的生活质量有很大提高，基本结束了居民以果蔬椰枣果腹的历史。现在，城市居民以面包作为一日三餐的主食。由于利比亚羊肉、鸡肉都可以自给，牛肉又大量进口，肉食可以满足居民的需要。品种丰富的蔬菜水果目前也可以自给自足。利比亚人的饮食结构同过去相比已经有了很大变化。在城市里这种变化尤其明显。

目前，利比亚人的饮食融合了阿拉伯和地中海国家烹饪的风格，并受到意大利的影响。西餐在城市里已相当盛行。在的黎波里，除了价格昂贵的西餐厅外，在阿尔及利亚广场以西的巴拉迪亚街、九月一日街和米兹达街一带还集中了许多供应炸鸡、汉堡包和比萨的快餐店。原来利比亚居民不常吃鱼虾，现在海洋资源得到开发后，城市居民中喜欢吃鱼虾的人逐渐增多，的黎波里市里还开设了高档的鱼餐馆。

现在，利比亚人招待客人，若是因为公务或商务活动，通常在宾馆或饭店里请客人用西餐。如果是私人往来，一般是设家宴待客。热情好客的主人会准备传统的阿拉伯面饼、麦饼、发面饼、甜点心，以及牛肉、羊肉、鸡鸭、蔬菜瓜果等食品，还有酸牛奶、果子汁、矿泉水等饮料。在招待贵宾时，主人往往会以穆斯林名菜烤全羊飨客，或者请客人品尝用胡姆斯豆、小米、葱头、土豆、南瓜和牛羊肉制成的有名的“库斯库斯”。

按照伊斯兰法律，穆斯林不能饮酒和含酒精的饮料，一般饮用瓶装矿泉水和软饮料。利比亚人爱喝咖啡更爱喝红茶、绿茶、花茶、薄荷茶。用茶壶煮茶时先放入茶叶，加上薄荷叶或其他香料，有时还加入花生，再添上水，然后在火上煮沸。煮好的茶要倒入另一只茶壶，再加进白糖。利比亚人喝茶的习惯是每次只喝一小杯。在煮咖啡时，除了咖啡豆和糖之外，通常还要放一些玫瑰油。现在利比亚的政府机关和企业事业单位里都有专司烹茶和煮咖啡的人员。

3. 礼仪

利比亚人热情好客，讲究礼仪。对于男士，他们一律以兄弟相称，女士则称姐妹，给人以亲切之感。人们在各种公共场合见面时，不论认识与否都会有礼貌地互相问好。亲朋好友见面则更加热情，握手问好甚至相互拥抱亲吻。尊老爱幼、尊重妇女也是利比亚人的美德。根据传统，特别是在农村居民中由老一辈的男主人或者长兄作为一家之主。在社交场合，长者常被奉为上宾受到特别礼遇。“女士优先”更是社会风尚。

利比亚人待客十分热情和礼貌周到。据说，贝都因人因为长时期在沙漠里赶着骆驼跋涉，一旦与人相遇便倍感亲切，不但要互相通报姓名，还会热烈拥抱和长时间交谈然后告别。现在，凡到利比亚人家中做客，主人总是会主动招呼表示欢迎，并询问客人的健康、工作和家庭等情况。在请客人进入帐篷或客厅休息后，除了以饮料、点心和水果待客外，通常主人还要请客人吃饭，有时客人还会被邀请到主人的别墅或农场野餐。主人准备的丰盛佳肴，客人吃得越多主人越高兴。

与利比亚人交往也需要热情真诚，尊重他们的风俗习惯和礼仪，特别是穆斯林的教规和戒律。穆斯林禁止饮酒和食用猪肉，甲鱼、螃蟹、海参和已经死去的动物也都不能食用。烟酒不能作为礼品馈赠。穆斯林的传统观念是，妇女除手脚外，身体其他部位不能外露。女性不能穿着暴露的服装外出。利比亚人待客彬彬有礼，客人也应该举止端庄谈吐文雅。拜访主人时应事先约定，准时前往，以示对主人的尊重。客人到达后，通常只有男主人出面接待，特别是对于初次见面的陌生客人，女主人是不会露面的，客人一般也不必带礼物相赠，除非是十分亲密的朋友，更不能特别提出要把礼物送给女主人，因为利比亚人认为友谊比礼物更珍贵。

利比亚因为国土的绝大部分是沙漠或半沙漠，绿色植物稀少而珍贵，所以利比亚人极为喜爱和崇敬绿色，不但对花草树木倍加爱护，损毁花木的行为要遭到谴责和处罚，绿色还被当做生命的象征而被广泛应用。利比亚的国旗是长方形的绿色旗，卡扎菲的重要理论著作是《绿皮书》，的黎波里市中心是“绿色广场”，甚至许多建筑物的顶部也是绿色。绿色是利比亚人民心目中吉祥和胜利的象征，对绿色的任何损害都是不能容许的。

4. 婚礼

利比亚的传统婚礼是一个复杂而多彩的过程，目前主要在农村流行。城市里青年人的婚姻习惯和仪式虽然大体上仍保持传统的礼仪，但已经简化了许多，是现代化的生活方式与传统习俗的结合。

遵照伊斯兰教习俗，男女青年不能直接接触和交往。过去利比亚的阿拉伯青年没有自由择偶的机会，婚姻大事要听从父母的安排。现在，男女青年虽然可以相互来往，但是谈婚论嫁的第一步仍然需要男方出面去提亲。

在举行婚礼之前，先由男青年的母亲或姑嫂同介绍人一起去女方家里拜访。这既是为了表达结亲的诚意，同时也是对未来的新娘的秉性和容貌作一番实地调查，并直接了解女方家长对这件婚事的态度和想法。如果进展顺利，双方都认为满意的话，便由两家的男性成员在村里的伊玛目和亲属的参与之下商谈举行婚礼的条件和彩礼的数额。定亲之后，男方还要在节日向女方赠送礼品或首饰，直到举行婚礼。

婚礼要延续5至7天。在正式婚礼开始前的两周，新娘就要开始打扮。凡是可能外露的皮肤和头发都要请化妆师精心化妆。在这些日子里，新娘全身都被包裹在布和化妆品中，不能动弹。为了使化妆取得最好效果，新娘的皮肤不能沾上一滴水。在下颌皮肤上还要如同刺青一般涂上黑褐色的花纹。举行这种“涂青”仪式之后，姑娘便有了永不消退的已婚妇女的标记，可以到室外自由活动了。因此，这种化妆和涂青仪式对于准备出嫁的姑娘来说是极为重要的程序，女方家长通常会广邀亲朋前来观礼。在这个极为隆重的场合，富有人家会盛情接待宾客，安排音乐或舞蹈表演。骑着骆驼远道而来的客人在典礼结束后可能还会在主人家住上一些日子。按习惯，化妆师的酬金由男方支付。招待客人食宿，包括照料客人的骆驼等等开销都由女方负担。

在新娘开始化妆之日，男方就应将迎娶的花轿用骆驼驮着送到新娘家。

婚礼前的第7天是“信号之夜”，意思是这一天是婚礼的开始。这天夜晚，新郎与新娘各自在家里举行热闹的晚会。化妆完毕的新娘会出现在宾客面前。应邀前来的客人尽情歌舞欢乐向主人致贺。女宾们还会高声歌唱：“这是我们盼望的夜晚……这是我们期待的日子……”婚礼的前两天，新娘要再次化妆，用红冠花和取自盐湖底的盐泥制成的颜料涂抹手掌和脚掌。这也是永远洗不掉的已婚妇女的标记。但是，这种传统的风俗现在也有了变化：新娘通常只是用进口的指甲油把指甲染红，不必把手掌和脚掌都染成深红色了。

到此为止，结婚仪式虽然已经启动，但新郎还没有见到新娘。为了一睹新娘的芳容，新郎要在“灯夜”这一天夜里带领一支迎亲队伍随着乐队吹吹打打来到新娘家。迎亲人员点着用橄榄树枝和浸油的绳子做成的“灯”，先围着屋子走7圈，然后在欢快的鼓乐声中走进大门。此时只见新娘端坐在高台之上，或站在楼梯高处，徐徐解下面纱。新郎在火把映照下第一次看到他的新娘。这是婚礼仪式中的“灯夜”，又叫做“露容之夜”。

完婚之日双方家长要正式缔结婚约，在婚约上写明彩礼的数额。彩礼的一部分当日交付女方，其余部分则在日后如果发生离婚或丈夫去世等不幸事件时再付给。举行婚礼时，新郎再次亲率迎亲队伍到新娘家围着屋子走上7圈，然后人们才簇拥着新娘走出来，登上花轿或小汽车来到婆家。在新郎家迎候的妇女们会用欢呼声迎接新娘的到来，并用一块布把她遮起来。根据传统，新娘每走过一扇房门就要打破一个鸡蛋，在进入洞房之前再打破一个鸡蛋。这预示着新娘会“多生贵子”。

新婚之夜当然要设宴款待宾客，有的地方还举行赛马或其他游乐活动。翌日清晨新郎起床后要穿着礼服在一个房间里“独处”，不跟新娘或父母叔伯们见面。但到了中午他要与村里的单身青年共同进餐。这种独处和共同进餐的活动可以延续一周甚至一个月。通过这些活动，新郎同单身青年结成了“伙伴”关系。新郎是“苏丹”，他享有指挥他人、最先洗手、最先吃肉等各种特权。到了“独处”的最后一天，新郎换上日常服装，伙伴们会拿着鞋子把他追打出去，是为“苏丹退位”。这天夜里，新郎还要同伙伴们住在一起，并且在同父亲会面时请求他的宽恕。至此，丰富多彩的婚礼才告结束。

新娘在结婚后半年内只能同丈夫和家里的妇女接触，与男性包括丈夫的父亲都不能接触。婚后一年内，除非娘家有大事发生，是不能回去的。

目前，利比亚城市居民的生活日趋现代化，传统的婚姻习俗也与现代物质文明相结合。原来彩礼多为实物，后来改用现金。现在商定以新住宅、新轿车、高级家具、家用电器和首饰等作为彩礼的也不少见。城市里以小轿车代替花轿的迎亲队伍更是普遍。但探家、求婚、定亲、婚礼等传统习俗仍然基本保留，只是比较简化了。

5. 丧礼

阿拉伯人的丧葬礼仪比较简单，但一般都要举行隆重的仪式悼念亡者。在安葬后的三天之内，家属每天都会去墓地打扫并插上鲜花寄托哀思。柏柏尔人的葬礼与阿拉伯人的不同。他们相信亡者的生命可以复活，因此要把遗体上的肌肤剥离，或在遗体表面涂上一层红赭石，然后下葬。遗体采取侧卧和弯腰的姿势，旁边放上食物并进行祭祀，以求亡灵来生幸福。

二 历法和节日

利比亚同时使用公历和伊斯兰教历。除了某些政府部门外，利比亚社会也普遍使用公历。国家法定节日按照公历确定。

与其他阿拉伯国家以先知穆罕默德由麦加迁到麦地那的公元

622 年作为伊斯兰教历元年不同，利比亚以穆罕默德诞生的公元 570 年作为伊斯兰教历元年。宗教节日根据伊斯兰教历确定。

1. 国家法定节日

（1）“九一”革命节：1969 年 9 月 1 日以卡扎菲为首的自由统一军官组织发动推翻伊德里斯王朝的革命取得胜利。“九一”革命节成为利比亚最重要的国家法定节日。卡扎菲常在的黎波里绿色广场庆祝“九一”革命节的群众集会上发表演说。当天还在沿海公路上或在班加西举行阅兵式。

（2）“三二”人民政权节：1977 年 3 月 2 日，在沙漠城市塞卜哈举行的总人民大会特别会议宣告，由“直接民主”产生的“人民政权”诞生，并将国名改为“阿拉伯利比亚人民社会主义民众国”。

（3）“三二八”英军撤军节：1970 年 3 月 28 日，自 20 世纪 50 年代以来驻在利比亚东部港口城市托卜鲁克的英军撤离利比亚。

（4）“六一一”美军撤军节：1970 年 6 月 11 日，自 20 世纪 50 年代以来驻在的黎波里东郊惠勒斯军事基地的美军撤离利比亚。

（5）“十七”复仇节：意大利自 1911 年武装占领利比亚后，对利比亚进行殖民统治长达 40 年。1970 年 10 月 7 日，在利比亚的最后一批意大利移民被逐回国。

（6）“四七”学生革命节：1976 年 4 月，在利比亚“文化革命”进入高潮后，卡扎菲多次号召大学生行动起来清除革命队伍中的“法西斯分子”和“反动分子”。4 月 7 日，大学里的“革命力量”响应卡扎菲的号召，清除了大学里的反动腐朽力量，把大学变成了“革命堡垒”。

（7）“九一”生产者进军节：1978 年卡扎菲在纪念“九一”革命节集会上号召全国各地的全体工人立即占领工厂和企业的管

理机构，永远消灭私有制，并在此基础上建立人民的管理机构。第二年，卡扎菲还要求各国将9月1日定为国际劳动节，以纪念工人获得真正的解放。

（8）“七一八”统一进军节：卡扎菲长期追求阿拉伯世界的统一。1972年8月2日，卡扎菲和埃及总统萨达特在班加西会晤，确定两国于1973年9月1日实现统一。由于对统一进程缓慢不满，卡扎菲在1973年7月18日发动了“统一大进军”。成千上万利比亚人从西部边境加迪尔角出发，向埃及进军，要求两国统一。

（9）埃及“七二三”革命节：埃及总统纳赛尔是卡扎菲学习的榜样。卡扎菲认为，纳赛尔领导的“自由军官组织”在1952年7月23日推翻埃及法鲁克王朝的革命是利比亚“九一”革命的先导，因此将埃及“七二三”革命节定为利比亚的法定纪念日。

（10）叙利亚“三八”革命节：1958年2月埃及和叙利亚联合组成阿拉伯联合共和国。后来，叙利亚宣布与埃及脱离，卡扎菲认为这是“地方分离主义”的罪过。1963年3月8日，叙利亚发生革命。卡扎菲称此举是对“地方分离主义”的直接回击，因而将叙利亚的“三八”革命节也定为利比亚的法定节日。

（11）突尼斯“一一·七”革命节：1987年11月7日，本·阿里接替布尔吉巴出任突尼斯总统。卡扎菲高度评价这一事件。

（12）“十二六”哀悼日：为了纪念在意大利占领期间被杀害和被放逐的利比亚人，这一天利比亚将关闭一切设施，包括将边境口岸关闭几分钟，切断国际电信线路，以致哀。

（13）“一二·二四”独立日：1951年12月24日利比亚宣告独立，成立联邦制的利比亚联合王国，由流亡在埃及的伊德里斯一世任国王。

2. 宗教节日

（1）伊斯兰教历1月1日为教历新年。

（2）伊斯兰教历1月10日为阿舒拉节。

（3）伊斯兰教历3月5日为穆罕默德升天日。

（4）伊斯兰教历3月12日为穆罕默德诞辰。

（5）伊斯兰教历9月是斋月。穆斯林在斋月期间日出之后到日落之前不进食，餐馆不营业。

（6）伊斯兰教历10月1日至3日为开斋节。

（7）伊斯兰教历12月9日至11日为宰牲节。

3. 民间节日

（1）杰尔马在3月间举行各种群众性庆祝活动。

（2）祖瓦拉在8月间在海滨举行Awussu节。

（3）古达米斯在10月间在旧城区举行传统文化节。

（4）加特在12月1日举行纪念图阿雷格文化遗产的阿卡库斯节。

第二章

历　史

1951年12月24日，利比亚联合王国在北部非洲宣告成立。这是在这块土地上第一次建立的统一国家。但利比亚的历史可以上溯到远古。最早在这里居住的是柏柏尔人、图阿雷格人和图布人。后来，从公元前第一个千年开始，腓尼基人、希腊人、努米底亚人、罗马人、汪达尔人、拜占庭人、阿拉伯人、土耳其人和意大利人先后到达或侵入这一地区，建立了自己的统治。但利比亚人极少去侵占别国的土地。

独立前的利比亚事实上分为的黎波里塔尼亚、昔兰尼加和费赞三部分。这是因为利比亚全境90%以上是沙漠或半沙漠。在古代交通极不发达的情况下，这三个地区之间的联系远远不如它们同相邻国家和地区的联系密切。长时期接受外来影响使的黎波里塔尼亚、昔兰尼加和费赞各自形成了具有不同文化和历史特点的区域。位于利比亚西北部的的黎波里塔尼亚除了沿海有一条狭长的平原外，从内富萨山以南直到费赞西部是辽阔的哈姆拉沙漠。的黎波里塔尼亚的心脏是滨海的的黎波里城。几百年来，的黎波里一直是撒哈拉沙漠里贩运货物的商队古道的终点，也是地中海海盗和奴隶贩子避难的港口。的黎波里塔尼亚与突尼斯、阿尔及利亚接壤，从地理和文化的角度来说，可以认为的黎波里塔尼亚是马格里布的一部分。昔兰尼加处于利比亚东部。这一面积约占利比亚全国一半的广袤地区与埃及为邻。境内大部分是沙砾，是利比亚沙漠的一部分。在历史上昔兰尼加同埃及关系密切。但昔兰尼加在政治上受外来民族的影响并不大，特别是在昔兰尼加内地。费赞是处于利比亚南部的内陆高原型盆地，其西北部和南部都是沙漠，只有一些绿洲分布其中。控制着穿越沙漠的商道的部族领袖就是这一地区的统治者。由于地理位置的原因，费赞同马格里布关系较少而同撒哈拉以南非洲联系紧密。

第一节　古代历史

最早居住在利比亚的是柏柏尔人，其起源目前尚不清楚。有研究者认为，在公元前1.5万~1万年间，北部非洲有 Oranian 和 Capsian 两个种族。随着新石器时期文明的传播和农耕技术的引进，这两个种族逐渐融合。柏柏尔人就是他们的后裔。但阿拉伯历史学家和人类学家从考古学和语言学领域所获得的证据推断，柏柏尔人的祖先大致是在公元前3000年从西南亚洲迁来此地，属于迦南人或希木叶尔人血统。后来，众多来自阿拉伯半岛的移民活动范围从埃及扩展到了尼日尔盆地，并与古埃及人和美索不达米亚人有了较多的往来。

利比亚最早的居民点大约出现在公元前8000年。当时居民的生活情况目前已不得而知，只能从沙漠中发现的岩画上了解一些大概。从分布在20多个遗址上的大量岩画可以看出，1万年以前的北非地区是一块富饶的土地：水源充足，长颈鹿、鳄鱼、犀牛、河马和其他一些动物得以在这里繁殖，树木也能够茂密生长。人们依靠狩猎和采集食物可以维持生命。岩画中出现的成群的牛羊表明，可能是由于气候变化等原因，后来野生动植物等自然资源逐渐不能满足人类社会的需要，居民开始驯养牲畜，食用野生动物则逐渐减少。随着土地沙漠化的面积不断扩大，一些野生动物只能到沙漠之南去寻找生活场所。除了少数绿洲外，植物在沙漠中也已经绝迹。通过对岩画的研究可以得知，由于气候逐渐干旱而使北非发生了巨大变化。

最先来到利比亚的异族是腓尼基人。腓尼基是建立在目前黎巴嫩西海岸提尔（今苏尔）、西顿（今赛达）和比布鲁斯（今朱拜勒）一带的帝国。腓尼基人以善于经商和航海著称。公元前12世纪，腓尼基人从事商业活动的范围遍于地中海南岸。他们的商船沿着北非海岸往西直达西班牙。经营的商品有黄金、白银、金属原材料、象牙，甚至还有猿猴和孔雀。由于航行和经商的需要，腓尼基人先后在地中海南岸建立了多处商船停泊处、仓库等设施，在莱普蒂斯、奥萨、塞卜拉塔建造了长期居留地。后来，又在今苏尔特附近建造港口。这些据点虽然规模不大，但都是由地中海东岸的列凡特港到西班牙的航路的必经之地。当时，兴建这些据点和港口主要目的是为经商和运输提供方便，同时又作为他们同内地的柏柏尔人进行贸易和订立以共同开发原料为内容的合作协定的基地，而不是着眼于利比亚北部海岸所具有的战略价值。

腓尼基人最大的海外殖民地是位于今突尼斯东北部、始建于公元前814年的迦太基。迦太基城后来发展成主要从事商业活动的帝国，到公元前517年已经成为北非最有实力的城市国家。公元前四世纪，迦太基的统治范围扩大到了从的黎波里塔尼亚直到大西洋的整个北部非洲。莱普蒂斯、奥萨和塞卜拉塔三个居留地被总称为的黎波里或“三城”。

迦太基及其附属地同内地的柏柏尔人保持着良好关系。公元前3世纪，迦太基在地中海西岸扩张势力同新兴的罗马帝国狭路相逢。公元前264年迦太基同罗马帝国之间爆发战争，迦太基战败，力量被大大削弱。公元前218年罗马再次发动战争，灭亡了迦太基。此后，的黎波里塔尼亚由同罗马结成同盟的柏柏尔君主

努米底亚统治。一个世纪之后，由于努米底亚国王在罗马内战中支持将军兼政治家庞培而被庞培的对手恺撒废黜，的黎波里塔尼亚被拼入罗马帝国，成为罗马的一个省。

北非地区的腓尼基文明又称布匿文明。迦太基在北非实行统治是布匿文明达到顶峯的时期，布匿文明也深深植根于当地社会。直到罗马帝国后期，的黎波里塔尼亚市镇居民和沿海地区的柏柏尔农民仍在使用布匿语。

昔兰尼加与希腊隔海相望，相距不到 200 英里。昔兰尼加雨量充沛，气候潮湿，土地肥美，是利比亚最适宜于农作物生长的地方。几百年来，希腊克里特岛上的迈诺斯人和希腊的航海家一直在这一带活动。公元前 7 世纪，200 名有组织的希腊人到达奔巴湾中的普拉特亚岛定居，两年后又移居陆地上的阿齐里斯。公元前 631 年，希腊人在离海不远处建造了昔兰尼城，移民领袖阿里斯托克莱斯自立为王，称巴图斯一世。在希腊向海外殖民扩张的 200 年间，希腊人又陆续建立了巴尔卡、欧埃斯派里代斯（今班加西）、太乌基拉（今图克拉）和阿波罗尼亚（今苏尔萨港）4 座城池。这 5 座城市互相竞争很少合作，但整个地区被称为昔兰尼加。

在北非地区的希腊人面对着东方的埃及和西方的迦太基两大敌人。公元前 525 年，波斯国王塞鲁斯之子甘比西斯在征服埃及之后率军入侵昔兰尼加。昔兰尼加向波斯人纳贡，名义上属于波斯帝国，但几年后埃及人又赶走了波斯人。昔兰尼加被波斯人和埃及人统治长达两个世纪之后恢复独立。

迦太基人同希腊人是从事贸易的竞争对手。尽管他们之间常有商业往来，但迦太基并未正式承认希腊人有在北非地区进行贸易的权利，甚至还干预希腊人同沙漠部落之间的商业往来。希腊人在向南方和西方扩展势力的时候，也经常同迦太基的巡逻部队发生冲突。后来，虽然双方就共同边界的划分达成了协议，但不断发展的利害冲突终于导致昔兰尼加同迦太基之间在公元前500年左右爆发了激烈的战争。

地理位置的优越，对外贸易、农业和畜牧业的发展使昔兰尼加积累了巨大的财富和创造了出色的文化，成为希腊世界中第一流的智力和艺术中心之一，但希腊人并没有在此地建立有效的政治控制。昔兰尼加各城市之间彼此保持独立。希腊人同当地居民的关系也不好，甚至发生武装冲突。

公元前331年，马其顿国王亚历山大大帝的军队在入侵埃及并在尼罗河口建造了亚历山大城之后，挟胜利之余威攻入利比亚。虽然当地的希腊人表示效忠，但亚历山大大帝并未对昔兰尼加实行占领。公元前323年亚历山大大帝去世，他所统治的帝国由他的将军们分而治之。埃及归属托勒密将军管辖。他以昔兰尼加社会不安定为由将昔兰尼加併入埃及。昔兰尼加再次失去独立，但五城仍保有很大程度的自治权。

随着希腊影响的逐渐减退，昔兰尼加的最后一位希腊族统治者托勒密·阿庇翁于公元前96年去世时，根据其父欧尔格特斯的遗嘱，把昔兰尼加这块土地赠给了罗马人。公元前74年，罗马统治者将昔兰尼加和克里特岛合并为一个单独的行省。

费赞的情况与的黎波里塔尼亚和昔兰尼加不同，一直是由土著葛拉曼特人在统治。葛拉曼特人是富有传奇色彩的民族。一般认为，葛拉曼特人大约是在公元前1000年进入这一地区的。他们在乌巴里沙漠南缘的绿洲带上建立了以杰尔马为首府的帝国，实际上是一些部族松散的联合体。

虽然有人认为葛拉曼特人野蛮尚武，是难以驾驭的游牧民族，事实上在葛拉曼特帝国中已经出现了一些建有市场和公众游乐场所的相当繁荣的城市。葛拉曼特人有自己的文字，会饲养马匹和牛群，会使用马匹和车辆进行运输，还懂得在撒哈拉沙漠中使用骆驼作为交通工具。葛拉曼特帝国还控制着从古达米斯南至尼日尔河，东至埃及，西至毛里塔尼亚，穿越沙漠的商道。最能表现葛拉曼特人智慧的是他们建造的规模宏大的地下石砌输水管道，使这块远离水源的土地中的绿洲因有灌溉之利而得以进行农业生产活动。因此，许多史学家认为，葛拉曼特人是当时思想已经成熟的最先进的部族之一。后来，约在公元500年，葛拉曼特人在当地消失了。其原因可能是由于过量开采使不充足的水源趋于枯竭而无法生存。最后一批葛拉曼特人不是死了就是离开了家乡。

昔兰尼加于公元前75年，的黎波里塔尼亚于公元前46年先后正式成为罗马帝国的一部分。北部非洲沿海地区都属于罗马的版图，由罗马总督进行统治。罗马人招募了5500多名当地人组成奥古斯都第三军团，主要在这个地区的南部边境巡逻。公元前20年，罗马总督对南部的葛拉曼特人居住区发动进攻，先后攻占古达米斯和杰尔马。此后又经过几次征讨，南方边境趋于平静。公元1世纪末，罗马人镇压了苏尔特湾的纳萨穆尼大部族的叛乱，在的黎波里塔尼亚和昔兰尼加之间开辟了陆上通道。罗马人终于完全占领了利比亚北部。

公元最初的200年是“罗马帝国治下的和平”时期，整个罗马帝国的绝大部分地区都处在和平与繁荣的环境之中。的黎波里塔尼亚和昔兰尼加发展成为罗马帝国富庶的行省。沿海的大小城镇都同罗马帝国的其他城市一样有广场、会堂、市场、圆形露天剧场、浴室等供人们享用的设施。商人、艺术家、工匠等纷至沓来。的黎波里塔尼亚生产的橄榄油大量出口到意大利。柏柏尔人和葛拉曼特人运到海岸边的黄金、白银和奴隶也以的黎波里塔尼亚为集散地。昔兰尼加则是酒类、药品和马匹的重要产地。利比亚海岸呈现一派商业繁荣的景象。公元193年，出生在莱普蒂斯的利比亚人成了罗马帝国的皇帝塞维鲁。他在位期间（193～211），莱普蒂斯发展成为仅次于罗马的文化和商业中心。但是，在罗马帝国时期，的黎波里塔尼亚和昔兰尼加的城市仍保持着布匿的风格和特征。

一般的说，罗马人主要控制的是经济发展对自己有利，而且不必花费很多力量去进行警戒的地区。罗马军队曾经进入内地各省，但没有在当地建立直接统治，也没有将意大利人大量移往北非进行垦殖，土地仍由柏柏尔人耕种。罗马人对地方事务和居民日常生活很少干预。城市居民仍然保持迦太基的习俗，说新布匿语。

115 年，在昔兰尼加的犹太人发动大规模暴动，并很快通过埃及扩展到巴勒斯坦。原来，在托勒密王朝时期，犹太人在反抗罗马人对巴勒斯坦的统治失败和耶路撒冷被毁之后来到昔兰尼加定居。对罗马人的憎恨导致了暴动的爆发。118 年暴动被镇压，约有 20 万人丧生，昔兰尼加遭到严重破坏。

300 年，罗马戴克里先皇帝（284～315 年在位）推行行政改革。的黎波里塔尼亚单独成为行省。克里特岛也同昔兰尼加分开，在昔兰尼加设置上利比亚省和下利比亚省。利比亚首次被用作行政区域的名称。395 年，罗马帝国分裂，利比亚属于东罗马帝国，的黎波里塔尼亚属于西罗马帝国。东西罗马帝国在非洲的分界线是锡尔提加沙漠。

2 世纪初，基督教就在犹太社会中传播了。通过在昔兰尼加的犹太居民，基督教也进入了利比亚，在城镇居民和奴隶中很快就有了信徒。5 世纪末，基督教不但在罗马帝国非洲行省里传播，甚至深入到了内地的柏柏尔人中间。但的黎波里塔尼亚和昔兰尼加的基督教会不属于同一个主教管辖。宗教信仰的差异成为引发社会矛盾的因素之一。

429 年罗马帝国在非洲的地方长官卜尼法叛变，请汪达尔人的领袖根撒里克给予支持。汪达尔人是日耳曼民族的一支，信仰基督教的异端阿里乌教。根撒里克率部自西班牙进入摩洛哥，后来建立了以迦太基为首都的国家。尽管罗马帝国承认根撒里克自封为罗马帝国属国的国王，对包括的黎波里塔尼亚在内的大部分北部非洲有统治权，但汪达尔人实际的统治范围只限于沿海经济发达地区，而且在这些地区内仍保留了罗马人设立的民事行政制度。455 年，汪达尔人从非洲出发征服了撒丁和科西嘉，侵入意大利。但直到 5 世纪后期，汪达尔人事实上只是控制了北非沿海的一些要塞，内地依然是过着游牧生活的柏柏尔人的世界。柏柏尔人不但占据着广大的沙漠地区，还不断骚扰边缘地区并在沿海地带大肆劫掠，使当地的农田和城市遭到严重破坏。533 年，由拜占庭的查士丁尼皇帝派遣的远征军在贝利萨留将军指挥下占领了迦太基。东罗马帝国重新征服了北非地区。

拜占庭人夺回的北非地区已是一片破败的废墟。查士丁尼对的黎波里塔尼亚的统治只能及于沿海城市和海上通道。面对沙漠部落经常发动的叛乱，拜占庭人不得不修筑堡垒和高墙以保卫当地市镇，原来罗马人在当地建立的政治制度和社会秩序已经无法恢复，拜占庭人在占领之后要实现的目标便是重新打通海上和沙漠里的商道。昔兰尼加经过汪达尔人统治时期的破坏，大量人口由城镇迁往农村，城镇已处于半荒凉状态。拜占庭人在昔兰尼加也建造了防御工事以抵御柏柏尔游牧民族的进犯。

7 世纪，阿拉伯人通过武装征讨的手段把权力、伊斯兰教和阿拉伯文化带进了利比亚。马格里布在 11 世纪之后彻底实现了阿拉伯化。利比亚的历史翻开了新的一页。

643 年阿拉伯哈里发奥麦尔一世的骑兵没有遭遇激烈抵抗便攻入昔兰尼加，在巴尔切建立了行省的首府和军事指挥中心。两年后，的黎波里被阿拉伯人征服。663 年，阿拉伯军队攻入费赞，迫使杰尔马的国王投降。但是，柏柏尔人的顽强抵抗阻挡了阿拉伯军队继续向西推进。为了继续攻打拜占庭帝国，阿拉伯人重新发动进攻，于 670 年攻陷罗马帝国在北非地区的另一个行省伊非里基亚（今突尼斯）。此后，柏柏尔人曾两次迫使阿拉伯人退回的黎波里塔尼亚。但阿拉伯人投入更大的兵力反攻，于693年攻占迦太基。710年阿拉伯军队攻入摩洛哥，712年入侵西班牙。3年后，阿拉伯人席卷了非洲北部除最北端的山区以外的全部土地。从穆斯林西班牙（安达卢西亚）经过包括的黎波里塔尼亚在内的马格里布、昔兰尼加到利凡特（地中海东部沿岸）都处于大马士革的伍麦叶王朝哈里发的控制之下。

阿拉伯人依靠其军事和宗教力量很容易就在沿海地区建立了自己的统治，并使这一地区重新恢复了繁荣。的黎波里塔尼亚的市镇居民安居乐业，商业贸易活动活跃，布匿化的农民希望他们的土地能够得到保护，因而也对阿拉伯人表示友善。在昔兰尼加，基督教徒把阿拉伯穆斯林当做从拜占庭帝国压迫下解放他们的救星来欢迎。经过100多年的历程，阿拉伯人把自己的文化和伊斯兰教传播给了当地市镇居民和农民。山区和沙漠地区情况有所不同。阿拉伯人到来之后柏柏尔人仍长期保持着自己固有的特性。后来，长期接受闪族布匿文明影响的柏柏尔人大体上接受了伊斯兰教，但不愿意接受阿拉伯语和阿拉伯人的统治。对阿拉伯化采取抵制态度的柏柏尔人还多次发动暴动。

8世纪中，伊斯兰分立教派中的一支哈瓦利吉派在北非频繁活动。哈瓦利吉派教徒不承认哈里发的权威，认为凡是合格的人选都可以当选为哈里发，而不论其种族、身份或是否是先知的后裔，还明确宣称反对阿拉伯人垄断伊斯兰教的宗教领导权。哈瓦利吉派实际上是一种从事政治和宗教活动的反抗运动。崇尚独立精神和富有宗教热情的柏柏尔人很快就接受了哈瓦利吉教派，以为这种教派可以帮助他们摆脱阿拉伯人的控制。当时，阿拉伯帝国已经因政治和宗教纠纷迭起而陷于混乱。750年，阿拔斯王朝推翻了伍麦叶哈里发，并把首都由大马士革迁到离开北非地区更远的巴格达。在这种情况下，本来活跃于的黎波里塔尼亚西北部内富萨山区和其他一些偏僻地区的哈瓦利吉教派乘阿拔斯王朝控制减弱之机在一些部族中建立了神权王国。其中在费赞建立的哈塔卜部族国家存在了大约两个世纪，其首府祖伊拉日后发展成了绿洲中的重要商业中心。

阿拉伯人征服北非地区之后，由世袭的总督以哈里发的名义进行统治。公元800年，大哈里发哈龙·拉希德任命易卜拉欣·伊本·阿格拉布为统辖伊非里基亚和的黎波里塔尼亚的总督。当时，的黎波里塔尼亚只是服从哈里发的精神权威，并在名义上承认其宗主权，实际上是实行自治的地区。阿格拉布家族事实上也是不受巴格达约束而独立行事的统治者。阿格拉布埃米尔建都于凯鲁万，并修复了已遭毁坏的罗马人修建的灌溉系统，通过发展农业来促使城镇恢复活力。当时，阿拉伯商人、学者和各色人等纷纷来到凯鲁万，本地的犹太人则从事商业和手工业，也有的在埃米尔统治下做官。阿格拉布统辖的地区重现了昔日的繁荣。阿格拉布还同拜占庭帝国争夺对地中海的控制权，曾经征服了西西里岛。但是，这一时期的黎波里塔尼亚曾发生过多次大规模叛乱。

早在7世纪，伊斯兰教即分裂成逊尼派和什叶派。什叶派原是一个政治集团，在穆罕默德去世后争夺继承权的斗争中拥戴穆罕默德的堂弟兼女婿阿里，并逐渐形成教派。逊尼派自称“正统派”，与什叶派对立。9世纪的最后10年间，在什叶派的一支伊斯马里教派的鼓动下，柏柏尔人对逊尼派的阿格拉布王朝进行讨伐，并于909年攻陷凯鲁万，翌年又建立法蒂玛王朝。这次讨伐行动的精神领袖、叙利亚的赛义德被封为包括的黎波里塔尼亚在内的大部分北非地区的政教合一的领袖伊玛目。法蒂玛王朝建立后，的黎波里由于海上贸易的发展而日渐繁荣。来自苏丹的奴隶和黄金，以及输往意大利交换木材和钢铁的羊毛、皮革和盐，都以的黎波里为集散地。

法蒂玛王朝曾以发动入侵来威胁摩洛哥，但后来他们却挥师东进。972 年，法蒂玛王朝完全征服了埃及并把首都迁往新建的开罗城，在当地立一位什叶派哈里发来同巴格达的逊尼派哈里发对抗。11 世纪初，马格里布的统治权实际落到了王朝任命的总督齐里手里。1049 年，法蒂玛王朝为了报复，便将居住在上埃及地区的希拉勒部落、苏来姆部落等贝都因阿拉伯人引入马格里布以惩罚齐里。这些野蛮而劫掠成性的游牧部落进来以后给当地造成惨重的破坏，的黎波里成了废墟，柏柏尔人被从土地上赶走。土地荒芜，沿海平原的农田成了放牧的草地。希拉勒部落比苏来姆部落走得更远，他们穿越马格里布一直到达摩洛哥西部大西洋沿岸。这场风暴使齐里的统治彻底崩溃，但入侵者带来的社会制度、价值观念和语言使马格里布完成了阿拉伯化。特别是在昔兰尼加，大批涌来的苏来姆部落游牧民占领了这个地区的北部，使这里成了除阿拉伯半岛以外实现阿拉伯化最彻底的地区。

11 世纪欧洲人开始进入北非地区。1087 年，统治着南部意大利的诺尔曼人从阿拉伯人手中夺回了西西里岛，并把势力扩展到地中海中部地区。1135 年，诺尔曼人占领了属于的黎波里塔尼亚的杰尔巴岛。1146 年，的黎波里塔尼亚和昔兰尼加被诺尔曼人征服。对于北非地区，诺尔曼人看重的是它的商业利益。他们沿着突尼斯和的黎波里间的海岸建立了港口和要塞，并没有向内地继续扩张。

在诺尔曼人的北非领地内，居民对诺尔曼人的统治越来越不能容忍。12 世纪 40 年代末和 50 年代初，新兴的柏柏尔穆瓦希德人先后占领了摩洛哥和突尼斯。1160 年，穆瓦希德人又在的黎波里建立了政权。整个马格里布便处在统一的柏柏尔人政权管辖之下。但随着穆瓦希德王朝版图的扩大和其权力基础转移到西班牙，它同柏柏尔部族的关系逐渐疏远。后来，穆瓦希德王朝在同摩洛哥当地部族交战中失败，王国东部的总督阿布·哈夫斯乘机宣布独立并自称哈里发和苏丹，开始了哈夫斯王朝统治的黎波里塔尼亚的时期。

哈夫斯王朝统治的黎波里塔尼亚将近300年。王朝的政治和经济基础在于的黎波里等沿海城镇，内地则由名义上臣服苏丹的部族首领管辖。在哈夫斯王朝统治者的鼓励下，艺术、文学和建筑都呈现出繁荣景象。王朝还鼓励同欧洲城市国家开展贸易往来，并同西班牙东北部的阿拉贡和意大利人的海岸国家建立联盟。1460年，的黎波里由当地富商宣布成立独立的城市国家。

阿拉伯人进入费赞较其他地区为晚。费赞原是由哈塔卜部落的酋长统治的独立或半独立地区，由于这里控制着从西苏丹贩运黄金、象牙和奴隶到地中海沿岸的商道而地位重要。因此，外部势力常常为了保持这些商道畅通而干预费赞的内部事务。13世纪时，位于乍得湖盆地中的博尔努王国从南部入侵费赞，并吞了朱夫拉绿洲以南的大片土地，由他任命总督进行统治直到14世纪。此后，哈瓦利吉教派在费赞建立了一个神权王国。16世纪初，摩洛哥的穆罕默德·法齐取代哈塔卜部落的酋长而在木祖克建立了苏利曼王朝。

第二节　近代历史

从15世纪开始，利比亚沿海地带就几乎不受中央政权的管辖，其港口成了海盗的避风港。整个16世纪，西班牙的哈布斯堡王朝同土耳其的奥斯曼帝国在为争夺地中海的霸权而激烈斗争。西班牙在夺取了北非地区的一些港口之后于1510年占领了的黎波里，并在当地建造了坚固的海军基地以控制的黎波里港口。1524年，西班牙国王查理五世把的黎波里的防务委托给了马耳他的圣约翰爵士。1551年，圣约翰爵士被奥斯曼海军上将西纳安帕夏逐出的黎波里。的黎波里塔尼亚被土耳其人所控制，成为奥斯曼帝国的属地。奥斯曼苏丹对当地的阿拉伯游牧民族采取和解政策，沿海市镇的秩序也得以逐步恢复。

费赞的统治者在16世纪80年代才向奥斯曼苏丹效忠，但土耳其人并未对费赞施加多大影响。奥斯曼帝国也没有采取干预昔兰尼加的行动。

马格里布在奥斯曼帝国统治下被分成三个省：阿尔及尔、突尼斯和的黎波里。从1565年开始，奥斯曼苏丹任命帕夏对的黎波里进行统治。后来，帕夏的作用下降，成为礼仪性的行政首脑和奥斯曼宗主权的象征，实际的统治权落到了军人手里。在这种情况下，的黎波里长期陷于政变频繁的无政府状态。1711年，骑兵军官艾哈迈德·卡拉曼利夺取了的黎波里，并通过行贿等手段使苏丹任命他为帕夏，他则在表面上承认奥斯曼帝国的宗主权。卡拉曼利在的黎波里建立了一个政府主要由阿拉伯人组成的君主国，并将权力扩大到了昔兰尼加。卡拉曼利王朝还想控制费赞，但遭到木祖克的苏利曼王朝的抵抗。直到1810年，奥斯曼帝国的军队才占领了位于的黎波里塔尼亚至中非的贸易通道上的重镇古达米斯，推翻了苏利曼王朝的统治，并吞了费赞。

1744年，艾哈迈德去世，卡拉曼利王朝逐渐衰落。1793年，土耳其奥斯曼军官阿里·布尔加勒推翻卡拉曼利王朝，的黎波里复归奥斯曼帝国统治。但两年后优素福·伊本·阿里·卡拉曼利在突尼斯贝伊的帮助下返回的黎波里并自立为帕夏。

在卡拉曼利王朝时期，的黎波里塔尼亚一直以对欧洲国家进行海盗劫掠来维持，欧洲的海上国家和英国都向帕夏交付巨款购买安全通行证以求得通过此地海域的船只免遭袭击。1815年拿破仑战争结束后，欧洲国家防止海上劫掠的问题得到解决，不必再向北非的伊斯兰国家付钱买安全了，的黎波里的经济收入因此大受影响，不得不开征特别税以应付进行贸易和偿付外债之需。但开征特别税引发市镇居民和当地部族的强烈反对，并于1832

年演变成为内战，敌对的政治派别都企图夺取王位。在严峻的形势面前，优素福禅位于其子，是为阿里二世。1834 年，奥斯曼苏丹穆罕默德二世正式承认阿里为帕夏。穆罕默德二世担心的黎波里落入欧洲人之手，便应阿里二世之请，于 1835 年以镇压叛乱和恢复秩序为名派出军队在的黎波里恢复了奥斯曼帝国的统治。在费赞和昔兰尼加，奥斯曼镇压了当地的叛乱之后勉强建立了自己的统治。1842 年，费赞也归入奥斯曼帝国版图。随后，奥斯曼帝国把利比亚的三个地区集中起来设立的黎波里塔尼亚省，由苏丹任命总督进行统治，各种行政职务也都由奥斯曼土耳其人担任。1879 年，昔兰尼加同的黎波里塔尼亚分离，直接受奥斯曼帝国管辖。1908 年，奥斯曼帝国进行政治体制改革，帝国议会中有的黎波里塔尼亚和昔兰尼加两地的代表参加。

总的说来，由于 19 世纪的奥斯曼帝国政治腐败，反抗和镇压活动此起彼伏，奥斯曼土耳其人原想在利比亚发展农业以增加政府财政收入的目标未能达到。利比亚荒凉落后，被人称为“欧洲病夫”。

19 世纪萨努西教团首先在昔兰尼加，后来在的黎波里塔尼亚、费赞、阿尔及利亚、突尼斯和亚洲等地广泛建立。萨努西教团是一种穆斯林神秘主义的宗教组织。其创始人穆罕默德·本·阿里·萨努西·哈塔卜·伊德里斯·哈桑 1787 年出生于阿尔及利亚北部奥兰附近的穆斯塔加奈姆，早年受到宣扬伊斯兰教复兴、主张禁欲主义、反对盲目接受西方影响的神秘的苏菲学派的影响。穆罕默德·萨努西曾到各地游历，在当时一些著名的伊斯兰教研究中心学习和任教，并在其信徒陪同下前往撒哈拉以及突尼斯、的黎波里塔尼亚和昔兰尼加等地传教。他主张伊斯兰教回复到早期先知的教义的纯洁性，恢复伊斯兰教昔日的光荣。1830 年，他在去麦加途中由的黎波里塔尼亚和费赞的追随者尊奉为大萨努西。1837 年，大萨努西在麦加附近建立了他的第一个教团组织“扎威亚”。几年后，他打算返回故乡，由于当时法国正在对阿尔及利亚扩大侵略而不得不滞留在昔兰尼加。1843 年，大萨努西在昔兰尼加绿山区成立了非洲第一个扎威亚。

扎威亚在利比亚和埃及西部绿洲的游牧部落里纷纷建立。大萨努西宣扬的朴素的神示对沙漠和绿洲中的部落居民有很大的吸引力。除了开展宗教活动外，扎威亚还建立了学院、修道院、旅社、商业市场、法庭和贫民救济所，成为沙漠中的文化和社会活动中心。此外，扎威亚还能对发生于部落间的各种争端进行调解，因而在当地居民中享有较高的声誉。1853 年，大萨努西决定将扎威亚的总部由绿山区迁往贾加布卜绿洲城，以减少土耳其人和欧洲人对教团的干扰。由于贾加布卜绿洲城位于去麦加朝圣的道路和苏丹通向海岸的商道的交叉点上，信徒们从此地同朝圣者或商人一路同行顺便就把萨努西教团的教义传播到了非洲各地。

1859 年大萨努西逝世，其子穆罕默德继承父业成为教团领袖。穆罕默德具有出众的人格魅力和组织才能，把萨努西教团的势力和影响提升到了前所未有的顶点。他本人被公认为马赫迪（救世主）。为了更方便地掌管因法国在苏丹进行殖民活动而受到限制的传教事业，马赫迪于 1895 年将教团总部迁到库夫拉。马赫迪厌恶暴力行为，在传教活动中从不使用武力。但他不能容许西方基督教侵入穆斯林的领地，所以在法国的威胁面前，他被迫改变传统的防御政策，把部落的力量联合起来进行抵抗。萨努西教团因此同欧洲列强处于对立状态。1902 年 6 月马赫迪逝世，由他的侄子赛义德·艾哈迈德·谢里夫继位。当时，在非洲和阿拉伯世界已经建立 146 个扎威亚。特别是在昔兰尼加，几乎所有的贝都因人都处于萨努西教团的影响之下。虽然，艾哈迈德·谢里夫继续对法国的入侵进行抵抗，但未能成功。此后，在外国势力争夺利比亚的复杂斗争中萨努西教团的势力被不断削弱。

在奥斯曼帝国统治利比亚期间，已有不少欧洲人在北部非洲进行探险、传教、经商等活动。随着欧洲殖民主义的扩张，利比亚不可避免地成为西方殖民者猎取的目标。20 世纪初，意大利便同土耳其奥斯曼进行了激烈争夺。

第三节　现代历史

意大利是在 1860 年才统一的后起欧洲殖民国家。在非洲北部，意大利扩张的首选对象是地理位置最接近西西里岛，又有不少意大利移民的突尼斯。当突尼斯在 1881 年沦为法国的保护国之后，意大利便加紧了在当时尚未成为欧洲国家势力范围的利比亚的活动。意大利认为，地中海不是"法国的湖泊"，而是"我们的海"。为了遏制法、英等国在地中海的扩张，它应该有权控制利比亚。经过长时期的外交活动，1902 年在意大利承认法国对摩洛哥、英国对埃及享有权利之后，作为交换，法、英两国作出承诺，默认意大利可以在的黎波里采取行动。此后，德国、奥地利、沙皇俄国等国也对意大利作出了类似的许诺。

1911 年，意大利谴责奥斯曼土耳其武装利比亚的部族成员是"敌对行动"，向奥斯曼发出最后通牒。意大利要求对利比亚实行军事占领以保护意大利的利益，遭到奥斯曼拒绝。10 月 1 日意大利在海上发动进攻，三天之后攻占的黎波里。此后，意军又先后占领了托卜鲁克、阿克鲁马、德尔纳和班加西等地。随后，意大利向利比亚内地进军，遭到奥斯曼—利比亚联军的抵抗。战争陷于僵持状态。但是，奥斯曼没有长期作战的力量，没有可能在这场战争中取胜。而且，战争又破坏了巴尔干各国间力量的均衡，对欧洲国家构成了威胁。这些因素决定了战争不可能久拖不决。经过三个月谈判，1912 年 10 月 17 日，意大利与奥斯曼帝国在洛桑签订条约。根据条约规定，奥斯曼从利比亚撤出军队，的黎波里塔尼亚和昔兰尼加完全独立，意大利对利比亚享有宗主权。到1914年，意大利已经大体上控制了的黎波里塔尼亚。在昔兰尼加和费赞，意大利遭到萨努西教团领导的群众抵抗。

根据洛桑条约，意大利享有对利比亚的宗主权，但宗教权力仍由奥斯曼苏丹掌管，苏丹以伊斯兰教领袖哈里发的身份通过他的代表在利比亚行使外交权和宗教管辖权，并有权任命的黎波里的大法官和对伊斯兰宗教法庭进行监督。意大利人可能不很明白宗教管辖权和民事管辖权之间的区别，但在利比亚人的观念中，苏丹的权力既是宗教的又是政治的。苏丹名义上享有精神的权力，但通过伊斯兰宗教法庭的司法管辖权，对穆斯林的日常生活可以产生重要的现实的影响。所以，许多利比亚人仍然把苏丹当做统治者，意大利人则是入侵他们国家的敌人。洛桑条约关于政治权力同宗教权力分立的规定是对意大利统治权力的制约。意大利并未能够通过洛桑条约占领利比亚，许多利比亚人继续拿起武器同意大利军队作战。

在的黎波里塔尼亚北部，由于当地的一些部落领袖不主张抵抗，意大利军队得以顺利进占这些地区。但是，曾在奥斯曼帝国议会中代表的黎波里塔尼亚担任议员的柏柏尔人苏莱曼·巴鲁尼认为，只有通过武装斗争才能赢得独立。他在的黎波里塔尼亚西部盖尔扬地区的杰夫兰成立了一个独立国家，先是要求意大利承认，后来又同意军交战，遭到失败。的黎波里塔尼亚西部从杰夫兰、纳鲁特直到古达米斯绿洲大片土地全由意大利军队占领。

在昔兰尼加，抵抗意大利的核心力量是由艾哈迈德·谢里夫指挥的萨努西教团。一些尚未撤出这个地区的奥斯曼军队也同当地民众并肩战斗。但是，意军逐步占领了昔兰尼加西部和北部的班加西、贝尼纳、图勒迈塞、巴尔季、苏塞尔萨以及西南部的盖米尼斯、苏卢格等地区。到1913年底，奥斯曼军队已经撤走，当地部落也无力组织大规模的抵抗。

1918年夏季，意军挺进到利比亚西部边境加特城。这时，法国在阿尔及利亚境内的军事行动已经推进到与利比亚接壤的地区。意军只能向东进军费赞。经过几个月的战斗，意大利军队占领了费赞的苏克纳、塞卜哈、木祖克、布腊克等地。但是，分散在广大地域内的意军据点常因交通线被切断，供应无法保障而不得不放弃。在部族人的抵抗下，意军被迫后退。1915年5月，意大利参加协约国并向奥匈帝国、保加利亚等国宣战，利比亚成了世界大战中的一个战场。德国和奥斯曼为了牵制在北非的意大利和英国军队，向艾哈迈德·谢里夫指挥的萨努西部队送去了武器和军事顾问，以加强他们抗击意大利的力量。到1915年8月初，意大利军队所能控制的只是沿海的少数城市了。

意大利人从内地撤走以后，当地的一些部落领袖为了争夺权力和势力范围而发生战争。萨努西教团权力所及的地方只限于昔兰尼加和费赞的一些地区，而未能扩大到的黎波里塔尼亚。1915年11月，萨努西教团的军队在奥斯曼土耳其人率领下向埃及西部的英军发动进攻，但被英军击败而退回昔兰尼加。萨努西教团经过多年战乱实力大大受损。艾哈迈德·谢里夫于1916年将他在昔兰尼加的宗教和军事、政治权力转交给他的堂弟、马赫迪的爱子赛义德·伊德里斯，自己乘坐德国潜艇逃离利比亚。

1916年7月，英国、意大利同赛义德·伊德里斯谈判并达成协议，规定伊德里斯的武装力量停止进攻利比亚沿海城镇和埃及，英国和意大利事实上承认伊德里斯是昔兰尼加未被意大利占领地区的埃米尔，昔兰尼加意大利占领区和萨努西控制区之间可以通商，双方都应在本辖区内维持法律和秩序，各部落的武装应予解除等。这个协议的主要内容是安排停战。英国因为解除了埃及西部遭到袭击的后顾之忧而感到满意。意大利则未能进一步扩展自己的利益，它的军事力量仍然只限于沿海地区，有时还处于被包围的困境。协议对昔兰尼加的地位也未作出规定。

意大利政府此时尚未制定出将在利比亚实施的明确的方针政策。1919 年 3 月，意大利政府集结兵力准备以武力征服的黎波里塔尼亚，遭到当地部落领袖强烈反抗。同年 6 月，意大利政府制定根本法，准备给予占领地区的人民有限度的政治权利。10 月间，意大利政府颁布法令，规定在的黎波里塔尼亚和昔兰尼加成立议会，当地人民享有意大利公民权，意大利通过当地的行政委员会和顾问委员会对利比亚实行间接统治。但这种有限的让步在意大利国内以及的黎波里塔尼亚和昔兰尼加均引起普遍不满。不少意大利人认为这是可耻的决定。的黎波里塔尼亚由于部落酋长互相敌对，缺乏公认的领袖，他们提出在当地建立穆斯林领导的政府作为回应。昔兰尼加萨努西教团的追随者也拒绝接受这项法令，表示只能容许意大利人在沿海地带经商。

意大利决定继续对昔兰尼加采取怀柔政策。意大利政府同伊德里斯于 1920 年 10 月 25 日签订《阿克鲁马协定》，确认伊德里斯为昔兰尼加世袭的埃米尔，同时承认他所统治的贾加布卜、奥季拉、贾洛和库夫拉等绿洲享有真正独立的地位，还许诺对他的家庭、军队成员和各级官员发放津贴。交换条件是伊德里斯应该限制并解散军队。但是，意大利的让步未能收到预期效果。由于各部落的反对，解散军队的目标未能实现。1921 年 11 月，意大利政府再作让步，同意伊德里斯保留军队，只是他的军队应该同意大利军队一起驻在由双方共同控制的“混合军营”内。意大利政府希望通过这些安排把势力扩展到利比亚内地，但实际上并未取得成功。

1922 年是利比亚局势发生转折的一年。在对利比亚一再让步未能真正征服这个国家的情况下，新任意大利总督朱塞佩·沃耳皮决心转而采取强硬态度对付的黎波里塔尼亚。尽管意大利政

府没有派出军队，沃耳皮动用他在的黎波里塔尼亚的部队于1922年1月对米苏拉塔港发动进攻。在意大利进攻面前，的黎波里塔尼亚当地领袖和昔兰尼加萨努西的代表进行商议，决定将的黎波里塔尼亚并入萨努西埃米尔国家，共同拥戴赛义德·伊德里斯为全利比亚的埃米尔，希望伊德里斯能阻挡意大利军队对的黎波里塔尼亚的进攻。但是，沃耳皮继续推行他军事征服的强硬路线，先后攻占了的黎波里到祖瓦拉的沿海地带和内富萨山西部地区直至纳卢特。赛义德·伊德里斯由于担心他同意大利的关系破裂，不愿意贸然接受请他担任利比亚埃米尔的建议。在拖延了8个月之后，他于1922年11月接受了这个荣誉称号，但在12月却突然出走，离开了利比亚。

1922年10月，墨索里尼上台，在意大利开始了长达20年的法西斯独裁统治。墨索里尼继承了沃耳皮对利比亚进行军事征服的政策，在利比亚继续进行了历时9年的殖民战争。

1923年3月，意大利军队向班加西以南地区进军，同时解散了昔兰尼加议会，宣布过去同萨努西签订的协议均已撤销。昔兰尼加进行了激烈抵抗。但是，北部的的黎波里塔尼亚不敌意军的进攻。在随后的几年里，在费赞没有遭到顽强抵抗的意军于1930年3月完全占领了这一地区。所以，这场战争的主要战场是昔兰尼加，意大利法西斯的主要对手是萨努西教团。

赛义德·伊德里斯出走以后，他的兄弟赛义德·穆罕默德·里达继续指挥着萨努西教团的活动。1928年，赛义德·穆罕默德·里达投降意大利，60多岁的奥马尔·穆赫塔尔担负起领导萨努西教团抗意战斗的重任。奥马尔·穆赫塔尔是杰出的爱国者，也是沙漠游击战的专家。虽然他率领的武装力量人数不多，但这支队伍袭击敌人的哨所，设伏兵，切断敌方的供应线和交通线，灵活机动，不断进攻。意大利军队由格拉齐亚尼指挥，士兵大部分是厄立特里亚人。格拉齐亚尼打的是持久的消耗战，利用装甲部队和空军支援对穆赫塔尔所部出没的绿洲和营地进行袭击。意军还对游牧民进行残酷的屠杀，以切断游击战士可能得到的支援和给养。1930 年春，昔兰尼加北部的贝都因游牧民几乎都被驱赶进了集中营，生活十分悲惨。他们的牲畜因牧草缺乏而大批死亡。格拉齐亚尼还沿埃及边界建造了一条宽 9 米高 1.5 米长达 320 公里的铁丝网隔离带，两边由装甲部队和飞机巡逻，彻底断绝游击队同境外的联系。

1930 年，为了取得战争的最后胜利，意大利军队用枪杀、绞死、丢入盐水池溺毙、封闭萨努西寺院和扎威亚、禁止举行宗教仪式、没收财产、填塞水井、放毒等极端残忍的手段残害利比亚人。1931 年初，萨努西教团的最后一个据点库夫拉陷落。同年 9 月 13 日，奥马尔·穆赫塔尔在艾因拉法地区被俘。这位爱国的民族英雄在苏卢格被处绞刑，英勇就义。萨努西的抵抗最终归于失败，意大利人用了 20 年时间完成了对利比亚的征服。

在抵抗意大利殖民者的战斗中牺牲的利比亚人估计至少有 8 万人，相当于昔兰尼加人口的半数。当地 95% 的牲畜被杀。

意大利法西斯政府把利比亚划为它的一个“省”，通常被称作“第四海岸”。1934 年 1 月 1 日，的黎波里塔尼亚和昔兰尼加被划分为的黎波里、米苏拉塔、班加西和德尔纳 4 个区。大约在 1500 年前，戴克里先皇帝把北非地区的这块土地称为利比亚，现在这 4 个地区被正式集合成一个名为利比亚的意大利殖民地。殖民地由意大利政府委派的总督全面控制，协助总督的是包括有阿拉伯人的代表在内的总顾问委员会。殖民地的各级行政官员均由总督任命的意大利人担任。当时，费赞未划入这块殖民地，被称为南波里塔尼亚军事区。1934 年，根据意大利同英国和埃及签订的协定，英、埃、苏丹的萨腊三角地划归意大利。翌年 1 月 7 日，法、意缔结协定。法国同意把法属索马里的部分土地割让给意大利，向意大利转让埃塞俄比亚铁路股票，并重新划定横贯

奥祖地区长达100公里的利比亚—乍得边界。这些安排在很大程度上满足了意大利在非洲扩大势力范围的要求。

经过多年战乱的破坏，整个利比亚已是满目疮痍，人烟稀少。群众赖以为生的牲畜数量锐减。1926～1933年期间，昔兰尼加的羊由80万头减少为不足10万头，骆驼由7.5万头下降为2600头，马由4000匹减为1000匹。意大利政府为了恢复利比亚的经济和秩序投入了大量资金。据统计，1938年意大利政府用于利比亚的费用超过400万英镑。对于不富裕的意大利来说，这是一笔相当巨大的支出。意大利在利比亚实施公共工程计划、扩展城市、建造公路和铁道、修复港口设施和灌溉系统，目的是推行将意大利人大量移居利比亚的“人口殖民化计划”，同时利用利比亚的战略地位加强意大利在地中海的影响和控制能力。

意大利是人口过剩失业严重的国家，大量向利比亚移民是缓解人口压力的重要措施。早在同萨努西教团交战期间，意大利就开始向昔兰尼加的班加西—图克拉平原和巴尔切—阿卜亚尔平原移民。30年代后期，意大利政府根据的黎波里塔尼亚和昔兰尼加总督伊塔洛·巴尔波制定的计划大规模地将意大利人举家移居到这两个地区。意大利政府将没收或征用的土地提供给移民使用。意大利移民只要表示有在某地定居和开发的意向就可以得到土地。移民起先是作为官方移民中介机构“利比亚殖民协会”或“法西斯社会保障公司”的雇员领取工资，然后是按对半分成的原则取得农作物产量的一半，其他生活或生产必需用品由这些机构供给。由于的黎波里塔尼亚和昔兰尼加自然条件恶劣，农作物收成低，移民必须长年劳作几十年才能逐步还清债务，成为自己耕作的土地的主人。为了支持这项对意大利至关重要的人口殖民计划，意大利政府不得不为移民建造居所，修筑铁路和灌溉系统，清理土地，增加其他必要的设施，为此付出了极高的代价。按照意大利总督伊塔洛·巴尔波的计划，1938年10月首批移民2万人，1940年约有11万意大利人定居利比亚。计划设想到20世纪60年代应有意大利移民50万人。但是，法西斯政府奖励生育的政策使意大利人口增长的速度超过了向利比亚移民的速度，人口问题并没有因此得到解决。

作为开发利比亚的殖民计划的一部分，1937年2月，意大利政府在利比亚建成了从突尼斯到东部邻近埃及边境、全长1132英里的滨海公路，把的黎波里塔尼亚和昔兰尼加从陆上联结起来而不必再假道海上，因而可以达到大部队快速运动又不必担心敌人海上攻击的目的。这条公路的建成对当时意大利正在进行的征服阿比西尼亚的战争和日后向阿尔及利亚、突尼斯、埃及、马耳他等利比亚周边国家扩张都有重要的战略意义。

1939年9月，欧洲大战爆发。1940年6月10日意大利参战，与纳粹德国和日本军国主义结成轴心国。意大利卷入世界大战使流亡海外的利比亚代表人物燃起了争取祖国独立的希望之火。1939年10月，欧洲大战爆发后不久，的黎波里塔尼亚和昔兰尼加的代表就在埃及亚历山大港会晤，商讨如何消除他们之间存在的将会影响未来国家统一的分歧。与会代表表示接受赛义德·伊德里斯为利比亚民族主义运动的领袖，条件是他应该任命一个由这两地代表共同组成的咨询委员会协助他。

1940年8月9日，利比亚流亡人士的代表在开罗举行第二次会议。在此之前，对于利比亚在战争中应该如何对待意大利的问题，利比亚流亡人士之间一直存在意见分歧。伊德里斯力主同英国合作，他认为，可以争取英国支持利比亚独立，即使日后轴心国战胜，利比亚依然是意大利的殖民地，情况不会更坏。在开罗会议上，与会代表表示充分信任伊德里斯，授予他就利比亚独立问题同英国谈判的广泛权力。会议决定在昔兰尼加和的黎波里塔尼亚成立萨努西埃米尔国，建立临时的萨努西政府。会议号召建立萨努西军队与英军并肩作战，希望英国能提供财政支持，并与萨努西埃米尔国缔结协定以推动利比亚走向独立。

1940 年 9 月，意军入侵埃及，但部队因后勤补给不及时而陷在西迪巴腊尼无法行动。12 月英军在阿奇博尔德·韦维尔将军指挥下大举反攻，在月底推进到托卜鲁克。1941 年 2 月，意大利第十军投降，整个昔兰尼加落入英军之手。英军第一次进入昔兰尼加。但是，不久之后德军在驻利比亚德军总司令隆美尔元帅指挥下发动攻势，切断了托卜鲁克英军的退路。双方在沙漠里展开拉锯战。同年 11 月间，英国第八军司令克劳德·奥金莱克率部插入昔兰尼加，但未能击溃隆美尔的部队。轴心国军队再次被逐出昔兰尼加。

在 1940 年和 1941 年间，伊德里斯多次向英国当局提出利比亚独立问题。然而，利比亚领导人之间始终未能在重大问题上取得共识。的黎波里塔尼亚有些领导人坚持必须由英国明确表示支持利比亚独立，然后才能同英国进行全面军事合作。此外，的黎波里塔尼亚人虽然勉强接受伊德里斯为政治领袖，但拒绝同萨努西教团在宗教层面上有任何联系，并且反对在决议中用萨努西一词来代替利比亚甚至代替昔兰尼加。这些意见分歧的实质是对于利比亚同英国合作的范围和萨努西教团在争取利比亚独立和建立统一国家的事业中的地位和作用存在着原则性分歧。英国官员虽然表面上支持利比亚埃米尔国，但不愿对利比亚的未来作出承诺，理由是当时战争正在进行，对战后的重大问题达成协议或作出保证为时尚早。赛义德·伊德里斯虽然想说服其部下接受这一现实，但是的黎波里塔尼亚人对英国的态度非常不满。1942 年 1 月 8 日，英国外交大臣安东尼·艾登在众议院发表演说，他感谢和欢迎赛义德·伊德里斯及其属下对盟国的战争行动所做的和正在作出的贡献”，并说“英王陛下政府决定，战争结束以后昔兰尼加的萨努西徒众绝不会再受意大利的统治”。英国政府在战争期间表示的这一官方立场是含糊不清的。它不是对利比亚独立作出的承诺，可以理解为利比亚在战后仍将接受别的国家的统治。

在战场上，德国隆美尔的部队在阿盖拉休整后准备在1942年1月再次发起进攻，目标是将轴心国的军事行动推进到苏伊士运河。6月，托卜鲁克失守，昔兰尼加重新被德军攻占。隆美尔指挥德军长驱直入埃及，直到离亚历山大港100公里的开罗的最后一道防线阿拉曼。双方军队在沙漠中僵持。10月下旬，英国第八集团军在司令蒙哥马利将军指挥下在阿拉曼大举进攻轴心国军队，迫使德国和意大利急速后撤。英军乘胜追击直至突尼斯城。昔兰尼加在11月间第二次获得解放。1943年1月，的黎波里由英军攻克；2月，德军和意军被最后赶出利比亚。阿拉曼战役成为北非战场的转折点。此后战场的形势朝着有利于盟军的方向发展。

1943年1月，蒙哥马利指挥的英国第八集团军挺进的黎波里并攻克这座城市。与此同时，法国勒克莱将军指挥的“战斗法国”纵队正由乍得北上，从利比亚南部进入费赞，逐步控制了这个地区。

英军和法军在占领了的黎波里塔尼亚、昔兰尼加和费赞后，根据1907年海牙和平会议制定的战争法规，分别在这三个地区成立军政府。英国军政府由英国中东陆军总司令部授权成立。法国军政府由设在塞卜哈的法军司令部领导，但实际上是由塞弗·纳西尔酋长家族在当地进行统治。利比亚全境处于英、法两国的军事管制之下。

1943年7月10日，英、美军队在意大利西西里岛登陆；25日，意大利统治集团发动宫廷政变，逮捕了墨索里尼，成立以巴多里奥为首脑的政府；9月3日，巴多里奥政府同英美签署停战书；11月9日，苏联也列名为停战书签字国。停战书未涉及如何处理包括利比亚在内的意大利殖民地等政治问题，是一个纯粹军事性质的停战协定。1945年7、8月间波茨坦会议同意，意大

利在战争中攫取的殖民地不能归还给它，决定成立由苏、美、英、法、中五国外长组成的国际机构为缔结处理战败国的和平条约作准备。

1945 年 9 月五国外长会议在伦敦举行，首先讨论英国提出的对意和约草案。对于如何处理意大利殖民地问题，外长们进行了激烈争论。由于利比亚、厄立特里亚和意属索马里等意大利在非洲的殖民地当时都在英国军队控制之下，英国不想把这些地区交出，所以在对意和约草案中只是原则规定意大利应放弃其殖民地，而未提出处理办法。但是，利比亚等地都是各国要争夺的战略要地，因此外长们在会上争执不下。美国提出，由联合国对利比亚等地实行集体托管，为期 10 年，为建立自治政府作准备。苏联主张实行分省托管，的黎波里塔尼亚由苏联托管，费赞和昔兰尼加分别由法国和英国托管。苏联的理由是它在北方虽然已经有了出海口，在远东可以使用大连和旅顺，但苏联地域广阔，所以在地中海应该有一个“商船基地”。法国担心利比亚如果在联合国托管期结束后获得独立，将会对突尼斯和阿尔及利亚等利比亚的邻国产生影响，主张仍由意大利实行托管。为了反对苏联在地中海地区得到一个立足点，英、法对美国提案表示支持。最后，在伦敦会议上意见未能取得一致的外长们只是同意意大利不能继续对其非洲殖民地拥有主权，应该对这些殖民地实行托管，但没有确定由谁来托管。

1946 年 4 月 25 日，苏、美、英、法四国外长在巴黎举行会议，继续讨论对意大利殖民地实行托管的问题。会上，苏联支持法国在伦敦外长会议上提出的建议，认为可以授权意大利托管它原有的一些非洲殖民地，但遭到英、美反对。在这个尖锐问题无望在短期内得到解决的情况下，巴黎外长会议于 7 月 3 日通过决议，规定这些地区暂由现在的行政当局管理，并要求授权四国外长在对意和约生效后一年内继续寻找解决办法。当时这些地区均由英、法占领，所以外长会议的决议使意属殖民地的实际状况没有改变。

1947 年 2 月 10 日，在意属非洲殖民地问题仍然悬而未决的情况下签订了对意和约。和约规定，“意大利对于它在非洲的利比亚、厄立特里亚和意大利索马里各属地放弃一切权利”①，“关于此等领土的处置，四强如于对意和约生效后一年内未获一致同意时，应提交联合国大会请求作一建议“，再由四强加以实施。“上述属地在其前途未决定前，仍维持其现状”。②

对意和约中关于意大利在非洲的殖民地继续保持现状的条款引起利比亚人民的极大不满，大多数政党都要求独立。赛义德·伊德里斯于 1947 年重新在昔兰尼加定居。在英国的支持下，伊德里斯于 1948 年 1 月成立了以他的兄弟穆罕默德·里达·萨努西为首的国民大会。1949 年，他又宣布昔兰尼加为独立的埃米尔国。

1949 年 4 月，第三届联合国大会讨论了利比亚问题。4 月 7 日，英国外交大臣欧内斯特·贝文和意大利外交部长卡洛·斯福扎伯爵向联大提出关于意大利殖民地前途的计划，其内容是：利比亚由联合国进行托管，其中的黎波里塔尼亚、昔兰尼加和费赞分别由意大利、英国和法国负责管理。利比亚在 10 年后经联合国同意而独立。这个计划是一个使英国、意大利、法国和美国都在不同程度上感到满意的折中方案。不顾利比亚人民的强烈抗议，联合国大会政治委员会于 5 月通过了这项计划。在联合国大会讨论时，美国、英国和拉丁美洲各国代表团表示支持，苏联、阿拉伯国家和一些亚洲国家反对。5 月 18 日进行表决，此计划因一票之差未能达到通过重要问题提案所需的 2/3 多数而遭到否决。

---

① 《国际条约集》（1945～1947），世界知识出版社，第 304 页。
② 《国际条约集》（1945～1947），世界知识出版社，第 351 页。

1949年12月21日，联合国大会以48票赞成、1票反对和9票弃权通过了新的决议，主要内容是：包括昔兰尼加、的黎波里塔尼亚和费赞在内的利比亚将不迟于1952年1月1日成为独立的主权国家；利比亚宪法将由国民议会商讨决定；为了帮助利比亚人民制定宪法和成立独立政府，由联合国大会任命一名驻利比亚的联合国专员和一个协助他工作及提供建议的委员会；联合国专员经与委员会磋商后应向联合国秘书长提出报告，就有关利比亚在过渡时期的各项问题向联大等机构提出建议；利比亚独立后将被接纳加入联合国等。两周后，联合国大会任命艾德里安·佩尔特为联合国驻利比亚专员，并按照决议的规定成立了由埃及、法国、意大利、巴基斯坦、美国、英国等国各任命一名代表和利比亚三个地区以及境内少数民族的各一名代表组成的委员会。佩尔特和十人委员会的任务是负责引导利比亚渡过独立前的过渡时期，帮助利比亚国民议会制定宪法。这是一项十分艰巨的任务。

当时利比亚的经济十分落后，不清楚有什么自然资源可以开发，甚至其砂子都不能用作制造玻璃的原料。不少利比亚人收入的主要来源是打扫战场收集废金属。文化也极其落后，在全国将近100万的居民中90%以上是文盲，独立国家所必需的受过训练的管理人员、技术人员、医生、教师都极其缺乏。这就决定了利比亚将在相当长的时期内不得不依赖外国的援助，接受外国的控制和影响。更难以解决的问题在于，只是在意大利统治时期才联合起来的利比亚三个地区，由于历史的原因在政治和文化方面彼此差别仍然很大。当时许多政党都在积极活动要求独立，但对于独立后应该采用何种政体和国家结构意见并不统一。从这三个地区政治组织的社会基础来说，昔兰尼加和费赞都以部族作为社会同一性的基点。萨努西的领袖伊德里斯在昔兰尼加有巨大的号召力，塞弗·纳西尔酋长家庭则在费赞有众多的追随者。的黎波里塔尼亚的社会形态与昔兰尼加和费赞不同，大体上仍以亲属间的联系和忠诚为基础，在这个基础上产生政党和政治领袖。比较起来，的黎波里塔尼亚在人口数量和经济发展水平方面都占优势，这里的人们希望在统一的利比亚建立由自己掌握主要权力的共和制政府。昔兰尼加人担心的黎波里塔尼亚再度出现混乱，害怕它在独立后会损害自己的利益，所以支持以伊德里斯为埃米尔的实行地方自治的联邦制结构。

根据联合国大会 1949 年 12 月 21 日的决议，佩尔特和他的顾问委员会决定组成国民议会预备委员会，以“提出利比亚国民议会的选举方法及其组成，以及起草一部宪法”。预备委员会应由利比亚 3 个地区分别推选的 7 名代表共 21 人组成。昔兰尼加的代表由埃米尔伊德里斯提名，费赞的代表由地方领袖提名，的黎波里塔尼亚的代表由佩尔特同当地政界领导人协商后提出。国民议会预备委员会的构成和委员产生方法表明，当委员会需要以 2/3 多数作出决议时，昔兰尼加和费赞的 14 名委员就可以构成这个特定多数，从而否定的黎波里塔尼亚委员的意见，尽管当时昔兰尼加和费赞的居民数还不及的黎波里塔尼亚的一半。委员会开会法定人数是 15 人，假如费赞的委员不出席，预备委员会的工作只能停顿。总之，的黎波里塔尼亚在预备委员会里并不占有优势地位，这对于日后国民议会的组成及其政治走向有着直接影响。

预备委员会于 1950 年 8 月 7 日达成协议，国民议会将由 60 名议员组成。同预备委员会的组成方式相同，这 60 名议员不是按照人口比例选举产生，而是根据平等原则由 3 个地区各自提名 20 人组成。尽管这种组成方式在顾问委员会内部和在的黎波里塔尼亚都受到指责，联合国政治委员会也提出过批评，但联合国大会于 1950 年 11 月 17 日通过决议重申 1949 年关于利比亚独立问题的决定，要求国民议会于 1951 年 4 月 1 日前组成利比亚临时政府，各有关国家在 1952 年 1 月 1 日之前将权力移交给临时政府。这表明，联合国驻利比亚专员佩尔特、他的顾问委员会和利比亚国民议会预备委员会的工作得到了联大的肯定和认可。

1950 年 11 月 5 日，利比亚国民议会在的黎波里举行首次会议。议员们就独立后国家政体和国家结构等问题展开激烈辩论。昔兰尼加和费赞的代表从防止的黎波里塔尼亚扩大影响以维护自身利益的立场出发，强烈主张独立的利比亚采用联邦制。居于少数的的黎波里塔尼亚代表只能表示同意。国民议会决定，利比亚将是一个民主的联邦制的主权国家，政体是君主立宪制，由埃米尔伊德里斯任国王。国民议会还选举产生了的黎波里塔尼亚、昔兰尼加和费赞 3 个地区各有 6 名代表组成的宪法起草委员会，负责起草利比亚宪法草案。

国民议会于 1951 年 9 月开始对宪法草案进行讨论。10 月，宪法草案由国民议会通过，并决定的黎波里和班加西为利比亚的联合首都。宪法正式宣布："利比亚为世袭君主国，其国体为联邦制，政体为代议制。它的名称是利比亚联合王国"。

国民议会于 1951 年 2 月通过决议，成立利比亚地方政府负责接收有关国家移交的权力，并为成立利比亚临时联邦政府做准备；5 月，国民议会又通过决议，建立临时联邦政府。在权力移交完成之后，利比亚于 1951 年 12 月 24 日宣告独立。

第三章

政　治

第一节　伊德里斯王朝时期

1951年12月24日利比亚宣告独立，成立由伊德里斯一世为国王的利比亚联合王国。根据宪法规定，利比亚是由的黎波里塔尼亚、昔兰尼加和费赞三个具有半自治地位的省组成的联邦制国家，议会由参议院和众议院组成，政府大臣由国王任命。

利比亚社会的构成成分十分复杂。众多的部落和宗教分别联系着人数众多而有着不同利益需求的居民群众。历史背景和发展水平不同的地区之间又存在着明显的矛盾。虽然利比亚在政治、经济、思想观念等方面传统势力仍占据主导地位，但又不能抵挡现代化潮流的影响。伊德里斯国王的政权未能顺应社会发展的要求解决国家面临的问题，存在18年之后被卡扎菲领导的政变所推翻。

利比亚独立之初就在国家结构问题上爆发激烈的争论；的黎波里塔尼亚、昔兰尼加和费赞要求拥有更多的权力，中央政权则主张加强自己的权力和地位。在这种情况下，宪法未对各省的权利和义务作出明确的规定，为日后中央政权同三个省之间留下了权力争斗的空间。一年之后的1952年12月，伊德里斯国王对宪法进行修改，削减了省的自治权力。1963年4月，利比亚取消联邦制，改国名为利比亚王国，成为实行君主立宪制的单一制国家。改变国家结构的目的在于推进国家的完全统一。

利比亚独立之后，一些有识之士就对国家发展前途十分关心。他们主张在利比亚实行西方民主制，摈弃植根于阿拉伯—伊斯兰文化的政治秩序，推进利比亚现代化的进程。丰富的石油资源发现之后，不但迅速增加了利比亚的财富，也使这个闭塞的沙漠王国开始同外部世界密切交往，加速了利比亚社会经济变革的到来。当时虽然政府禁止政党活动，但到1967年中，秘密建立的阿拉伯民族主义运动组织就在石油企业职工和学生中间开展工作。由阿卜杜勒·哈米特·巴库希领导的另一个民族主义组织也以实现国家的发展和现代化作为奋斗目标。

在这种情况下，伊德里斯政权缺乏治国能力和无所作为的本质充分暴露。伊德里斯国王不了解利比亚面临的问题，对于社会问题和政治问题没有兴趣，对日常政务又疏于管理，实际上处于一种孤立状态。他依赖西方国家，以提供军事基地换取外国经济援助的政策也引起许多利比亚人的不满。他禁止组织政党，操纵议会选举，禁止报纸发表不同意见，目的是防止政治上反对派的出现。但是，社会矛盾并不因为他实行高压政策而消失。1967年6月以色列发动第三次阿以战争后，由于阿拉伯国家抵制对英、美、联邦德国等国供应石油而使利比亚石油减产，利比亚国内局势因而受到严重影响，不但出现了从事秘密活动的民族主义组织，的黎波里和班加西还发生骚乱，群众袭击了英国和美国大使馆，许多犹太人被迫离开利比亚去意大利和马耳他避难。当年，伊德里斯国王先后撤换了两任无力控制局势的首相，最后任命主张利比亚加速实现现代化的新兴社会力量的代表人物阿卜杜勒·哈米特·巴库希为首相。由于保守势力的抵制，1968年9

月，巴库希在任 11 个月后被迫下台。

正是在这种形势之下，1969 年 9 月 1 日，卡扎菲领导的自由军官组织发动政变推翻伊德里斯国王的统治，成功地夺取了政权。

第二节 “九一”革命之后

一　革命初期

“九一”革命胜利后，利比亚的新政权将采取什么形式？卡扎菲的基本设想是，国家政权既要成为实现他的政治目标的工具，又要处于他的控制之下，成为保证他行使权力和维护荣誉的手段。在卡扎菲追求的政治目标中，阿拉伯统一、反对帝国主义和复兴巴勒斯坦处于最突出的地位。卡扎菲认为，只有阿拉伯统一和他个人掌握权力才能调动利比亚全国的人力物力来实现这些目标。利比亚传统的君主制和西方民主制都是不适合的。卡扎菲要在利比亚建立一种全新的政治体制。为此，卡扎菲采取了三项重要措施：

（1）摧毁君主制度下的社会制度和政治制度，包括取消一些大的部落过去拥有的行政权力。

（2）原来的官僚机构和军队不能简单地取消，但必须对它们进行“重组”或“革命化”。

（3）另行建立“革命的”机构，其职能是动员全社会的力量，同时保证他本人的安全和行使权力。

政变后 10 天，参与政变的军官发表声明，宣布成立由 12 人组成的革命指挥委员会，卡扎菲为主席。这些军官宣称，他们是为了“执行利比亚人民的意愿和满足他们要求变革的希望”。这项声明提出了与剥削作斗争、建立一个没有主人和奴隶之分的富裕和平等社会等总的原则，并没有宣布具体的纲领。但声明强调，将在利比亚建立一个尊重和实现阿拉伯统一的“社会主义和伊斯兰的”社会。

1969年12月12日，利比亚公布了具有临时宪法性质的《宪法性宣言》，重申了上述声明提出的原则，并且强调了自由、阿拉伯统一、社会主义和对石油资源必要的重新占有等内容。《宪法性宣言》明确规定，革命指挥委员会的职能是制定国家的总政策、维护国家安全、批准条约、颁布法律、选择以实施革命指挥委员会确定的政策为职责的政府组成人员。根据这些规定，革命指挥委员会实际上成了拥有利比亚国家最高权力的机关。担任革命指挥委员会主席并兼任武装力量总司令的卡扎菲也就成了国家最高领导人。

在“九一”革命后的短时期内，利比亚政府内还有许多过去时代的政治家出任文职部长，内政部、国防部等要害部门则由军官掌握。文职部长虽然表示接受《宪法性宣言》的原则，但强调要尊重公民的表达、结社和集会等自由权利，而且对于革命指挥委员会在国家政治生活中所起的作用与军官们有不同的看法。部长们虽然对国家总的政治方向不持异议，但在具体实施的步骤和推进的速度以及政府结构等问题上，同军官们往往产生矛盾。这种分歧表明，一方面是革命指挥委员会未能完全控制政府，另一方面文职部长们则想迫使革命指挥委员会修正其路线，通过民主的手段实现变革。部长们的想法同卡扎菲及其支持者们要摆脱西方民主制的框架另辟蹊径建立一种植根于阿拉伯—伊斯兰文化的新型政治体制的意图是相悖的。

革命指挥委员会成立后不久，其成员就在新的利比亚国家的性质和类型、建国的道路等重大问题上因意见分歧而分裂成两派。卡扎菲和贾卢德等人坚持认为，革命的首要目标理所当然是实现阿拉伯统一；另外一些指挥委员会成员则强调要实现国家的现代化和建立民主制度。在与卡扎菲政见不同的委员中，艾哈迈德·穆萨和亚当·哈瓦兹认为，同利比亚的民族利益、民主原则和公众自由相比，阿拉伯统一只能是第二位的。实现阿拉伯统一可以通过由独立的阿拉伯国家建立邦联的渐进方式，而不是立即实行合并。他们还主张，军队应该是以捍卫国家的最高利益为己任的国家机器。在由于政府行为发生偏差或因政府无能而使国家利益受到威胁的情况下，军队可以不服从政府，直到重新建立有效能的合法政权。这些观点同卡扎菲的主张是完全对立的。

1969 年 12 月 12 日卡扎菲宣布，艾哈迈德·穆萨和亚当·哈瓦兹两人策划的阴谋已经被粉碎。据称，这两人是计划在宴请一些军官时对他们下毒，然后占领广播电台、释放在押罪犯和建立新政府，由哈瓦兹出任总统，穆萨出任副总统兼国防部长。虽然对于这起阴谋的指控并没有足够说服力的证据，但这一事件表明，卡扎菲的政治观点，特别是他关于被他视为权力基础的军队在当前过渡时期所起作用的看法，正遭到一些军官的反对。革命指挥委员会内部存在反对派的事实使卡扎菲感到必须进一步加强个人权力才能实现他的革命理想。粉碎这起阴谋为他扫除政治上的对手提供了机会。

二 民众国制度的建立

粉碎阴谋事件之后，卡扎菲加强了对政府的控制。1970 年 1 月，卡扎菲亲自出任政府总理、国防部长、革命指挥委员会主席和武装部队总司令。政府中的关键职位都由效忠于卡扎菲的军人担任。卡扎菲的亲密助手贾卢德于 1971 年 8 月 13 日之后出任政府经济部长、工业部长和国库部长。革命指挥委员会成员掌握政府之后便直接取得了决策权和执行权。

改组政府之后，卡扎菲在积极从事国务活动、参与制定各项政策的同时还经常出席群众集会同民众直接接触，阐述他的路线和主张，争取群众的支持。当时，卡扎菲还兼任对于利比亚发展至关重要的“最高计划会议”主席，掌管规划国家经济，直接控制石油、工业和农业发展计划。从70年代开始，卡扎菲以其从事的多方面活动逐步树立起他作为新政权核心人物的形象。

卡扎菲在革命指挥委员会内的地位逐渐加强，主张维护政治制度民主化原则的势力遭到削弱。为了进一步动员群众实现他的由人民群众直接掌握权力的理想，卡扎菲在70年代先后组织了阿拉伯社会主义联盟和基层人民大会，进行制度创新的尝试。

1971年6月11日，革命指挥委员会颁布法令宣布成立阿拉伯社会主义联盟，作为唯一的政党性质的政治组织。这是卡扎菲在挫败了政府和革命指挥委员会内部的反对派之后，用来动员和组织其支持者、使其推行的路线合法化并进一步同反对势力斗争的武器。在“九一”革命成功后的70年代初，建立国家政权应该通过自由选举来实现的观念，不但是一些想通过建立民主制度夺回国家领导权的资产阶级代表人物的政治主张，而且在群众中也有相当的影响。卡扎菲等人则认为，利比亚当前面临的问题是社会关系（特别是男性和女性之间的关系）、现代化、收回石油财富、国家伊斯兰化和阿拉伯统一等社会变革比“民主”更重要，因此拒绝在利比亚实行西方民主制。压制政治上的反对派成为卡扎菲保卫革命成果和实现其政治目标的最紧迫的任务。阿拉伯社会主义联盟正是适应这种需要而成立的政治组织。

卡扎菲认为利比亚民众是拥护革命的，只要有适当的组织形式便可以获得群众的支持。所以他仿效纳赛尔的榜样在利比亚建立了阿拉伯社会主义联盟。但是，当时卡扎菲的革命理想并没有被群众广泛接受，也没有形成一支足以使这个组织充分发挥作用、由他的理论武装起来的干部队伍。而且，阿拉伯社会主义联盟在履行其职责的过程中又要求拥有行政权力，因而可能发展成为一种难以驾驭的政治中心，完全背离卡扎菲建立这个组织的初衷。1973年，利比亚根据卡扎菲“人民革命”的理论建立人民委员会体系。人民委员会的大部分职能同阿拉伯社会主义联盟是重叠的。这两个机构并存了两年，1975年阿拉伯社会主义联盟解散。

1973年4月15日，卡扎菲提出利比亚将进行“人民革命”，并宣称“人民革命”是革命的真正开始。“人民革命”和人民委员会制度的建立是卡扎菲扩大个人权力过程中的重要步骤，是日后实行民众国制度的前奏。

1973年2月21日，一架载有105名乘客，其中包括利比亚外交与情报部长在内的利比亚客机被以色列歼击机击落。由于以色列歼击机飞越了埃及的西奈半岛，利比亚立即指责埃及丧失警惕是以色列的同谋，并在全国范围内举行了声势浩大的示威活动。在班加西，数百名示威群众袭击了埃及文化处并撕毁纳赛尔的画像。在的黎波里的埃及工人也遭到暴力攻击。这一事件既反映卡扎菲争取与埃及联合的政策受挫，也被卡扎菲的反对者用来发泄他们对联合政策的不满。卡扎菲同代表民族资产阶级的知识分子之间的矛盾再一次暴露，也为卡扎菲向他们进攻提供了机会。

1973年3月5日，卡扎菲和革命指挥委员会的其他成员在班加西会见大学生。大学生们在会上公开抱怨大学里缺乏自由，说他们的表达自由和结社自由受到侵犯，要求卡扎菲维护他们的自由权利。学生们还要求他对解聘几位被怀疑是反对派的教授一事作出解释，并表示他们对推行阿拉伯联合的政策持保留态度。这次会见进一步促使卡扎菲下决心采取更为激进的政策。4月15日，卡扎菲在祖瓦拉发表演说回应学生们要求自由的呼声，宣布他准备同农民和劳动群众一起开展“人民革命”，以便利比亚人民重新得到他们的权利。卡扎菲还首次指责利比亚的国家官吏是他的政治对手。他说：“我准备开展一场革命反对那些使决定不

能实施的行政机关。我要摧毁至今仍然墨守成规因而阻塞了革命发展的行政机构。”他宣称，统一的计划不会逆转，“阿拉伯统一是我们绝不放弃的信念，即使会引发内战也在所不惜”。

卡扎菲在祖瓦拉演说中表示了他依靠人民同政治对手战斗和保卫阿拉伯—伊斯兰文化的坚强意志，同时提出了要采取一些重要行动，其中包括：现行法律停止生效；清除“病人”，即那些应该服从多数人意志的反对派。他还第一次对共产主义者、马克思主义者和穆斯林兄弟会发出警告：“所有穆斯林兄弟会成员将被投入监狱，为西方文化或为资本主义作宣传的人都是病人，都应被投入监狱。”将采取的行动还有：武装全体人民保卫革命成果，进行行政体系革命，同脱离民众又无效率的官吏作斗争，开展以焚毁除《古兰经》以外的一切外来书籍为口号的“文化革命”等。卡扎菲对所有反对他的政策的人发出严重警告：“凡是反对阿拉伯统一、反对社会主义、反对人民的自由的人都将被粉碎。”4 月 15 日演说之后，数百名反对卡扎菲政策的共产主义者、阿拉伯复兴社会党人和穆斯林兄弟会成员即于次日被捕入狱。

祖瓦拉演说宣布进行“人民革命”是卡扎菲企图改变他同利比亚的各种社会力量之间的关系，进一步推动国家中央集权进程的重要标志。在此之前，卡扎菲认为利比亚存在五大社会阶层：农民、工人、知识分子、士兵和民族资本家。“九一”革命的性质是民族革命。民族资本家是他强化自已的地位和使“九一”革命合法化的依靠力量。在祖瓦拉演说中，卡扎菲改变了说法。革命的性质已由民族革命变成了群众和穷人反对富人的某种无产阶级性质的革命。他所依靠的力量不再是民族资本家而是“群众”，即受损害的阶层、农村人口以及反对城市资产阶级的部族。卡扎菲认为，民主首先就是群众拥有权力，他要动员这些力量来保卫政权并同反对改革的官吏作斗争。卡扎菲的理想是由群众直接掌握和行使权力，而不是通过代议机构之类的中介，实际上是要建立“民众独裁”的政权。感到在政治上受到挑战的卡扎菲选择了强化自己地位和同过去支持他的力量、特别是知识分子和民族资产阶级决裂的道路。

祖瓦拉演说之后，利比亚国家中央集权的进程明显加快。利比亚独立初期，国家结构采用联邦制，的黎波里塔尼亚、昔兰尼加和费赞拥有相当程度的自治权，并以各部族居住范围作为划分地方行政区域的基础。针对国家权力相对分散的状况，伊德里斯王朝于1952年削减了省的自治权力，1963年又取消了联邦制，国家权力逐步集中到中央。“九一”革命后，新政权继续推进中央集权的进程。根据卡扎菲决策权应该集中，执行权可以分散的设想，1970年5月25日利比亚颁布《地方政权法》，对地方行政制度进行根本性改造。此法规定不再以部族疆界作为行政区域的基础，地方政权以“大区”和“市”为一级，其下再分别设立“省”和“区”。新建立的地方政府不再拥有广泛的自治权，只可以行使管理和执行职权。根据规定，“大区的委员会和大会的职责是：在地方一级作为政府各部的代表就发展计划提供意见、促进生产发展、向失业和文盲现象作斗争、为农业和工业的增长采取措施。在市一级，由市的委员会行使对市镇的管理权”。更重要的是，根据《地方政权法》的规定，大区和市的大会组成人员事实上都是按照“政治组织”的提名选举产生，或由内政部长指定的人士和各部的代表担任。这种名义上是由“人民参与管理中央行政机关”的做法，实际上只是为了便于中央决策的顺利贯彻。而在1970年10月27日发布的关于此法的实施细则中更明确规定，地方行政机关的任务是实施中央政府作出的决定。卡扎菲建立的这种同“九一”革命前完全不同的行政体制，实际上是日后在利比亚普遍建立的人民委员会制度的雏形。

祖瓦拉演说还表达了卡扎菲同那些对于贯彻执行革命指挥委

员会的决定持抵制态度的政府官员作斗争的决心。1963 年利比亚虽然取消了联邦制，进一步加强了中央的权力，但对原来的官僚机构没有触动。“九一”革命后被保留下来的官僚机构和地方政府官吏反对变革，因而被卡扎菲认作是存在于群众和革命之间的必须予以清除的障碍。1973 年 4 月 18 日，利比亚建立了取代地方政府的由人民集体直接进行管理的人民委员会体制。

根据 1973 年 10 月 15 日利比亚颁布的关于由人民委员会行使行政权的法律，在全国各地区都由人民委员会行使革命的行政权，由人民委员会主席担任各级、各部门行政首长；在公有企业内部，由人民委员会行使管理委员会的职权，人民委员会主席接替管理委员会主席的职务。但对于人民委员会委员的产生方式、委员的职责和职权等问题，法律并无明确规定。但是，1973 年 10 月 15 日法律奠定了利比亚新的行政制度的基础。这次改革是卡扎菲决心进一步调动国家机构的力量来实施其革命纲领，也是进一步排斥政府机关中反对者的重要步骤。

在 1975 年 4 ~ 8 月间，革命指挥委员会内的一些人指责卡扎菲撇开革命指挥委员会个人垄断权力，而且缺乏治国能力，企图罢免卡扎菲并改变他的政治路线，但没有成功。1975 年 10 月 25 日，卡扎菲在的黎波里的群众集会上宣布，有二十来名与外国势力勾结的官员在一些士兵的支持下发动政变，现在阴谋已经被粉碎。事后，利比亚政府加强了对反对派的镇压。1975 年 8 月 17 日，颁布法律规定，凡企图以暴力或其他被禁止的手段改变现存秩序者、在国内传播旨在改变宪法的基本原则或社会组织的基本结构的思想观念者，均处死刑。1975 年 12 月 10 日，革命指挥委员会发布公告，号召民众发动人民革命，走上街头同隐藏在社会组织内部的反对派进行斗争。卡扎菲同要求政权民主化的资产阶级代表人物之间的冲突再一次公开化。

1977 年 3 月 20 日卡扎菲发表《人民权力宣言》，宣布利比亚进入"人民直接掌握政权的民众时代"。根据《人民权力宣言》，利比亚对国家政治体制进行重大改革。传统的总理、政府和议会由各级人民大会和人民委员会取代。利比亚在国外的外交机关改称"人民办事处"。阿拉伯利比亚共和国改名为阿拉伯利比亚人民社会主义民众国。根据卡扎菲的解释，"人民直接行使权力是民众国政治制度的基础，保卫国家是每个公民的职责"。

卡扎菲设想，在管理国家日常事务的人民大会和人民委员会之外，应该再在领导人和人民之间建立一种起调停和推动作用的革命权力。在1975年政变阴谋被粉碎后，1976年4月卡扎菲在向学生讲话时宣称，在大学和公共机构里应由"革命力量"来领导。1977年11月，由"革命力量"组成的革命委员会诞生，并且很快就在军队、安全部门、国家机关和各种社会组织里普遍建立，以执行指导和推动人民大会的活动和保卫革命成果的使命。1978年9月，卡扎菲正式宣称这是一种"革命权力"。

民众国制度建立后，1978年9月，卡扎菲辞去政府总理、国防部长等公职。1979年3月2日总人民委员会决定，革命指挥委员会内包括卡扎菲、贾卢德、哈鲁比、哈米迪等人在内的所有成员全部退出官方机关，不再担任职务。1980年9月5日卡扎菲退出总人民大会的总秘书处，从此以后他便全力从事革命指导和控制国家机关的活动。1980年，卡扎菲正式被称为"革命领导人"。1990年，总人民大会通过决议，卡扎菲正式成为利比亚最高领袖。

第三节 人民大会和人民委员会

人民大会和人民委员会是卡扎菲在利比亚创立的由人民行使权力的机构。在卡扎菲的思想观念中，作为"民众国"权力机关的人民大会和作为执行机关的人民委员会，是根本不同于西方民主制度下的议会和政府那种中介机构的实现直接民主的最好形式。

卡扎菲在《绿皮书》中对这种新型的政治体制的性质和特点作了明确的叙述，他说："人民大会是实现人民民主的唯一途径。""民主只有一种方式和一个理论。人民政权的实现也只有一种方法，即人民大会和人民委员会。'没有人民大会就没有民主'。"通过人民大会和人民委员会"管理成为人民的管理，监督成为人民的监督"。"通过这一办法，统治工具问题自然迎刃而解，专制工具随之消亡，人民自己成为统治工具，世界民主这一难题最终得到解决。"

1976年6月，利比亚总人民大会通过在全国建立新型的"民众国"政治体制。1977年3月2日，总人民大会特别会议正式公布了上述决定。

一　各级人民大会

1. 基层人民大会

根据卡扎菲的构想，利比亚全国年满16岁的居民，不分性别，分别属于基层人民大会。具有其他阿拉伯国家血统的外国人也可以成为基层人民大会的成员。原则上，利比亚人不论居住在何处都应该登记参加基层人民大会。

基层人民大会通过某种类似指定的程序产生秘书处。秘书处由秘书、助理秘书及若干名成员组成。秘书处组成人员的任期没有正式规定，但1980年总人民大会发布的一项法令建议秘书处以三年为一任。

基层人民大会每月举行一次常会。根据1984年法律的规定，基层人民大会要经常讨论卡扎菲最近的政治主张，分析国家面临的经济和社会问题，研究当地事务等。基层人民大会还有权决定基层人民委员会的组成，并对它们的活动进行监督。

卡扎菲在《绿皮书》第一章中明确指出："各人民大会和人民委员会讨论的一切事项均由总人民大会作出最后决定。它作出的决议依次下达给各人民大会和人民委员会，并由向基层人民大会负责的各人民委员会组织实施。"可见，基层人民大会并不是真正享有决定权的机关。它的职能主要是对卡扎菲和革命指挥委员会其他成员提出的重要思想表示赞同并使之合法化，实际上是起着"协商"作用的机构。

2. 市镇人民大会

市镇人民大会的组成人员中包括各基层人民大会秘书和助理秘书。根据1984年法律，市镇人民大会的职权有：批准基层人民大会的工作纲领，讨论当地的发展计划，组建市镇人民委员会等。法律还规定，市镇人民大会对基层人民大会的决定进行监督，对于基层人民大会的决定从内容到形式都必须提供"帮助"。因此，市镇人民大会不但能控制其执行机关市镇人民委员会，还有权控制基层人民大会及其执行机关基层人民委员会。

3. 总人民大会

基层人民大会和市镇人民大会的秘书和其他组织的代表都是总人民大会的成员。这些成员应就他所代表的机构作出的决定向总人民大会提出报告。卡扎菲多次强调，他们的任务就是使这些决定得到交流和解释。总人民大会的职权包括：决定国家的总政策，批准条约，决定战争与和平的问题，决定总人民委员会的组成人员并监督其活动，任命最高法院院长、总检察长、中央银行总裁和审计院院长等。为了履行这些职责，总人民大会成立秘书处。秘书处有权决定总人民大会举行会议（包括特别会议）的日期和议程。在总人民大会休会期间，其秘书处代行总人民大会的职权。

虽然卡扎菲在《绿皮书》里称人民大会和人民委员会是"人民政权"，但人民大会并没有严格意义上的立法权。卡扎菲在 1978 年 3 月 19 日的演说中提出，利比亚制定法律的程序是先由人民决定法律的精神，再由专家将人民表达的意愿具体化为法律。所以，利比亚的法律实际上就是由属于司法秘书处（司法部）的律师会同总人民大会的总秘书共同制定的。

二　各级人民委员会

在利比亚全国建立的 600 多个各级人民委员会是与人民大会平行的、由人民自行行使管理职能的行政机关，其中包括：

（1）负责地方行政管理事务的基层人民委员会。

（2）负责市镇范围内部有关改革、计划、社会保障、轻工业、公共服务、住房、司法、体育运动、经济等事务的市镇部门人民委员会。石油和石化工业是直接关系到国计民生的重要行业，不在人民委员会管辖范围之内。

（3）负责市镇行政管理事务的市镇人民委员会。

（4）负责对国家不同部门进行管理的总人民委员会专门委员会。

（5）负责全国行政管理事务的总人民委员会。

卡扎菲在《绿皮书》第一章《民主问题的解决办法——“人民政权”》中称：“将人民分为若干基层人民大会。……各基层人民大会的群众推选出各自的行政人民委员会，以取代政府的管理机构。于是，社会上所有的公共福利机构都通过人民委员会来运转，而具有这一职能的人民委员会则向为其制定政策并监督其执行的基层人民大会负责。”他还指出，总人民大会作出的决议依次下达给各人民大会和人民委员会，并由各级人民委员会组织实施。

卡扎菲的这一论述包括了 4 个要点：

（1）基层人民委员会由基层人民大会的群众推选产生；

(2) 由人民委员会取代政府机构;

(3) 基层人民委员会接受基层人民大会的监督并对它负责;

(4) 总人民大会作出的决议由各人民委员会组织实施。

基层人民委员会和市镇部门人民委员会的秘书分别组成15个总人民委员会专门委员会。专门委员会各自产生一名地位相当于部长的总秘书，经总人民大会通过后这些总秘书共同组成总人民委员会，即利比亚政府。总人民委员会的总秘书相当于利比亚政府总理，任期三年。总人民委员会的活动接受总人民大会的监督。总人民大会有权在必要时免除总人民委员会成员的职务。

人民委员会行使职权须依照法律和法令的规定，但法令对它的权限、管辖范围、责任和义务等事项并未作严格的界定，使人民委员会有相当程度的自行其是的活动空间。

根据规定，基层人民委员会除了在当地进行行政管理之外，还具有仲裁的职能。1981年第13号法律第1条规定，基层人民委员会有权对公民之间的民事和商事纠纷进行仲裁，不论当事双方是否居住在同一地点，仲裁决定有约束力。基层人民委员会负责维持当地治安和秩序。基层人民委员会还享有颁发结婚证和品行端正证书的权力。因此，基层人民委员会实际上拥有的是某种行政与司法相混合的权力。

市镇人民委员会具有某程度的自治权，其组成成员包括秘书和助理秘书各一人，委员若干人，全部由某个总人民委员会专门委员会选定。市镇人民委员会的职权有：执行总人民大会作出的与当地事务有关的、关于掌管和监督市镇人民委员会的、或解决当地在执行发展计划的过程中可能遇到的困难的决定，执行总人民委员会的决定。市镇人民委员会在处理当地事务时还须同总人民委员会专门委员会进行协调。从理论上说，总人民委员会专门委员会的权限只是实施总人民委员会的建议和监督国有企业贯彻总人民委员会的决定，但事实上这些专门委员会可以根据总人民委员会的决定干预市镇人民委员会行使权力。总人民委员会专门委员会同市镇人民委员会构成统一的国家行政管理机关。

总人民委员会即是利比亚政府，由相当于政府部长的总人民委员会专门委员会的总秘书组成，总人民委员会的总秘书相当于政府总理，由总人民大会指定，任期三年。总人民委员会行使多项职权：任命驻外大使和全权公使，建立各种协会、国有企业和新的行政单位，批准国家发展计划和预算外支出。总人民委员会准备文件资料和对总人民委员会决定的贯彻实施进行监督。

人民委员会制度是卡扎菲设想用以同原有行政体制所产生的缺点作斗争的一种新型的行政体制。针对过去国家机关官员人数不断增加的弊病，1987 年利比亚通过法律决定削减政府官员人数，规定市镇人民委员会中官员数目不得超过当地居民人数的1.5%。但是，对于人民委员会成员的任职资格、受教育程度、工作能力以及产生程序等法律并无明确的规定。人民委员的权利、责任和义务法律也未作出规定。在实践中，由于群众对选举的热情不高，使一些不称职的人员特别是被卡扎菲认为是社会“寄生虫”的部族领袖和商界人物混进了人民委员会，因而不得不经常举行基层人民委员会的重新选举。一些基层人民委员会效率不高，对当地事务管理不力，未能满足卡扎菲的期望。由于利比亚经济、政治和社会革命停滞不前，人民大会和人民委员会制度的建立并未使国家政权得到更强有力的群众支持，卡扎菲决定在利比亚再建立一种“革命权力”——革命委员会。

第四节 革命委员会

20世纪中叶，人民大会和人民委员会制度的缺陷和弊病日益明显。由于人民大会和人民委员会成分复杂，其中一些传统的有影响的人物，如部族领袖，往往乘机为本部族谋取利益，基层人民委员会也可以置国家整体利益于不顾自行其是。许多基层人民大会和人民委员会的领导人和成员常常不参加活动，开会时的缺席率可以高达一半以上甚至90%，以致这些机构缺乏活力效率低下，难以发挥应有的作用。利比亚政府在1976年采取过公布缺席者姓名的办法以儆效尤，但收效甚微。这种情况使卡扎菲决心组建一支“革命力量”作为动员群众、联系各种政治力量、推行革命措施、继续进行人民革命的工具。

1976年4月11日，法塔赫大学的学生在开展“学生革命”的过程中成立了第一个革命委员会。一贯重视青年人在革命运动中作用的卡扎菲对这一新生事物立即加以肯定。1976年5月25日，卡扎菲宣布要建立“特别委员会”。他在一次演说中指出，基层人民大会的成员绝大部分不经常出席会议，他们不能正确地引导基层人民大会的群众，因此，我们正在考虑组建某种动员委员会来协助基层人民大会的领导人。由此可见，成立革命委员会是卡扎菲因为不满意基层人民大会和人民委员会的现状而作出的决策，是他在撰写《绿皮书》时尚没有预料到的。《绿皮书》第一章《民主问题的解决办法》中没有提到革命委员会之类的组织。

在的黎波里之后，班加西、泰尔胡奈、图克拉和拜尼沃利德等地都先后建立了革命委员会。到1978年底，利比亚全国各地已经建成了革命委员会网，虽然数目尚不多，但在不少人民委员会、基层人民大会和大学里已经有了革命委员会组织。1979年，革命委员会在基层人民大会、职业团体、教育机构、人民委员会和国家机关中普遍建立，并出版了自己的报纸。1980年8月4日，革命委员会发表文章，攻击某些报纸墨守成规而不宣传《绿皮书》的思想。10月7日，革命委员会接收了信息部门，改组了信息秘书处并接管了各新闻媒体。在可能对卡扎菲的领袖地位构成威胁的军队和警察机关中都先后建立了革命委员会。

1977年9月1日，卡扎菲号召在利比亚境外也建立革命委员会，作为实现阿拉伯统一的工具。此后在境外建立了两种不同类型的革命委员会。一类是在有大量利比亚人（如利比亚学生）聚居的国家里建立起来的国外革命委员会，其成员全是利比亚人。建立这类革命委员会的有英国（1979年10月）、法国（1979年12月）、意大利（1984年）、波兰和保加利亚（1984年）等国。这类利比亚国外革命委员会常开会协调行动。1979年12月和1985年8月，各国外革命委员会的成员在的黎波里举行会议，研究"革命力量"如何反对反革命势力的战略。

另一类国外革命委员会是在利比亚官方支持下在其他国家建立并吸收非利比亚籍人作为成员的组织。例如在突尼斯（1987年后）、黎巴嫩、阿尔及利亚、苏丹等国都有此类革命委员会。这些革命委员会的成员以"权力、财富和武器属于人民"为口号，实际上参与了推翻"反动的亲西方政权"的活动。

卡扎菲要求革命委员会既能"动员"群众又能"控制"群众，同时要完全听从他的指挥而不会影响他的权威。具体地说，革命委员会应该发挥的职能是：

（1）动员群众。革命委员会除了以革命的名义提高群众的认识和觉悟外，还应动员群众参加基层人民大会和政府组织的示威游行和"武装人民"运动之类的活动。

（2）作为"制度的守门人"看管好人民大会等国家机关。基层人民大会的领导人由革命委员会负责挑选。人民大会的成员经过革命委员会考察合格的可以成为人民委员会的成员，不合格者革命委员会可予以清除。革命委员会还在卡扎菲和人民大会之间起"传送带"的作用。它向卡扎菲反映群众、人民大会和人民委员会成员的思想状况，更重要的是将卡扎菲的政治主张转化成人民大会作出的决定，并推动基层人民大会按照革命的方向开展工作。

（3）清除敌人，保卫革命。革命委员会有责任“揭露”一切革命之敌，并将其交到“人民手中”。所谓“革命的敌人”是并无明确界定的模糊的范畴，可以随着需要而扩大范围。1980～1987年间，革命委员会逮捕了许多违反“革命法律”的人，并通过设在的黎波里、班加西、塞卜哈等地的革命法庭进行判决和执行。一些居住在国外的利比亚反对派人士也因为是“革命的敌人”而遭杀害。

革命委员会在全国各单位、各部门普遍建立之后，利比亚形成了形式上由群众通过基层人民大会直接行使行政权力和由卡扎菲及革命委员会行使革命权力的二元权力结构。这两种权力在理论上是分开的，人民大会、人民委员会同革命委员会之间没有正式的联系。卡扎菲多次强调，人民应该行使权力，革命委员会的作用只是开展革命行动和领导革命。为了实践这种权力分立的原则，卡扎菲于1976年4月在向大学生讲话时提出，大学和公共机构应该由“革命力量”来领导。1977年革命委员会普遍建立之后，卡扎菲提出了革命政权的定义并宣布他退出政权机关。1979年3月2日总人民大会正式宣告国家权力同革命权力分离。根据总人民大会的决定，卡扎菲、贾卢德、卡卢比等革命指挥委员会成员全部退出总人民委员会的总秘书处。这些“九一”革命的历史领袖离开了由他们建立的国家权力机关之后，组成了掌握最高权力的“革命领导力量”。卡扎菲不再担任行政职务，全力投入革命事业并控制国家政权。1980年，卡扎菲正式成为利比亚的“革命领导人”。

根据卡扎菲的理论，“政权是一回事，革命是另外一回事”，“在革命委员会之外没有革命者”。虽然在理论上人民大会、人民委员会同革命委员会各自行使自己的权力，双方并无正式的组织联系；卡扎菲也声明革命委员会委员们不掌握权力，它的职能只是宣传和鼓动，同基层人民大会并无矛盾。实际上，在革命委员会渗入各地区各组织之后，人民大会和人民委员会的领导权已经由革命委员会掌握，形成两种权力的“重合”。革命委员会控制干部的任用，监督卡扎菲政治路线的落实，是高于行政权力之上的核心力量。

革命委员会的成员多为来自工人群众的卡扎菲的年轻支持者。第一批革命委员会成员都在1976年成立的“政治教导营”受过训练。此后进入革命委员会的人员也都要在特设的训练班学习关于《绿皮书》的课程，接受意识形态教育。

卡扎菲期望革命委员会在贯彻他的革命路线方面发挥重要作用，但不能成为可能威胁他的权威的组织严密的政治力量。1983年8月，革命委员会第六次年会通过章程对革命委员会内部组织和革命委员会成员的任务作了详细规定。全国各地革命委员会的领导机关是“中央协调局”。除了定期召开会议以加强革命委员会成员的“团队精神”和传播革命路线之外，各革命委员会相互之间实际上并无横向联系。革命委员会要向中央协调局汇报工作，但上下级之间的联系并不多。所以，这实际上是一种各革命委员会在很大程度上可以各行其是的松散的组织。卡扎菲本人则通过他的办公室同革命委员会中央协调局保持经常联系。1979年后，他还通过同革命委员会成员定期或不定期地举行会议或是视察各地革命委员会等方式施加影响。卡扎菲曾经警告革命委员会不要脱离群众，不要变成政党，革命委员会成员不能携带武器，革命委员会的权力只限于揭露和告发革命的敌人而无权采取行动，更不能形成某种武装力量。

革命委员会普遍建立之后不久，就因为许多成员行为不端而在它的活动中出现无视组织纪律的混乱局面。这种情况使卡扎菲感到有必要对革命委员会加强管理。1981年3月，卡扎菲在塞卜哈举行的革命委员会第四次年会上对某些革命委员会成员的行为提出批评，警告他们超越权力行事可能陷入无政府状态。但这次批评收效甚微。革命委员会滥用权力，任意拘捕和迫害无辜的穆斯林，毁坏他们的住所之类的暴行进一步激起广大群众的不满和愤怒。学生们袭击了一些由革命委员会控制的安全组织和革命委员会中的头面人物。对“革命的敌人”执行死刑的革命委员会成员有的被群众暗杀。

80 年代利比亚政府开始实行“自由化”。在这一背景之下革命委员会的地位、作用和任务也相应发生变化。1986 年 3 月和 4 月，在两次同美国军事力量对抗之后，作为卡扎菲权力支柱和革命委员会的制约力量的军队地位进一步提高，革命委员会开始逐渐丧失它拥有的权力。虽然担任的黎波里巡逻任务的安全部队中大部分还是革命委员会成员，但到 1986 年底的黎波里中央监狱便不再由革命委员会掌管。1987 年 11 月，卡扎菲在总人民大会第 13 次会议上宣布取消革命委员会有对敌人进行清除和镇压的权力。

1988 年春，卡扎菲第一次对革命委员会进行公开批评，并表示他正考虑在利比亚建立某种宪政框架以加强领导。卡扎菲和利比亚其他领导人关心的是在新形势下如何确定革命委员会在利比亚权力结构中的位置以及如何发挥其作用的问题。卡扎菲曾说：我们现在比过去更需要革命委员会。革命委员会是站在人民一边的同盟军，而不是人民的敌人。如果有人因为它越权行事而被投入监狱甚至致死，这并不表明革命委员会的原理是错误的。没有革命委员会便不能继续实施革命纲领，你们就不能前进。卡扎菲的意思是要在维护政治制度的前提下将受到指责和埋怨的革命委员会纳入政治革新的进程之内，而不是根本取消它的作用。

1988 年春，在利比亚政治生活中开始出现松动的迹象。是年 3 月 2 日，卡扎菲向总人民大会第 14 次会议提交了有关公民自由的 26 点报告草案，并宣布释放除少数外国间谍之外的所有政治犯，开放边界使利比亚人享有完全的旅行自由。翌日，当局拆除了的黎波里中央监狱和利比亚—突尼斯边防哨卡。与此同时，卡扎菲下令对革命委员会进行更严格的控制并削减其权力。根据卡扎菲的意见和总人民大会的决议，革命委员会被剥夺了控制人民大会和人民委员会的权力。革命委员会的职能只是通过说服劝导而不是使用暴力来引导群众。革命委员会原来承担的进行政治动员的任务改由新组建的“群众动员和革命指导秘书处”承担。

1988 年 6 月 12 日，利比亚总人民大会特别会议通过《绿色人权宪章》。卡扎菲等领导人，以及包括大赦国际的代表在内的一些外宾都出席了这次隆重的仪式。《绿色人权宪章》是“九一”革命以来第一次对利比亚公民能享有的权利作出规定的法律文件，是利比亚政治生活有所改善的标志。但卡扎菲在签署《绿色人权宪章》后随即表示“革命政策”不会改变，革命委员会和革命法庭必须继续存在。

进入 90 年代之后，利比亚对行政体制进行了改革。1990 年，全国 13 个省合并为 7 个省，下设 42 个地区和基层区。1992 年 10 月，全国又称划分为 1500 个左右拥有自己的预算权、执行权和立法权的公社。卡扎菲在 1992 年 12 月号召在每个公社里都建立革命委员会。他再次强调必须要有革命委员会，“群众是人体，革命力量是人体内的动脉”。他说，革命的目标不会顺利地实现，也不能强迫群众。对群众只能通过动员和说服，通过实施革命的纲领，因此我们需要革命的运动。

第五节　卡扎菲及其世界第三理论

一　“九一”革命领导人卡扎菲

利比亚“九一”革命领导人、最高领袖穆阿迈尔·卡扎菲是揭开利比亚历史新一页的革命家。他在利比亚拥有至高无上的权力，但目前不担任任何正式职务。在国际事务中，他以自己独特的思想和风格行事，经常有一些被别人认为是“脱出常规”的言论和行动，成为世界政坛上极富个性的风云人物。

卡扎菲自称1942年春出生在地中海沿岸城市苏尔特附近，但他出生的确切日期不为外界所知。1983年11月14日以色列《晚报》刊登多里特·兰德斯的文章《卡扎菲其人其事》，其中称：“为了进入米苏拉塔的小学，他至少隐瞒了两岁，所以他很可能出生在1940年或更早些。”卡扎菲的家庭属于基本上是贝都因人的卡扎法部落，父亲以放牧骆驼和羊群为生。卡扎法部落生活的苏尔特地区是贫瘠的沙漠，自然条件很差，所以卡扎法人不得不在冬天驱赶着畜群迁徙到几百公里之外的费赞地区。可能是由于这一原因，有人以为卡扎菲生于费赞，甚至说他的出生地是沙漠城市塞卜哈。

卡扎菲的双亲是没有文化的贫穷牧民。卡扎菲有三个姐姐，他是家中最小的男孩。在意大利统治时期，卡扎菲的祖父、父亲和叔父都参加了抗击意大利殖民者的斗争并作出了牺牲。卡扎菲从他们那里听说了自己部落的过去，又从他的《古兰经》教师那里知道了利比亚历史上的英雄奥马尔，在他幼小的心灵里种下了不信任外国人和反对外来侵略的种子。

卡扎菲在沙漠和帐篷里度过了童年，在贫瘠的土地上放牧和劳动，生活条件非常困难。但艰苦的环境使他得到了锻炼，体会到了什么是压迫、剥削和痛苦。他在1983年接受《现代非洲》杂志记者彼得·埃纳霍罗采访时说到当年的生活状况和生活环境：“贝都因人的生活迁徙不定，因此，我所受的严格的教养得来自这些冷峻的生活现实。……这使我发现了后来呈献在《绿皮书》中并加以解释的真理。……我从中受益匪浅，因为我认为，世界上再没有另一个与我地位相同的人有和我同样的机会和

境遇。”

童年的生活习惯使卡扎菲对于沙漠里的帐篷情有独钟。在走出沙漠成为大权在握的国家领导人之后，他仍然喜欢住帐篷，在帐篷里办公和会客。遇有重大问题需要安静地思考时，卡扎菲往往也会在帐篷里祈求真主指点。卡扎菲家庭的居所是在的黎波里附近阿齐齐亚军营里的一所别墅，但他的大部分时间仍是在装饰豪华的帐篷里度过的。帐篷不但被卡扎菲用作会客厅和国宴大厅，在他出国访问时安装有电话、传真机、电脑和电视等设备的帐篷也会被带着同往，通常就搭建在国宾馆或饭店的花园里。穆斯林崇奉绿色，长期的沙漠生活使卡扎菲对象征着生命的绿色有特殊的感情和热切的追求。他的治国方略结集成《绿皮书》。利比亚的国旗是绿色的旗帜。的黎波里的中心广场被命名为绿色广场。利比亚的护照也是绿色的。卡扎菲的愿望是把利比亚的沙漠变成绿洲。

1951 年利比亚独立时卡扎菲正在苏尔特上小学，后来他随家人迁居塞卜哈并进入中学学习。卡扎菲同当时许多青年人一样阅读报纸、杂志和书籍，收听广播，如饥似渴地吸收新思想。1952 年 7 月，埃及以纳赛尔为首的自由军官组织推翻法鲁克王朝，取得了革命的胜利。纳赛尔的英雄形象，他的演说，特别是他的《革命哲学》深深打动了卡扎菲。纳赛尔成了卡扎菲崇拜的榜样。在塞卜哈和在后来的米苏拉塔，接受了革命思想的卡扎菲因为组织秘密社团和参加政治活动而声名大振，甚至被开除学籍。1963 年 10 月，卡扎菲放弃了他在的黎波里大学里学习的历史学专业，考入班加西军事学院，实现了他多年的梦想。在军事学院学习时，卡扎菲积极参加地下活动，还组成了秘密团体“自由军官组织”并担任该组织中央委员会主席。“自由军官组织”没有经济来源，但在极艰苦的条件下巧妙地开展着推翻伊德利斯王朝统治的革命活动。卡扎菲为“自由军官组织”的成员制定了严明的纪律，要求他们不饮烈性酒、不吸烟、不赌博、不近女色、每天祷告五次和不放松学习，按照他所信守的准则生活。在班加西军事学院学习期间，卡扎菲逐步形成了依靠军队夺取革命成功的思想，并以纳赛尔的自由军官组织为榜样建立了自己的革命团体，奠定了他日后广泛开展革命运动的基础。

1965 年 8 月，卡扎菲从军事学院毕业。他希望有机会出国进一步接受军事培训。在美国拒绝了他的申请之后，1966 年卡扎菲获得了去英国接受为期四个月的军事培训的机会。在比肯斯菲尔特学习了 4 周英语之后，卡扎菲进入英国皇家装甲兵无线电通信学校学习装甲车维修技术以及通信和射击等课程。回国后，卡扎菲在通信兵部队服役，任利比亚通讯兵团代理副官。

在国内，开发石油带来的巨大收入使利比亚经济走向繁荣，然而贪污腐败现象也随之迅速蔓延。伊德里斯国王的统治已经危机四伏摇摇欲坠。军队中和政府中都有人秘密策划发动政变推翻国王。卡扎菲同他的自由军官组织也在周密地进行活动。1969 年，自由军官组织决定于 3 月 12 日行动。但埃及著名歌星乌姆·库尔苏姆当天要在班加西举行演唱会，为巴勒斯坦革命组织法塔赫募捐。虽然王室和军队的许多要员都将出席这次义演，是将他们一网打尽的好机会，但考虑到不宜在这种场合采取过激行动，卡扎菲决定将政变日期推迟。由于卡扎菲将被指派于 9 月 11 日去英国接受第二次培训，自由军官组织决定于 9 月 1 日发动政变。

9 月 1 日晚，卡扎菲和他的同伴在一次宴会上扣押了警察部队的高级军官，然后分头采取行动接管和占领了的黎波里和班加西等地的军营和电台等要害部门。有人越过王宫的围墙逮捕了王储。除了在古尔纳达的国防军军营发生过战斗外，这次政变进行得十分平静。卡扎菲后来曾对《现代非洲》杂志的记者说，他们当时掌握了一些英国的百人长式坦克，但没有弹药。“我在那

天早上驾驶着一辆空坦克来到班加西大街，在警察部队营房门前驶过，炮口对准营房。炮膛里却空空如也。他们一看到坦克马上就投降，只要求不要开火，给他们留一条生路。”第二天清晨6时30分，卡扎菲在班加西电台广播了第一号公告：“班加西的人民，为了履行你们自己的意志，为了实现你们衷心的愿望，真正响应你们不断提出的变革要求和你们为达到这些目的而奋斗的渴望，倾听你们对发动起义的激励，你们的武装力量已经采取行动摧毁了这个反动和腐败的政权。”正在土耳其度假的伊德里斯国王在得知英国和美国都不会帮助他夺回政权之后，王储哈桑于9月5日宣布放弃对王位的一切权利，支持新政权。卡扎菲在国内没有遇到什么抵抗，包括伊德里斯国王所属的萨努西人也对政变表示欢迎。伊拉克、叙利亚、苏丹和埃及等阿拉伯国家先后承认了利比亚的新政权。

政变成功后，9月9日成立革命指挥委员会，卡扎菲任委员会主席和武装部队总司令，宣布成立以“自由、社会主义和统一”为口号的阿拉伯利比亚共和国，并提出四项主要措施：(1）打倒旧王朝的社会名流；(2）把军队变成强大的政治武器；(3）迅速扩大石油收入受益的范围，使革命尽可能为更多的利比亚人接受；(4）在群众中树立卡扎菲超凡的领袖形象。1969年12月颁布具有临时宪法性质的《宪法性宣言》。1970年1月，卡扎菲兼任政府总理和国防部长，1971年6月任阿拉伯社会主义联盟主席。1978年，卡扎菲不再兼任总理，并退出政权机关，成为没有正式行政职务的“九一”革命领导人。

卡扎菲从小就受伊斯兰教的熏陶，是虔诚的穆斯林。他认为，伊斯兰教是一种世界性的宗教，是改变各国命运的复兴力量，只有伊斯兰教才能引向社会主义。卡扎菲认为，《古兰经》可以保证人们的社会平等，世界上所有问题都可以从《古兰经》中找到答案。因此，伊斯兰教和《古兰经》不但为“九一”革命的发生提供了合法根据，使“九一”革命具有强烈的伊斯兰特性，还成为卡扎菲掌权之后所推行的政策的主要依据。1969年10月，卡扎菲委托埃及法理学家阿里·阿里·曼苏尔研究如何用伊斯兰教法取代利比亚的成文立法，以清除现行法律中与伊斯兰教法相抵触的条款，使社会回复到伊斯兰教和《古兰经》的轨道上来。卡扎菲坚持认为，《古兰经》是立法的直接源泉，伊斯兰教其他经典则可能掺杂有法学家本人的见解和感情，不一定符合《古兰经》的本意，是不可信的。他还认为《古兰经》是大家都能够理解的，不必通过伊玛目解释。卡扎菲对宗教法学家和学者作为真主和穆斯林之间的中间人的说法持否定态度，主张穆斯林同真主和《古兰经》保持直接联系，目的是防止宗教势力干预政治。

卡扎菲执政后决心要在利比亚恢复伊斯兰教的“纯洁性”。他认为西方文化正在毒害穆斯林的灵魂，必须予以清除。利比亚原来是酒类出口国家。“九一”革命后，酿造、出售和饮用烈性酒被严格禁止，即使在飞机航班上也不供应含有酒精的饮料。的黎波里市中心的罗马天主教堂被改成纳盖清真寺，教堂顶上的十字架换成了伊斯兰的新月和星星。1973年4月15日，卡扎菲在祖瓦拉发表演说，提出要开展“文化革命”，以扫除蛊惑性思潮和外来文化的影响。“文化革命”开始以后，凡被认为是殖民主义残余或受西方文化影响的事物都在清除之列。的黎波里关闭了所有夜总会、酒吧、电影院、妓院以及西方国家开设的文化中心。街道的路牌、商店的招牌，凡用英文或意大利文书写的一律改成阿拉伯文。禁止从国外带进书籍、画册、报纸、杂志，甚至包括外文字典和挂历等印刷品，以防止利比亚公民在精神上受到污染。1986年4月美国空袭利比亚后，大学里的英语系、法语系都被关闭，英、法文书籍和教科书遭烧毁。各大学是“文化革命”重点开展的场所，学生们响应革命领导人的号召奋起造反，不但对教师中的“反动权威”进行斗争，还清除了被怀疑为以色列特务、共产党人或穆斯林兄弟会成员的人。大学里成立了由教授、学生和工人三结合组成的委员会主管教学事宜。的黎波里大街上的大字报和漫画矛头直指反动分子和官僚主义。

“文化革命”是卡扎菲推行的革命路线的重要组成部分。除了号召进行文化革命外，卡扎菲在祖瓦拉演说中还提出了作为他施政纲领的其他四项主要任务：

(1) 停止执行现行法律，所有民事、刑事诉讼均按照沙里亚法典（伊斯兰教法）断案；

(2) 清除国内的“政治弊病”，特别要向共产主义、穆斯林兄弟会和复兴党的政治思想作战；

(3) 武装全体人民，保卫革命成果；

(4) 进行“行政革命”，建立革命的行政体系以取代官僚机构。

卡扎菲处处遵从伊斯兰准则，不抽烟，不饮酒，甚至不用高级饮料而经常喝矿泉水和骆驼奶。每天按时祷告5次，即使在国外访问也不间断。他的家庭一直住在兵营里。据说他的父亲希望搬到一所好一点的住宅去住，以为这样才符合他作为领袖之父的身份。但卡扎菲坚持让他住到原来的住所去。卡扎菲在1983年对《现代非洲》杂志的记者说，他不应该离开帐篷，除非所有的利比亚人都住上体面的现代化住宅。他现在和所有的农民一样住在陋室中。但卡扎菲十分重视发展民族经济和文化教育事业，他动用巨额石油收入进行基本建设，推动经济发展。耗资巨大的人工河工程宏大，举世瞩目。与提高人民生活水平密切相关的设施如住宅、交通、水电供应等，卡扎菲也投入大量资金，成效显著。利比亚人民生活水平已居于非洲国家前列。文化教育事业的发展也很迅速。独立前没有一所大学的利比亚现在已有高等学校十多所。

卡扎菲重视妇女的解放和提高妇女的社会地位，作为他改变目前这个“非正义世界”事业的一个组成部分。他认为，当前的世界是男人的世界，但妇女不应从属于男人，更不是商品。他在 1983 年 9 月 1 日发出呼吁：“解放阿拉伯世界的妇女”。他坚信，终有一天世界将由妇女来统治。“九一”革命后，原来被剥夺了政治权利和工作权利，处于社会底层的利比亚妇女的地位大大提高。妇女不但同男子一样有政治权利、工作权利和受教育的权利，可以参加各项政治活动和社会活动，还在劳动条件和报酬方面得到政府的特殊照顾。作为妇女解放运动的内容之一，从 14 岁到 50 岁的利比亚妇女每年要接受军事训练，学习使用各种轻重武器。妇女不但可以参军或报考军事院校，还可以出任军官。卡扎菲的保镖也是女性。

卡扎菲有浓厚的民族主义思想。利比亚历史上曾遭到其他民族的入侵和统治。在卡扎菲出生的 20 世纪 40 年代初，处于意大利统治下的利比亚正是盟军同德军激战的战场。卡扎菲说他还记得第二次世界大战时沙漠里进行坦克战的情景。卡扎菲的祖父、父亲和叔父都参加了反抗意大利殖民统治的斗争，其祖父因此被处死，父亲和叔父都被捕入狱。同许多利比亚人一样，反对帝国主义、怀疑和讨厌外国人的种子已经在这个家庭中扎根，它对卡扎菲统治下的利比亚的外交政策产生直接影响。“九一”革命胜利后，卡扎菲果断地采取措施在利比亚清除殖民主义势力。他任主席的革命指挥委员会宣布，清除一切外国势力，特别是外国军事基地，是它要实现的目标之一。为了捍卫民族的利益和尊严，卡扎菲不畏强暴，多次与美国发生激烈冲突。卡扎菲认为，伊斯兰教是“改变各国命运的复兴力量”，但只有统一的阿拉伯民族才是有力量的民族。因此，寻求阿拉伯和伊斯兰世界的统一成为卡扎菲对外政策所要实现的目标。他在执政后不久就主张“阿拉伯统一，伊斯兰团结以及第三世界和非洲组成革命的联盟”，而利比亚"是阿拉伯的心脏，人民革命必须从利比亚出发"。卡扎菲称自己是真正的统一主义者，雄心勃勃地想要统一阿拉伯民族，成为阿拉伯世界的领袖。卡扎菲为了与其他阿拉伯国家统一或合并进行了长时期的不懈努力，甚至干预其他国家的内政，但均未获得成功。

卡扎菲自1969年掌握政权以来，利比亚从一个贫穷落后的国家变成了世界上最富有的国家之一。他的政治生涯充满了辉煌但也遭到激烈的反对和挑战。据说，企图通过暗杀和政变推翻他的阴谋有70多次。但卡扎菲治国的才能和他独特的处事作风使他成为当今世界上具有鲜明个性的领导人之一。

二　卡扎菲的世界第三理论和《绿皮书》

"九一"革命胜利之后，掌握了政权的卡扎菲开始认真思考如何在利比亚建立理想社会以及如何为伊斯兰社会的发展开创新途径的问题。从1971～1973年期间，他的想法逐渐明确。1973年5月14日，卡扎菲在的黎波里举行的阿拉伯—欧洲青年集会上首次提出他的"世界第三理论"。

卡扎菲说："世界第三理论（或思想体系）是一种呼唤人类返回天国的思想学说，是对资本主义的实利主义和共产主义的无神论的替代……我们的主张是，人类从未比如今的20世纪70年代这样更需要用信仰武装自己……人类现在急切需要一个正义的呼声，这个呼声会使人类恢复理性，让人们回到造物主身边，而正是造物主使人类成了他在地球上的继承人。我们得要回到神的身边并摆脱邪恶……我们向整个世界提出的这个思想学说是人道主义的，而不是像旨在毁灭世界的种族学说那样的侵略学说……当我们谈起世界第三理论时，我们所要强调的是，它既非一种人为的制造品也不是一种哲学。它是基于真理而产生的。在真理与理论学说之间有着巨大的不同：理论学说易于因废除或驳斥而发生改变，而真理是牢固而不变的。”

卡扎菲在讲话中明确指出：“我们称它为世界第三理论是为了表明，对那些既拒绝实利主义的资本主义也拒绝无神论共产主义的人来说还有一条新的道路。这条道路是给予世界上所有厌恶两大军事集团危险对抗的人们。对于一切相信在神的统治和庇护下世界各民族皆兄弟的人们来说，这条道路正是给予他们的。”

卡扎菲还认为，伊斯兰教“不允许任何富人把他的财富用作压迫或剥削他人的工具”，所以只有伊斯兰教才能解决经济问题，实现社会的公正和平等。

“世界第三理论”是卡扎菲经过几年的思考和酝酿逐步形成的思想体系，后来又不断发展和充实，成为利比亚在政治、经济和社会生活等方面进行重大改革的指导方针。

1. “世界第三理论”的主要内容

（1）主张建立“标准社会主义”。建立一个以伊斯兰和阿拉伯传统为基础的标准社会主义是卡扎菲世界第三理论的核心。所谓“标准社会主义”是介于资本主义和共产主义之间的、既不是资本主义的也不是共产主义的社会形态。卡扎菲认为，这种对资本主义和共产主义的路线均持否定态度的理论就是世界第三理论。卡扎菲是受伊斯兰教和阿拉伯传统精神影响很深的民族主义者，也是一位来自平民社会，热爱自由和民主，追求平等和公正，有强烈革命精神的政治人物。他从切身的经历中感受到，资本主义就是侵略、干涉、剥削和压迫的同义词，“资本主义社会已经整个地陷落在剥削之中，因为它奉行自由原则……结果是严重的失业和残酷的剥削。”至于共产主义，除了因为无神论与伊斯兰教义在意识形态方面根本冲突之外，卡扎菲认为，共产主义消灭私有制的做法是不可取的。卡扎菲认为社会主义不同于共产主义，共产主义和资本主义都不能实现他的理想，只有“标准社会主义”不但适用于建设现代化的伊斯兰教的利比亚，而且

适用于整个阿拉伯世界。

卡扎菲笃信伊斯兰教。他认为伊斯兰教主张公正、反对剥削和同情弱者，是能使人类获得“真知和正义”的世界性的宗教，因为人类面临的一切问题都可以在《古兰经》中找到答案。信奉伊斯兰教的阿拉伯民族能够建立“繁荣和公正”的“真正的社会主义社会”。所以，卡扎菲强调，他倡导的是与伊斯兰教的正义教义相联系的社会主义，是“伊斯兰教的社会主义”。可以说，卡扎菲提出的“世界第三理论”是产生于利比亚的特定社会条件下的泛阿拉伯主义、社会主义和伊斯兰意识形态相结合的产物。“伊斯兰社会主义”经卡扎菲提升为一种理论之后不仅使伊斯兰教的内涵进一步变得丰富和被赋予新的活力，还使它取得了成为建设现代国家的指导思想的地位。

（2）人民政权、经济革命和社会改革。从1976年1月到1979年3月，卡扎菲陆续出版了三册《绿皮书》，就“民主问题”、“经济问题”和“社会问题”三方面作了阐述，系统地提出了实施他的“世界第三理论”的具体方案。

卡扎菲认为，民主问题的解决办法是由全体人民掌握政权，而目前存在的一切其他政权和议会制、政党制、阶级专政等形式都应予以否定和批判。最终解决统治工具问题的办法是建立人民大会和人民委员会。只有这两种形式才能使人民得到直接的民主。“管理成为人民的管理，监督成为人民的监督。”“除此之外，任何一种政体都是不民主的。”

关于经济问题的解决方法，卡扎菲从探讨经济领域里劳动者同生产资料所有者的关系入手，指出是雇工剥削现象导致社会财富分配不公平，从而产生各种社会弊端。他主张人人共同参加生产、公平地分配财富。要实现“谁生产谁消费”的正确原则，必须“废除工资制，把人从工资制的奴役下解放出来”，工人是伙伴而不是雇佣者。卡扎菲反对资本主义剥削工人的制度，这是他倡导实现以社会正义为核心的伊斯兰社会主义的重要组成部分。

世界第三理论的社会问题部分是卡扎菲对于历史、社会、妇女、宗教和家庭等问题的看法。卡扎菲认为，社会主义革命首先要解决经济领域的问题，但也面临许多社会方面的问题需要解决。他对社会结构成分进行了分析，对社会权利、社会地位和社会平等等问题都形成了自己的观点。他认为，社会关系即民族关系，民族关系即社会关系。当代的民族解放运动本身就是社会运动。今天的世界正经历着一个正常的历史运动周期，即在民族主义支持下进行的民族斗争。民族主义国家是与自然的社会结构相适应的唯一政治形式。

（3）泛阿拉伯、泛伊斯兰主义。实现阿拉伯和伊斯兰世界统一是卡扎菲一贯的理想。他认为阿拉伯世界有着共同的语言、宗教、历史以及自然的地理联系，“从阿拉伯湾到大西洋的阿拉伯祖国的大统一”是必然的趋势。他执政后提出了“自由、社会主义和统一”作为革命目标，以及“阿拉伯统一、伊斯兰团结、第三世界和非洲组成革命联盟”的主张。

卡扎菲认为，实现统一有多种手段。在执政的初期，他主要通过外交谈判谋求同埃及、苏丹等在阿拉伯世界有影响的国家实行合并。这些尝试失败后，卡扎菲认为统一也可以有其他形式，各国在统一体内甚至可以保留各自的政权，但也未获成功。提出“世界第三理论”之后，他宣称这一理论是世界最先进的普遍适用的理论，主张通过人民革命的方式实现统一。他认为，除了革命和武力之外，没有其他办法可以实现统一。而利比亚是阿拉伯的心脏，人民革命必须从利比亚出发，统一必须以利比亚为中心。

除此以外，卡扎菲还继承了纳赛尔的“泛非主义思想”，宣称利比亚不仅是阿拉伯世界的一部分，也是非洲的一部分。在实现阿拉伯世界统一的目标未能成功的情况下，卡扎菲又十分关注非洲的统一，提出了阿拉伯世界与非洲联合的建议。他多次表示，阿拉伯统一和非洲统一可以相互促进。为了实现统一的目标，应该把利比亚的革命输出到反对我们的所有国家。

2.《绿皮书》的主要内容

卡扎菲对系统地论述了世界第三理论中的民主问题、经济问题和社会基础等内容的《绿皮书》评价很高，认为《绿皮书》是新时代也就是民众时代的福音书。由于有了《绿皮书》，革命的时代必将到来，民众将在全世界掌握权力。

《绿皮书》第一卷《民主问题的解决办法——“人民政权”》是世界第三理论的政治基础。卡扎菲自称，这是“向人们提供的统治工具问题的最终解决方案”。在这一卷里，卡扎菲对现有的议会、政党、阶级政权、公民投票等统治形式进行了揭露和批判。他认为，当今世界上的一切政权都是统治工具争夺权力的产物。争夺的结果总是一种统治工具获胜，人民遭到失败。专制就在假民主的外衣掩盖下诞生了。

众所周知，议会是西方民主制度的核心和主要标志。卡扎菲则一针见血地指出，议会制是解决民主问题的一种欺骗办法，因为民主意味着人民的政权而不是某种代表人民的政权。单单是议会的存在就表明人民没有参政。议会不让民众参与政治，却代表他们独揽大权。人民所享有的只是虚假的民主外衣——排着长队向票箱里投票。“他们往投票箱里投票，就如同往垃圾箱里扔废纸一样”。

议会成员形式上由选民选举产生，但卡扎菲认为选举制度是不民主的，获得多数票当选的议员并不一定是真正得到多数选民的支持。他指出：在选举中“某个竞选者获胜，譬如得到51%的选票，其结果是，产生了一种披着虚伪民主外衣的专制工具。因为49%的选民没有选他，是强加于他们的，所以是专制”。而

“这位与选民没有任何民间组织上联系的议员，将被当作全民的代表”。卡扎菲的结论是：“世界上出现过的最残暴的专政，正是在议会制度下建立起来的。”

卡扎菲对政党制度也进行了批判。他说：“政党是由具有共同利益、共同观点、共同文化、共同信仰或来自同一地区的人组成的。这些人组成政党旨在实现他们的利益，或把他们的观点、信仰强加于整个社会。”“政党对于人民来说是少数，建党的目的是制造一个统治人民的工具，也就是通过政党来统治党外的人。”所以，“政党宣称，夺取政权是实现党的目标的手段。党的目标就是人民的目标。这是为政党专制辩解的理论，也是任何一种专制制度赖以建立的理论。”卡扎菲对于政党的认识是有客观基础的，但他基于只有人民自己参与才有真正的民主的指导思想出发，完全否定了政党存在的历史合理性，否定了政党的政治功能和价值，因此，利比亚禁止一切政党活动。他本人于1971年创建的阿拉伯社会主义联盟也自1976年起停止活动。

“阶级政权”和“阶级专政”的理论同样不符合卡扎菲“全民政治”的理想而遭到他的否定。卡扎菲在《绿皮书》中称“阶级、政党、部落和教派，都只是人民的一部分，而且是一小部分。倘若阶级或政党或部落或教派统治社会，其政权就是专制的政权”。“阶级政权与党派政权，或部落政权，或教派政权，并没有什么不同。社会被一个阶级所统治同被一个政党、一个部落或一个教派统治是一样的。阶级是一个具有共同利益的社会集团，政党、教派和部落亦是如此”。

卡扎菲认为，公民投票制度也是“对民主的一种欺骗”，因为人们在投票时只被允许说一个“是”或“否”字，而不能阐明自己的理由，因此，“实际上并没有表达出他们的意愿，而是被现代民主的概念封住了嘴巴”。

卡扎菲的结论是，既然民主问题的症结是统治工具问题，那么解决的办法就在于寻求一种既不隶属于斗争，又不隶属于代表社会某一个方面的统治的工具。也就是说“寻求一种不是政党、也不是阶级、教派或部落的统治工具，这种统治工具就是全体人民”。“这种崭新的理论是建立在没有代表或代议制的人民政权基础上。它实现了有组织，有成效的直接民主”。

《绿皮书》对卡扎菲所倡导的实现人民民主的唯一途径，即建立人民大会和人民委员会，进行了充分的阐述。

按照卡扎菲的设想，利比亚实现直接民主的制度是，“将人民分为若干基层人民大会，每个大会选举一个秘书处。由若干秘书处组成非基层的人民大会。各基层人民大会的群众推选出各自的行政人民委员会，以取代政府的管理机构。于是，社会上所有公共福利机构都通过人民委员会来运转，而具有这一职能的人民委员会则向为其制定政策并监督其执行的基层人民大会负责。”这样，“管理成为人民的管理，监督成为人民的监督”。卡扎菲强调，所谓“民主是人民监督政府”不过是陈词滥调，正确的定义是“民主即人民自己监督自己”。通过这一办法，“统治工具问题自然迎刃而解，专制工具随之消亡，人民自己成为统治工具，世界民主这一难题最终得到解决。”所以，卡扎菲断言：人民大会是实现人民民主的唯一途径。任何违反人民大会这种形式的政体都是不民主的政体。他还在《绿皮书》中号召民众努力奋斗，去消灭世界上盛行的各种假民主的专制统治形式——从议会、教派、部落、阶级到一党制、两党制和多党制。

根据卡扎菲的理论和主张，利比亚在1973～1975年间全国自下而上建立了人民大会。1976年卡扎菲主持召开了作为国家最高权力机关的首届总人民大会会议，委任了总人民大会秘书处和总人民委员会。1977年3月，卡扎菲宣布利比亚已经进入了“人民掌权的民众时代”，将国名更改为“阿拉伯利比亚人民社会主义民众国”。民众国是当今世界上唯一存在于利比亚的独特的国家形式。

立法是同统治工具相关联的国家主权行为，也是卡扎菲认为在当今时代尚未得到解决的难题。他在《绿皮书》中提出，由议会或某个委员会来制定、修改或废除社会法律是荒唐和不民主的。当今世界的统治工具把谋求统治人民的手段写进了宪法，再利用宪法所具有的法律力量去强迫人们服从自己。宪法不是社会的法律，而是一种人为法。这就是自由所面临的严重危险。卡扎菲认为，传统习惯实行道义制裁。宗教包含和汲取了传统习惯，是对自然法的确认。非宗教、非传统习惯的法律是人反对人的产物，它没有传统习惯和宗教这一自然渊源，因而是荒唐的。在建立了人民大会体制之后，人民都是统治工具，如果发生偏离社会法律的不轨行为，就通过民主审议而不是通过武力加以解决。这是这种民主制度必然产生的结果。

卡扎菲在《绿皮书》第一卷的结束语中称，继共和国时代之后，民众时代正朝我们快步走来。但卡扎菲也明白地指出，"从理论方面讲，这就是真正的民主。但从实际方面看，强者总是统治者，即社会上最强的一方进行统治"。

《绿皮书》的第二卷是《经济问题的解决办法——社会主义》。这是卡扎菲的世界第三理论中有关经济问题的主要理论基础。

在这一卷中，卡扎菲首先探讨了经济领域中劳动者同生产资料所有者之间的关系，结论是无论工人的命运有何种变化，所有制的形式可以有所改变，但雇佣剥削现象依然存在。他认为，当前社会在"解决劳动与工资问题，即工人与资本家、企业主与生产者的关系上，取得了重要的历史性发展。这些发展包括确定工时、加班费、各种假期、承认最低限度的工资、工人参与分享利润和管理、禁止随意解雇、社会保险、罢工权利以及当代立法中几乎不可缺少的劳动法所包含的种种内容"。此外，"在所有制方面也发生了其重要性不亚于上述发展的变化，例如，出现了限制收入的制度、禁止私有制度并使之归国家所有制度。”“尽管在解决经济问题的历史上，所有这些发展都是不容忽视的，但从根本上看，问题依然存在。”卡扎菲认为，尽管所有制形式由极右转到极左，或在左右之间采取多种中间形式，但这种努力没有解决生产问题，工人们仍然是雇佣劳动者。

卡扎菲进一步分析了工资问题上的变化。他认为，在工资问题上所作出的种种努力是有意义的。“在解决工资问题方面，工人们所得到的好处是：工人们在工业革命前经受的那种恶劣处境改变了。工人、技术员和管理人员随着时间的推移获得了过去难以得到的种种权利。”但是，在工资方面所作的努力不是解决问题的办法，“与其说是承认工人的权利，不如说是一种施舍。”“因为工人为雇主的利益从事生产，他们自己却不能消费所生产的产品，而是被迫放弃这些产品以换取工资。”“雇佣劳动者，不管工资多么优厚，他们还是一种奴隶。”

卡扎菲认为，所有制形式的改变并不能改变工人作为雇佣劳动者的地位。他针对有人说“与私营企业的收入归企业主不同，在公有制情况下，收入归包括工人在内的整个社会”的说法，重新申述他的看法：“如果我们从社会的公共利益，而不是从工人的私利来看，如果我们设想垄断所有制的政权已是全体人民的政权，而不是阶级或政党或党派集团或教派或部落或家庭或个人或任何一种代议制的政权，那么，可以这么说，情况是如此。”但是，即使如此，“尽管拥有企业的人不同，但国营私营企业的工人都同样是雇佣劳动者。”因为“工人的工资、分红和社会福利形式所获得的利益完全相同”。可见“所有制的易手，并未解决工人对其直接生产的产品所有权问题”。

那么，工人如何才能从雇佣劳动中彻底解放出来呢？卡扎菲提出的解决办法是“废除工资制，把人从工资制的奴役下解放出来”。他认为处理人类关系的准绳、根据和唯一的渊源是自然法。“自然法产生了建立在经济生产各要素的平等基础上的自然社会主义，从而实现了人们在自然生产中享有大致相等的消费。至于人剥削人，个人攫取超过其需要的财富等行为，那是违背自然法的现象，是人类集体生活腐化堕落的开始，是出现剥削社会的开端。”卡扎菲说，“生产要素中的每一要素都是必需的、基本的，在生产过程中，这些要素的必要性也是同等的。”“以往历史上的理论仅仅从一个生产要素的所有制角度，或者从以生产换取工资的角度来处理经济问题，因而真正的问题，即生产本身的问题，没有能够解决”。他认为，“目前世界上盛行的经济制度，其最重要的特征，就是工资制。工人不论是为社会，还是为私人企业生产，都被工资制剥夺了享受自己产品的一切权利。”而“给工资的劳动是一种缺乏动力的劳动。它是对人的一种奴役。因为生产者是雇佣劳动者，而不是伙伴。”所以，卡扎菲提出，工人“要当伙伴，不当雇佣者。”他认为，当代各种社会从雇佣社会向伙伴社会的转变，是当今世界各种互相矛盾的经济学主张必然的辩证结果。总之，卡扎菲经济学说的核心思想是，人们应该依靠自己的劳动来满足自身的需求，不要驱使他人来为自己效劳，牺牲他人的利益以满足自己的需求，也不是为了攫取他人所需而去劳动。社会主义新社会“不是雇佣别人来满足自身需求的私有制，而是生产者在生产中是伙伴这样一种社会主义所有制”。

在《绿皮书》的这一卷于 1977 年初出版之后，卡扎菲有关的思想和理论立即被制定成法律，上升为“国家意志”。卡扎菲还在“九一”革命九周年纪念大会上号召利比亚工人“摆脱雇佣劳动者的奴役状态”，“掌握公有和私有的生产手段”，成为生产中的“正式伙伴”。同时，除石油部门之外的各企业都建立了由工人组成的“人民委员会”作为管理企业的机构。

《绿皮书》的第三卷《世界第三理论的社会基础》包括家庭、部落、民族、妇女、少数民族、黑人、教育、音乐和艺术、体育、骑术和表演等部分，集中阐述了卡扎菲对社会中各构成成分的地位、彼此相互关系以及社会发展规律的观点。

卡扎菲认为，社会因素即民族因素是人类历史的动力，因为民族因素是“将人类群体从家庭、部落到民族一个个地联结在一起的社会纽带”。“构成民族的基础是民族主义”。而“民族斗争——社会斗争是历史运动的基础”。但是，“宗教因素可能使一个民族的集体分裂，也可以使若干具有不同民族主义的集体统一起来。”这就表明，卡扎菲认为宗教因素是影响民族统一或分裂的重要因素，但“最终占压倒优势的仍然是社会因素”。如果“社会因素同宗教因素协调一致，就会实现团结和睦，各集团的生活就会稳定、兴旺、获得健康的发展”。

在卡扎菲看来，家庭比国家更重要，因为“家庭是个人的摇篮，是其成长之地和社会保护伞”。“人类实际上就是个人和家庭而不是国家”。因为“国家是一种人为的政治、经济，有时是军事的体制”。“用政治、经济和军事的手段将各个家庭组成国家，这与人类是毫无联系的。”而家庭的组成同植物的组成非常相似。“个人在人类大家庭中就像叶子生长在枝条上，枝条生长在树干上一样。如果枝条离开树干，就失去了价值和物质生命。个人情况也是如此，一旦脱离了家庭，他就没有价值了，也失去了社会生命。”

关于部落和民族的概念，卡扎菲的解释是，“部落是繁衍和扩大后的家庭，是一个大家庭。民族是繁衍和扩大后的部落，是一个大部落。”世界是经过生息繁衍而分成众多族系的民族，世界是一个大民族。卡扎菲强调指出，“狭隘的民族主义与其说对民族是必要的，不如说它对人类是一种威胁。”“狭隘的民族主义使用本民族的武力去反对弱小民族，或者靠掠夺其他民族来取得本民族的进步，这对人类来说，都是罪恶的，有害于人类的。”“同样，先进的、从事生产的、文明的民族，对于全世界也是有益的”。

在论述妇女问题时，卡扎菲强调保护妇女的社会权利和平等地位。他指出，“男子是人，女子也是人。作为人，女子和男子是平等的，人为地把二者分开，那是公然的压迫，是毫无道理的。”但是由于男女之间存在着天然差别，应该为妇女提供一个不同于男人的环境，使她们能够发挥自己的“天然作用”，而不能以“凡事男女都一样”为由迫使女子做男子的工作。女子应该享有自己的全部权利。卡扎菲坚决主张在男女平等的前提下保障双方婚姻自主的权利，“凡关系到人的一切，男女之间是没有区别的。无论男女都不得违背对方意愿强行结婚。没有公正的判决或没有男女双方自愿达成的协议，任何一方不得离婚。无离婚书，女方不得再嫁，男方不得再娶。”卡扎菲从尊重自然法则的立场出发，认为妇女怀孕、生育、哺乳等是在尽其天职，必须予以关怀和照顾，否则就是暴虐和专制。卡扎菲强调，维护妇女的权益和满足她们的特殊需要是符合自然规律的文明的表现。总之，“人类的权利在男女老幼之间并没有区别，但他们应尽的义务并非完全平等。”

为了实现自己有关妇女问题的主张，卡扎菲认为，必须进行一次“世界性的革命”，以便把那些使妇女不能尽其人生天职，使她们为了争取男女权利平等而去承担男人义务的所有物质条件统统铲除。他认为，这场革命是生存本能的反应，即使没有人鼓动也必然会发生。卡扎菲特别呼吁穆斯林世界的妇女起来摆脱身上的“枷锁”，争取解放。

关于少数民族问题的解决，卡扎菲认为，“少数民族有其自身的社会权利，任何多数民族对少数民族的这些权利的侵犯都是压迫。”“关于政治和经济问题，只能在民众社会的范围内去解

决。”“把少数民族看作政治上和经济上的少数派，是一种独裁和压迫”。

在教育问题上，卡扎菲强调应该在充分自由的条件下传授知识。他批评目前在世界上颇为盛行的教育方式，包括义务教育和系统教育，实际上是对民众强行进行的愚民教育，因为，这种根据正式教学计划规定教育方式方法和必修课目的教育，是粗暴对待公民的、扼杀自由的专制行为。应该通过一场世界性的文化革命来砸烂这种教育模式。卡扎菲声称，不要去关闭学校的大门和不要人们受教育，而是应该由社会提供各种形式的教育使人们有自觉自愿地学习任何一种知识的自由。“所以，限制和垄断知识的社会，是偏护愚昧、敌视自由的反动社会。限制宗教知识的社会，同样是偏护愚昧、敌视自由的反动社会；垄断宗教知识的社会，也是偏护愚昧、敌视自由的反动社会。对别人的宗教、文化和风尚在作为知识介绍时进行歪曲的社会，也是偏护愚昧、敌视自由的反动社会。”

20 世纪 70 年代《绿皮书》出版以后，卡扎菲的世界第三理论逐渐发展成为一种较为完整的思想体系，在利比亚和其他阿拉伯国家产生了相当大的影响。

《绿皮书》系统地阐述了卡扎菲的世界第三理论，是利比亚政府制定方针、政策的主要思想依据。摘自《绿皮书》的卡扎菲语录在利比亚城市的主要街道和公共场所随处可见。《绿皮书》作为革命领导人的最高指示，在利比亚广大干部和群众中几乎是人手一册的“行动指南”。在国外，《绿皮书》已被译成几十种文字大量发行。1981 年利比亚在的黎波里建立了包括来自国内外的五千余名研究人员的“利比亚世界绿皮书研究中心”，还在世界一百多个国家成立了分支机构。《绿皮书》研究中心及其分支机构通过举办研讨会、编辑出版研究成果等活动广泛宣传世界第三理论。

3.《绿皮书》的中心思想

《绿皮书》第一卷的中心思想是通过建立人民大会和人民委员会的方式实现“全民政治”以取代各种形式的“代议制”，达到人民自己管理和监督自己的目的，在世界上创造出一种前所未有的政治制度。《绿皮书》第二卷的中心思想是消灭雇佣制，改变企业所有者同生产者之间的关系为伙伴关系；经济活动应该是为了满足物质需要而进行的生产活动，以体现“人人平等”和“社会公正”的原则；通过改革来摧毁旧的经济体系。《绿皮书》第三卷的中心思想是以自然法则为基础解决诸如家庭、部落、民族、妇女等社会问题。根据世界第三理论中的主要思想，利比亚进行了一系列政治和经济改革。在不长的时间里，在维护国家主权和民族利益、推动经济发展等方面都取得了明显的成效，广大人民群众生活水平提高并且在一定程度上享有过去不能享有的政治权利。卡扎菲曾经自豪地说：“在利比亚国土上的这一历史成就不是一种宣传，而是它给予群众武器、财富和权力，使人民感到：他们是自由的，他们是自己的主人。”

4. 世界第三理论产生的背景

世界第三理论是卡扎菲对人类社会的历史发展和现状长期观察和思考之后提出的见解，这一系统的思想体系是他本人的出身、经历、所受的教育和利比亚现实相结合的产物。世界第三理论虽然企图在资本主义与共产主义之外开创第三条发展道路，但从思想根源来说，世界第三理论是融合了阿拉伯民族主义、伊斯兰思想和社会主义的混合物。卡扎菲受以伊斯兰精神为精髓的阿拉伯民族主义影响很深，有强烈的民族意识。他反对殖民主义和帝国主义，反对依赖西方国家。他追求阿拉伯统一，为了实现这个目标而进行了长时期的努力。他宣布伊斯兰教为国教，在利比亚恢复了伊斯兰教法的某些律令，并以伊斯兰教法规“沙里阿”为利比亚立法的依据。他提出的“标准社会主义”与纳赛尔提出的阿拉伯社会主义思想一脉相承。纳赛尔主张以“自由、社会主义和统一”作为目标，这同卡扎菲保证利比亚“随时准备实现自由、社会主义和统一的目标”基本相同。卡扎菲对于“自由、社会主义和统一”的含义的解释也同纳赛尔的解释大致相同。卡扎菲在利比亚建立的公有制和私有制并存、政治上承认阶级差别而利益平均分配的社会主义，同纳赛尔主张的抵制共产主义、允许不剥削的资本主义存在的社会主义在原则上也是相通的。

卡扎菲的世界第三理论产生于第二次世界大战后的阿拉伯世界不是偶然的。阿拉伯民族主义者和伊斯兰主义者认为，资本主义就是侵略、干涉、剥削和压迫，因此反对资本主义。但信仰无神论的共产主义者与信奉一神论的穆斯林之间存在意识形态的根本差别，共产主义也是不能接受的。他们希望能够走出一条既非资本主义又非共产主义的第三条道路。卡扎菲认为，“资本主义理论以给个体所有制无限自由来解决经济问题，而结果是严重的失业和残酷的剥削”。“共产主义以彻底取消私有制来解决经济问题。共产党掌握着政权，掌握着财富，就像资本主义社会的资产阶级一样，任何人从事经济活动那就都成了隶属于国家的雇工。”“资本主义为着封建的、剥削的、私有阶级的利益雇佣工人，马克思主义把他们从私有阶级的剥削下转变为国家的雇工。后者比前者要好。”卡扎菲从理论上描述了存在于资本主义与共产主义之外的第三条道路，“世界第三理论”又有浓厚的阿拉伯精神和伊斯兰思想，因此在中东地区甚至第三世界产生了一定的影响。

不可否认的是，世界第三理论虽然包含有实行民主和社会平等等反映利比亚人民愿望的内容，但它并不是卡扎菲对利比亚的政治经济现状进行深入细致的科学分析之后得出的理论，其中有不少空想的成分，以此作为利比亚社会改革和发展的指导方针不可避免地会产生理论和实践脱节的现象。事实证明，废除代议制，取消工资和货币，以及实现阿拉伯世界统一等都是不切实际的空想。而且，卡扎菲虽然以伊斯兰教作为他发动“九一”革命的合法根据之一，但在革命胜利之后，他不愿意宗教势力干预政治，世界第三理论中关于民众直接参政和废除生产资料私有制等内容又遭到宗教界人士抵制。他的社会主义思想没有为中东国家普遍接受。各国领导人对人民直接参政的想法和做法更是反应冷淡，没有一个国家愿意据此进行政治改革。卡扎菲实现阿拉伯世界统一的理想也始终没有成为现实。

世界第三理论是卡扎菲对当前世界的一种看法，尽管它并没有成为全面反映客观现实和历史发展规律的科学理论，但利比亚在这种理论指导下国家面貌已经发生了根本变化，是符合利比亚人民愿望的。

第六节 法律制度和司法机关

一 法律制度

利比亚法律属于大陆法系。在当代法国民法典和埃及民法典影响下制定的利比亚民法典是制定利比亚法律的基础。

利比亚有两类法律渊源：正式渊源和不具有拘束力的非正式渊源。

根据利比亚民法典第 1 条规定，利比亚法律的正式渊源是：(1) 成文立法条款；(2) 伊斯兰法的原则；(3) 习惯；(4) 自然法的原则和衡平法规则。

成文立法条款是利比亚法律主要的和普遍的渊源。成文立法又分为三个层次。1951 年制定后来于 1963 年加以修订，又与 1969 年的《宪法性宣言》的条款相结合的宪法是最高层次的法律；各种部门法律、法令构成的一般立法是第二层次；规定、条例、附属立法以及经立法机关特别授权而由行政机关制定的决议是第三层次。

法官在审理案件时，在缺乏可以适用于案件的成文立法条款的情况下，可以以伊斯兰法的原则、通行的习惯以及自然法的原则和衡平法规则作为判决的依据。

不具有拘束力的非正式渊源指的是由知名法学家和学者提出的思想和意见所形成的学说，以及法院的判例。在无法适用正式立法时，法官可以参考相关的学说和判例作为判决的指导思想。

“九一”革命后，新政权的领导人认为，过去伊德里斯王朝将欧洲国家的法律引进利比亚的做法实际上是背弃了伊斯兰法律。为了废除与伊斯兰教义相冲突的欧洲法律，恢复伊斯兰法律的地位，利比亚于1971年10月成立了由法学专家组成的“检讨和修正立法委员会”，其任务是改造利比亚现行法律使它们同伊斯兰法相一致，最终目的是使伊斯兰教义渗入整个法律制度。但是，由于伊斯兰法律难以适用于经济领域，所以经过努力使法律伊斯兰化的成果实际上只限于刑法的范围。“检讨和修正立法委员会”最重要的成果是以《古兰经》的内容为依据起草了一部新的刑法。根据新刑法的规定，盗窃、抢劫、通奸等都被重新定为犯罪而应受到惩罚。法律还禁止生产和饮用含有酒精的饮料。但新刑法并没有完全按照《古兰经》来对罪犯实施严厉的惩罚。例如，《古兰经》规定对窃贼应该砍手，现在犯有盗窃罪行的人如果表示认罪和悔改，往往只是处以监禁。

二　法院制度

实行法律伊斯兰化之后，保留宗教法庭和世俗法庭的双轨司法机构已经不再需要。1973年11月，适用伊斯兰法律的宗教裁判制度宣告结束。有关宗教事务的案件也由世俗法庭审理。

目前，利比亚法院有正规法院和特别法院两大类。正规法院包括简易法院、初审法院、上诉法院和最高法院四级。特别法院包括人民法院和军事法院。

1. 简易法院

简易法院对于价值不超过 1000 利比亚第纳尔的民事或商事案件有管辖权。争讼价值不超过 100 第纳尔的案件由简易法院在审理后作出不可上诉的终局判决。争讼价值超过 100 第纳尔的案件在简易法院判决后可以向初审法院提出上诉。

简易法院由 1 名法官组成的审判庭进行审判。

2. 初审法院

初审法院对于民事、商事、刑事案件都有审理和判决的管辖权。对于原来由宗教法庭审理的案件，初审法院也要适用伊斯兰法。

初审法院在进行一审时由 1 名法官组成审判庭。审理对于简易法院判决的上诉案则由 3 名法官进行，判决由多数作出。

对初审法院第一审作出的判决可以上诉到上诉法院。由 3 名法官对上诉案所作的判决只能向最高法院提出上诉。

1994 年 3 月 24 日，在各人民大会内部建立了“人民裁判所”。人民裁判所由基层人民大会任命的主席和两名成员组成，其任职资格只需要会阅读和书写，不必有法律知识或经过培训。人民裁判所的管辖权只限于对违反有关弘扬道德、维护公共与个人卫生、控制物价、保护动植物、结婚和离婚的法律和其他一些轻微罪行的审理。初审法院对人民裁判所的活动进行监督。

3. 上诉法院

利比亚在的黎波里、班加西、塞卜哈和绿山地区都设有上诉法院。上诉法院内分设民事、刑事、商事和行政等审判庭，都由 3 名法官组成，由多数法官作出判决。刑事审判庭对某些重大刑事案件或重罪案有初始管辖权，并可作出立即生效的终局判决。

只有对判决的法律适用问题不服的当事人可以向最高法院提起上诉。行政审判庭对某些行政诉讼案件有初始管辖权。利比亚没有统一的行政法规，行政法的相关规定和原则都分散在许多法律文件之中。因此，行政法庭在判决书中申述的理由对于日后处理行政诉讼案件有重要意义。

上诉法院内还有原来宗教法庭的法官，他们审理涉及宗教的上诉案件。

4. 最高法院

最高法院设在的黎波里，共设 5 个审判法庭：（1）民事和商事法庭，（2）刑事法庭，（3）行政法庭，（4）宪法法庭，（5）个人身份法庭。

各审判庭由 3 ~5 名法官组成，由多数法官作出判决。

最高法院法官终身任职。在革命指挥委员会于 1977 年正式解散之前，最高法院的所有法官都由革命指挥委员会指定。1977 年后，法官由总人民大会任命。

最高法院内设检察部，代表国家行使检察权。

不服上诉法院判决的案件可以上诉到最高法院。最高法院主要审理上诉案中的法律问题而不是事实问题。此外，根据 1953 年设立最高法院的法律，最高法院有对立法的司法审查权。1982 年最高法院改组，司法审查权被取消。1994 年 1 月 29 日，第 17/1423 号法律第 23 条对最高法院的管辖权重新作出规定，恢复了它对立法的合宪性进行审查和监督的权力。凡是由最高法院宣布违宪的立法无效。

最高法院作出的判决对利比亚所有法院均有拘束力。

5. 人民法院

根据 1988 年第 5 号法律建立的人民法院负责审理被定为“反国家罪”的某些政治案件和经济案件，实际上主要是一些贪污舞弊和贿赂案件。人民法院由 3 名法官组成审判庭。对其裁定不服的当事人可以上诉到人民上诉法庭，由人民上诉法庭作出终局判决。

1994 年利比亚法律授权司法总人民委员会在人民法院管辖下成立“反腐败特别委员会”，依法对贪污舞弊、挪用公款和徇私枉法等案件进行调查、揭发和提出报告。

三　律师和法官

目前利比亚约有 2000 名律师。1981 年，根据一切机构均实行人民民主化的原则，所有律师自动成为“人民律师”，即受雇于国家的公务员，所以不得私人开业。1990 年，根据当时颁布实行的《职业法》律师又被允许开设或参加律师事务所从事法律活动。

利比亚有五所立案的法律学校，分别设于的黎波里、班加西、米苏拉塔、泰尔胡奈和扎维耶。律师必须取得法律学校颁发的高级毕业证书，还必须是利比亚国民、有良好的名声、没有犯过重罪或与不廉洁有涉的轻罪，并接受过至少两年的培训。在初审法院出庭满 4 年的律师才有资格在上诉法院出庭。在上诉法院出庭达到 6 年的律师才能到最高法院出庭。

法官也必须在立案法律学校毕业并接受两年培训才有资格在简易法院任职。法官由特别司法委员会提名，经法官人民委员会总秘书批准后任命。

第四章

经　济

第一节　概述

利比亚原是沙漠高原占国土面积 98%，自然条件极差的贫穷落后的农牧业国家，农牧民占全国居民的 80% 以上。1951 年 12 月 24 日宣布独立成立利比亚联合王国，50 年代后期发现了丰富的石油储藏。对石油的开发和利用不但使利比亚获得了巨额收入，还带动了与石油开发有关的现代工业迅速发展，从根本上改变了利比亚的经济面貌。国内生产总值和人均生产总值的增加使利比亚成为非洲的富国，曾被联合国列为世界高收入水平国家之一。石油工业是利比亚经济的命脉和主要支柱。石油的产量、销售价格和收入的数量对利比亚经济的发展有直接影响。首次出口石油和取得大量收入的 1961 年成为利比亚经济发展史中具有划时代意义的一年。

利比亚在历史上多次遭到异族入侵。1912 年后沦为意大利殖民地。20 世纪 30 年代后期，意大利在利比亚的统治比较稳固之后才较为注意对的黎波里塔尼亚和昔兰尼加的经济开发。意大利从巩固统治和进行掠夺的需要出发，对利比亚加强了运输、通信、公共建筑等基础设施的建设，对农业生产进行了结构性改造，由意大利人经营的农场生产水果和蔬菜以满足意大利人日常生活的需要。第二次世界大战期间，利比亚是同盟国和轴心国军队激烈交战的战场。意大利人建立起来的基础设施大部毁于炮火，港口和运输、通信设备陷于瘫痪。北部沿海地区的农业也因战斗频仍而损失惨重。

1942年，英法联军将轴心国军队赶出利比亚，宣告了意大利殖民统治的结束。英国随即接管了北部的黎波里塔尼亚和昔兰尼加，法国则接管了主要是沙漠地区的费赞。但是经济落后又饱受战争创伤之苦的利比亚又陷入部族之间的争斗。在战争结束之后，利比亚人中94%是文盲，全国只有12名大学毕业生，没有一个医生，人均年收入只有15～20英镑。工业几乎一无所有，只有兽皮、茅草和战争遗留在沙漠里的废铜烂铁可供出口。

50年代后期利比亚发现地下蕴藏有丰富的石油资源，但当时以美国38家石油公司为主的外国公司掌握了90%的石油开采权，石油收入又为腐朽的伊德里斯王朝侵吞，利比亚的经济并未因此受益，人民的生活状况没有得到改善。1969年“九一”革命后，利比亚政府制定并推行了一系列摆脱帝国主义控制发展民族经济的政策，积极保护石油资源，充分发挥石油工业带动和支持国民经济发展的作用，同时把农业放在优先发展的地位，大力发展石油化工、冶金、水泥、电力、食品、纺织等新兴工业，以实现国民经济多样化的目标，争取早日建成独立的国民经济体系。利比亚的经济面貌从此发生根本性改变。

“九一”革命后利比亚政府以卡扎菲建设“社会主义”的设想为指导，在经济领域中大规模实行国有化和限制私有经济发展的方针。利比亚政府将外商经营的所有工厂企业，包括石油公司、银行、铁路、外贸公司和保险公司等收归国有，意大利人在利比亚的全部地产也由政府收回。经过几年斗争，利比亚政府陆续将外国石油公司的全部或51%的股份收归国有。70年代，利比亚利用国际市场石油价格大幅度上涨的时机大量增加石油产量和出口量，国家财政收入大大增加。石油收入从1969年的15亿美元增加到1980年的230亿美元，占国民生产总值的55%，原油出口收入占出口总值的99.5%。1980年利比亚成立国家石油公司，代表政府控制了全国70%的石油生产，从而掌握了国民经济命脉。丰厚的石油收入为发展民族经济奠定了物质基础，成为利比亚国民经济的主要支柱。

80年代上半期，国际市场油价暴跌，同时石油输出国组织对石油生产通过配额进行限制。在这种情况下，利比亚政府采取压缩石油产量和提高油价的政策，以延长石油开采期限保护石油资源。此举的主要目的是要充分发挥石油工业对国民经济的支撑作用，努力争取在石油资源枯竭之前实现国民经济多样化的目标。但国家财政收入因此大量减少，经济也陷于衰退。1980～1985年利比亚国内生产总值平均增长率为-6.1%。80年代后期国际石油价格有所回升，利比亚又有新油田投产而增加了石油产量，经济情况随之好转。

为了增加石油收入，利比亚政府积极发展石油加工工业，目的是多出口石油产品减少原油的出口量。

“九一”革命后，削弱私有经济成分，贬低甚至否认私有经济在国民经济体系中的作用也是利比亚政府推行“社会主义”纲领的主要内容。1978年开始，利比亚实行经济国有化，政府通过收归国有、没收和由工人接管等方式改造私有企业，实行土地全民所有，将私有经济只限制在商品零售业狭小的范围内。但是，经济国有化方针是不成功的。到80年代末，限制私有经济所导致的投资匮乏等消极后果日益显露。利比亚政府不得不于1987年起在一定程度上放宽限制。国家通过把国营中小型工厂转成伙伴合作关系的伙伴企业和出售国有资产等方式改变国营企业的性质，在制造业和农业、零售业等领域内允许私人经营，允许私有经济成分存在。然而，私有财产所有权和商人、店主的人身安全得不到切实的保障等因素仍然阻碍着私有经济成分的发展，对私有经济的开放还不够充分。

1998 年，因受国际石油价格下跌的影响，利比亚经济困难增加。政府进一步推出放宽对私有经济限制的新政策，在发展伙伴企业的同时鼓励私人经营工商业，允许除石油和大型企业之外的所有企业转变为伙伴企业或私人股份公司，放宽进出口限制，鼓励发展出口创汇型企业。私人还可以开办医院和学校，鼓励外国公司投资和经营贸易等。

2002 年 1 月，利比亚政府决定将第纳尔的官方汇率下调 51%，并实现了官方汇率同商务、黑市汇率并轨，以增强利比亚企业的国际竞争力和吸引外资。与此同时，利比亚政府采取措施完善金融机构和提高服务管理水平，允许外国银行在利比亚设立分支机构或开办合资银行，也允许利比亚银行在境外设立分支机构，扩大金融业对外开放力度。民族工业进一步得到政府扶持。政府鼓励公职人员辞职从事工商业，鼓励私人资本参与重大领域和建设项目的投资。① 2003 年 6 月，卡扎菲承认公有经济是失败的，应该予以取消。他要求对石油业和其他经济领域实行私有化。他宣称，利比亚要加入世界贸易组织，并任命主张私有化的前贸易和经济部长苏克里·穆罕默德·加内姆为总理。同年 10 月，加内姆总理宣布，包括钢铁、石化、水泥和农业等领域的 361 家企业将于 2004 年实行私有。②

为了建立独立的国民经济体系，利比亚政府投入巨额资金大力发展经济，从 1973 年起先后制定和实施了“三年经济发展计划”和“五年经济发展计划”，优先发展现代工业和现代化基础

① 引自中华人民共和国外交部网站资料。

② http：www. eia. doe. gov/emeu/cabs/libya. html.

设施。“三年经济发展计划（1973～1975）”总投资为26.7亿第纳尔（约合90.78亿美元）。第一个“五年经济发展计划（1976～1980）”总投资为92.5亿第纳尔，实际完成80%。这项计划执行的结果是，70年代利比亚国内生产总值平均增长4%以上。1980年，利比亚国内生产总值已达330亿美元，人均年收入为10174美元。第二个“五年经济发展计划（1981～1985）”总投资为185亿第纳尔，预计年经济增长率为9.4%。1985年该计划完成时，利比亚国内生产总值达254.2亿美元，人均国内生产总值为7170美元。

利比亚政府十分重视农业。在70年代，政府投入农业的资金共有73亿美元，约占经济建设和社会发展总投资的21.9%。政府还动员群众垦荒造田扩大耕地面积，并斥巨资建造人工河工程以增加北部沿海地区农业灌溉用水。为了鼓励群众从事农业生产，政府制订了一系列优惠政策并向农民提供无息贷款、化肥和优良种子等生产资料。但是，由于可耕地少，劳动力不足，水源缺乏，产品结构不合理等原因，利比亚粮食长期不能自给，50%需依赖进口。

积极发展新兴工业特别是优先发展重工业是利比亚政府确定的重要方针。除了大力发展炼油工业和天然气化学工业外，黑色和有色金属冶金工业、电力工业、运输业，以及轻工业中的食品、纺织、服装、皮革加工等工业的生产能力和出口能力也得到加强。这些非石油工业的发展不仅使工业部门的结构趋于合理，也调整和改进了产业结构的区域分布。第二个“五年经济发展计划”结束的1985年，非石油工业部门的产值在国内生产总值中的比重从5年前的35%上升到53%。1997年，制造业、建筑业、交通运输业、服务业等行业的产值已占国内生产总值的47.7%。这是利比亚为实现其国民经济多样化的发展战略所取得的明显成果。

“九一”革命后，利比亚同美国的关系一直处于紧张状态。1981 年 8 月，两国在苏尔特湾发生空战。1982 年美国宣布禁止从利比亚进口石油及向利比亚出口石油技术和设备。1986 年 1 月，美国宣布冻结利比亚在美资产，并命令 5 家美国石油公司和技术人员撤出利比亚。1987 年和 1990 年美国宣布继续对利比亚实行经济制裁。1988 年 12 月 21 日洛克比空难事件发生后，在美、英、法等国推动下，联合国安理会于 1992 年 4 月和 1993 年 11 月通过第 748 号和第 883 号决议，对利比亚实行制裁，禁止一切飞机进出利比亚；阻止利比亚进行国际贸易；禁止各国向利比亚出售武器、军事装备、飞机配件以及勘探、生产、冶炼和运输石油的设备；对利比亚外交使节及其活动作出限制；冻结利比亚的海外资金等，使利比亚经济遭到沉重打击。利比亚出售原油和石油制品以及其他一些领域中的贸易活动和投资计划虽然仍可通过指定的银行账户进行，但国家收入因经济制裁而大幅下降，大大影响了建设资金的积累，经济严重衰退，国内生产总值连年出现负增长。人民生活深受制裁之苦，日常生活用品、食品和药品短缺，货币贬值，物价上涨。1995 年 6 月初，利比亚政府向安理会提交报告称，自 1992 年 4 月制裁开始至今，利比亚经济损失已达 109 亿美元。面对国际经济制裁的压力，利比亚政府采取了一系列应对措施，主要有：推行石油战略打破西方国家封锁，在海外进行大范围的资金转移，调整政府预算结构等，尽量减少经济制裁造成的损失，缓解经济困难。

美国原来设想通过对利比亚实行石油禁运摧毁利比亚的经济支柱，但严重依赖质优价廉的利比亚石油的西方国家并未接受美国的安排，继续从利比亚购买石油。在安理会开始对利比亚实行制裁的 1994 年第一季度，意大利、德国、西班牙、法国、希腊、英国、土耳其等国都仍然从利比亚进口石油，使利比亚石油产量和石油收入仍能保持相当的水平。此外，一些欧洲国家的石油公

司在利比亚的勘探活动也没有因为制裁而中止。石油是利比亚同西方世界联系的纽带，也是利比亚对付制裁的有力武器。

对于不执行安理会制裁决议的国家，美国虽然提出抗议，但不顾禁令继续向利比亚提供禁运物资的情况仍不断发生。英、法等国依然允许一些与利比亚有关系的银行和公司继续开展业务活动。美国一些大公司的海外分公司以独立开展业务活动为由继续同利比亚保持商务来往也未受到美国政府制止。

对于美国将对利比亚实行经济制裁，卡扎菲早有心理准备。在联合国决定冻结利比亚海外资产之前，利比亚就开始了海外资金的大规模转移，使其免遭冻结。除了阿拉伯海湾国家金融市场和马格里布联盟金融市场吸收了大量利比亚资金外，在摩洛哥和东南亚也有利比亚资金投入。

调整国家政策，对金融体制进行改革和调整政府预算也是利比亚政府为了缓解制裁带来的困难而采取的重要措施。根据新制定的《银行法》，利比亚政府允许个人在银行开设外汇账户，允许外国银行在利比亚开设分行。利比亚还放宽了对私有经济的限制，使私人企业和个体经济进入国家经济领域。为了压缩开支，在实行制裁期间利比亚政府除了集中力量保证已开工的重大项目外，对新建项目作了调整，甚至不惜取消国防工程的兴建。

总之，联合国安理会对利比亚的制裁给利比亚经济造成了严重损害，但利比亚政府采取的反制裁措施，特别是石油收入的支持，降低了制裁造成的影响。1995 年后，利比亚经济有所恢复，但年均增长率仅 0.7%。1999 年，利比亚政府同意将洛克比案件的两名嫌疑犯交给设在荷兰的苏格兰法庭受审，安理会决定暂时中止对利比亚的制裁。制裁中止后，利比亚恢复了同许多国家的航空业务和经贸关系，同美国的关系也有所改善。对外经济关系的逐渐开展使作为经济支柱的石油和天然气的出口有了增长，国家收入增加，利比亚经济情况逐步好转。

据利比亚中央银行发布的统计数字，1999～2002 年期间，利比亚的国内生产总值按 1997 年固定价格计算，平均每年增长 3%，2002 年达到 249.8 亿第纳尔，约合 192.2 亿美元；人均国内生产总值 4390 第纳尔，约合 3377 美元。国家外汇储备 2002 年达到 185.9 亿第纳尔，约合 143 亿美元；2003 年增至 250.8 亿第纳尔，约合 192.9 亿美元。[①] 另据美国中央情报局提供的数字，到 2004 年，利比亚国内生产总值增长率估计可达到 3.2%，按购买力计算的国内生产总值估计为 350 亿美元，人均 6400 美元。[②]

利比亚实施经济发展战略取得了重大成就，但一些不容忽视的因素构成了利比亚经济发展的障碍：

1. 利比亚以石油为经济发展的支柱，工农业的发展受石油收入的制约

这种格局使原油的销路、价格等外部因素对利比亚建设资金的来源、数量和投入方向产生了决定性影响。国际原油价格下跌直接导致石油产量和收入下降，政府财政收入减少赤字增加。而关系利比亚经济发展全局的石油收入是利比亚自身所不能把握的。

2. 劳动力不足，缺乏熟练的技术人员和管理人员

利比亚原来人口不多经济落后，文化教育事业不发达。自从 50 年代末石油带动经济发展以来，建设事业迅速发展而劳动力不足的矛盾更形突出。在这种情况下，利比亚只得大量引入外国技术、管理人员和工人。外籍阿拉伯人、亚洲人、非洲黑人、欧洲人、美国人等充斥利比亚各行各业，基本上满足了利比亚建设

---

① 据中华人民共和国驻利比亚大使馆经济商务参赞处 2005 年 1 月发布的材料。

② CIA：《The World Factbook-Libya》见 http：//www.cia.gov/cia/publications/factbook/maps/ly-map.gif.

的需要，缓解了技术力量和劳动力不足的矛盾。但是，利比亚政府每年要付给外籍劳务人员大量外汇作为工资，按照规定其中的75%可汇出国外。这对利比亚来说是不小的财政负担。外籍劳务人员工资待遇高于本地人，他们的大量存在不可避免地会减少本地人就业和掌握技术以及管理能力的机会，引起本地居民的不满。但是，利比亚如果由于经济发展速度放慢或某种政治原因而减少外籍劳务人员的数量，又会对社会和经济生活造成影响。

3. *农业基础薄弱是制约国民经济发展的重要因素*

利比亚可耕地少，发展农业的自然资源严重不足。特别是在石油工业兴起之后工农收入的差距吸引了大批农村劳动力转入城市，投入农业生产的劳动力更形缺乏。虽然利比亚政府十分重视并采取措施加强农业，但目前利比亚农业仍处于较低的发展水平。农业基础薄弱是利比亚在建立独立的国民经济体系过程中必须解决的重大问题。

第二节　工业

一　石油工业

利比亚是重要的石油生产和出口国，是阿拉伯石油输出国组织和国际石油输出国组织（欧佩克）的成员国。目前已探明原油储量为450亿~500亿桶，估计总储量可达1000亿桶。[①] 其中一半是低硫优良轻质石油。

石油工业是利比亚经济的主要支柱，在利比亚经济中居于举足轻重的地位。20世纪50年代末利比亚发现并大力开发石油以来，利比亚经济增长很快，国力增强，人民生活迅速得到改善。

① 中国外交部网站和中国驻利比亚大使馆经济商务参赞处网站公布的资料。

利比亚人均国民生产总值1951年仅35美元，70年代已居非洲国家首位，全国人民均可享受免费医疗和免费教育。据统计，目前石油工业在利比亚国内生产总值中所占的比重为52.7%，石油产品出口额占出口总额的95%。利比亚国家财政收入的80%来自石油出口。[①] 第二次世界大战结束时，只有“一篓黄沙和可憎的荒原”的极端贫困的国家发展成为世界上最富有的国家之一，利比亚主要得益于石油资源的开发和利用。

北非地区是世界上盛产石油的地区之一。早在19世纪中叶，苏伊士湾地区即已发现石油。20世纪初，非洲第一个油田吉姆萨开始产油。西方石油公司纷纷来到撒哈拉地区进行勘探。在利比亚，意大利人在1937年就发现了石油。由于第二次世界大战的爆发，开发石油的活动被迫中止。战后，美、英、法、德、意等国的石油公司纷至沓来。1953年，利比亚政府颁布《矿产法》，1955年制定第25号《石油法》规定外国公司在取得“勘察许可证”和“特许权协议”并缴纳相关费用和保证金后，可以在利比亚进行石油勘探作业。50年代后期至60年代，利比亚丰富的石油储藏被陆续发现。1959年6月，埃索石油公司在泽勒坦打出第一口日产17500桶的高产油井，从而在利比亚发现了一块大油田。当年在苏尔特湾又先后发现了六块大油田。60年代初，利比亚开始开发陆地石油，原油产量迅速增加。1961年，利比亚已有石油可供出口，成为石油输出国。但是，当时利比亚的石油开采业几乎完全由外国公司所控制。

苏尔特盆地是利比亚石油天然气资源最集中的地区，被誉为“石油的海洋”。昔兰尼加和西部沙漠也有油田发现。根据《石油法》的规定，利比亚划分为四个石油区：

第一区为的黎波里、西山、扎维耶、胡姆斯与米苏拉塔地区。

---

① 中国外交部网站和中国驻利比亚大使馆经济商务参赞处网站公布的资料。

第二区为北纬 38°以北的班加西、绿山与德尔纳地区。

第三区为北纬 38°以南的库夫拉地区。

第四区为塞卜哈和奥巴里地区。

在苏尔特盆地产油区内，分布着萨里尔、贾洛、印蒂萨尔、纳赛尔、德法、阿马勒、布阿蒂费尔、撒马赫、贝达等 14 个大油田，其中 12 个储量超过 10 亿桶，两个油田的储量为 5 亿～10 亿桶。这一地区地势平坦，油层埋藏较浅，开发的成本相对较低。从这些油田铺设有分别通向地中海沿岸的马萨哈里加、祖埃提纳、卜雷加和锡德尔等港口，总长度达 3000 多公里的输油管。这些港口离欧洲较近，运输成本低，而且不受苏伊士运河可能不通航的影响。地理上的有利条件提高了利比亚石油在国际市场上的竞争能力。

除陆地石油资源外，利比亚从苏尔特湾向西延伸到突尼斯加贝斯湾的狭窄的大陆架下，估计储藏有石油 37 亿桶和丰富的天然气。根据 1988 年利比亚与突尼斯关于解决领土争端的协议，由两国的联合石油公司（JOC）在此地进行开发。

丰富的石油资源吸引了数十家欧美石油公司来到利比亚投资开发。1969 年“九一”革命前，38 家美国石油公司控制了利比亚石油生产的 90%，其中最主要的是埃索公司、绿洲石油公司和西方石油公司。此外，在利比亚进行勘探和钻井的还有英国、荷兰和法国的石油公司。“九一”革命后，利比亚政府采取措施逐步摆脱了外国资本对石油生产的控制，并确定了在石油天然气领域实行的新战略：改变过去单纯把石油作为能源的做法，使石油成为国家实现工业化的主要根基，加大石油和天然气的加工产品在出口商品中的比重，最终使这些加工产品取代作为基础原料的原油出口。实施这个新战略要减少原油产量，由石油化工企业对原油进行加工，同时要为增加国家收入开辟新渠道，使国民经济不再完全依赖作为原料的石油。

实施石油新战略的主要之点在于：

(1) 控制原油生产，根据国家发展经济的需要调节其产量；

(2) 由国家对石油的勘探、生产和企业的营销等方面实行全面控制，建立国家石油公司从事相关业务，接管过去完全由外国公司承担的责任；

(3) 在石油领域内对尽可能多的劳工实行利比亚化，对他们进行职业培训，组织他们参与石油的生产和加工过程。通过在勘探、生产和营销等领域中不断地增加本国工人的比重，实现劳动力的完全利比亚化。

(4) 通过勘探和使用新技术，增加石油和天然气的储藏量；

(5) 建立多种类型的石油化工企业，促使国民经济摆脱对石油的依赖；

(6) 增加作为初级加工产品出口的石油产品的产量；

(7) 争取合理的石油销售价，从原油高产的优势中赢得最高的利益。

利比亚政府从国家的需要和利益出发采取了一系列重要措施以贯彻石油新战略。“九一”革命后利比亚政府首先对过去同外国公司签订的协议进行审议，撤销了协定中原有的一些规定和条款，增加了有利于保护石油资源的条款。同时，利比亚政府还同外国石油公司就调整油价问题进行谈判。为了加强国家对石油业的控制，利比亚政府决定成立国家石油公司和对外国石油公司实行国有化。

根据1970年第24号法律成立了国家石油公司。该公司通过下属的具有不同业务范围的各类石油公司，对于石油的勘探、生产、提炼、加工、国内外销售及其他服务进行全面的指导和管理，负责同外国公司在各个领域进行合作，负责对外谈判、签约、监管开发商的经营活动，征收各类税费等。根据1970年第69号法律，国家石油公司具有收购原先由壳牌和埃索等外国公司拥有的出口和销售利比亚石油产品的全权。为了取消外国公司垄断石油销售的特权，法律同时规定建立卜雷加石油销售公司作为国家石油公司的组成部分，专门负责国内外石油产品的营销。1990 年 10 月，利比亚各石油公司改由政府的石油秘书处（相当于石油部）领导。国家石油公司成为负责日常工作的咨询机构。

70 年代初，利比亚政府依法对外国石油公司实行国有化，根据 1971 年第 115 号法律，利比亚将英国石油公司收归国有，在这个公司的基础上组成阿拉伯海湾石油公司。1973 年，又制定第 44 号法律，将西方石油公司、埃索石油公司、利比亚美国石油公司、壳牌石油公司、莫比尔（利比亚）石油公司和德士古海外石油公司股份的 51% 收归国有，外国石油公司应按照国家石油公司的规定向利比亚提供资金和技术。1974 年，利比亚政府进一步制定新法律，将利比亚美国石油公司和壳牌石油公司全部收归国有。1981 年，在撤离利比亚的埃克森国际石油公司的基础上成立了苏尔特石油公司，经营苏尔特盆地中部的拉古巴油田和利比亚最大的纳赛尔油田（原名泽勒坦油田）。国有化之前，38 家外国石油公司掌握了利比亚石油生产的 90%。采取这些措施之后，石油生产的 75% 已由利比亚国家石油公司所控制。

利比亚政府同外国石油公司就调整油价问题进行的谈判也取得了成功。通过 1970 年 9 月和 1971 年先后同外国公司签订的合同，提高了利比亚原油的价格。1972 年，受美元贬值的影响，利比亚的石油收入下降。利比亚再次同外国石油公司交涉，提高了原油价格。1970 年，原油每桶为 2.5 美元，1973 年上升为 16 美元，1980 年为 47 美元。

石油是不可再生的重要资源。利比亚石油储量虽然极为丰富，连续不断地大量开采迟早会使资源枯竭。所以，利比亚政府很早就作出了保护和充分利用石油资源为国家经济建设服务的战略决策。限制产量以保持油价不下跌，石油收入不受影响，是贯彻这一战略决策的重要方针。保护和充分利用石油资源的另一项重要措施是由国家石油公司通过下属公司和合资石油公司在国内和领海内进行大规模的勘探活动，以及将提高石油回收率的“再度开采技术”（EOR）应用于现有油田，以期发现新的石油储存和提高石油产量。这项工程也取得巨大成功。1970～1980年间，钻探成井的比率为43%，大油田被相继发现。1976年由意大利Eni公司发现的布里油田深约2605米、长33公里、宽10公里，储量约20亿桶，不仅是在利比亚，也是在整个地中海地区最大的近海油田之一。1988年，布里油田投产时日产原油5万桶，1990年开发的第一阶段完成时日产增至7万桶，1995年更增至15万桶。此后，由于联合国实行制裁，产量锐减。1989年，利比亚同突尼斯在布里油田和突尼斯的阿希增特油田之间联合进行勘探，又发现了储量约为37亿桶的大油田。

“九一”革命后，1970年利比亚平均日产原油331.8万桶。80年代利比亚不仅继续坚持“限产保值”政策，还同阿尔及利亚、伊朗等国协调立场，共同反对沙特阿拉伯、科威特等国实行“超产降价”政策，呼吁石油输出国组织成员国各自压缩产量保护石油资源。1980年，利比亚日产原油182.7万桶。此后几年，根据石油输出国组织生产配额制度规定，利比亚原油产量降为平均日产100万桶左右。其间1984年日产仅95.7万桶，1987年日产为97.3万桶。90年代初海湾战争爆发，伊拉克和科威特石油停产使国际市场原油紧缺，利比亚石油产量才重新回升，1995年平均日产143.3万桶。此后联合国的制裁又使产量下降，1995～1999年平均日产为141.2万桶。

1981年8月，利比亚同美国在苏尔特湾发生空战，两国关系严重恶化。美国里根政府对利比亚实行经济制裁。美国政府禁止从利比亚进口原油和石油产品，限制向利比亚出口石油工业技术，拒绝向利比亚提供石油化工设备，禁止美国石油公司同利比

亚进行贸易，停止向利比亚发放贷款，撤走在利比亚的美国石油公司和美国公民，冻结利比亚在美国的资产等，两国经济关系中断。1982 年，埃克森和莫比尔两家美国石油公司撤出利比亚，但阿美拉达、赫斯、科诺科、格雷斯、马拉松等在利比亚有资产约 20 亿美元的五家石油公司仍留在利比亚并组成绿洲集团继续开发，日产原油约 40 万桶，直到 1986 年美国政府责令它们停止活动。1996 年 7 月，美国国会通过《伊朗—利比亚制裁法》(ILSA)，规定对于在 1 年期限内在利比亚的石油和天然气领域新增投资 2000 万美元或更多的外国公司进行惩罚。1999 年 4 月和 2003 年 9 月，联合国安理会先后宣布中止和解除对利比亚的制裁，但美国的制裁仍然继续。2001 年 7 月 21 日，美国国会通过将《伊朗—利比亚制裁法》延长 5 年。

联合国和美国的制裁使利比亚的石油业受到严重打击，损失重大。但质优价廉，开采和运输成本较低，基本设施标准高的利比亚石油对西方国家投资者有极大的吸引力。在美国公司撤走之后，欧美许多石油公司为了争夺在利比亚的开采特许权而激烈竞争。从 1988 年起，利比亚同荷兰、比利时、加拿大、英国、奥地利、南斯拉大、巴西、韩国等国的许多石油公司签订合同，同意它们前来开发和经营。

在利比亚的外国公司有：

(1) 意大利的 Eni 公司。是从 1959 年以来便在利比亚经营的最有实力的外国石油公司之一。

(2) 西班牙的 Repsol YPF 公司。由该公司牵头的欧洲财团主要在利比亚开发位于木祖克盆地的撒哈拉油田，日产优质低硫(硫含量低于 0.6%) 轻油约 17 万桶。

(3) 意大利的 Agip 公司。主要开发布阿蒂费尔和地中海沿岸的布里大油田。

(4) 奥地利的 OMV 公司。作为欧洲财团的成员参加对撒哈拉油田的开发。

（5）加拿大的 Petro 公司。

（6）法国的 Total 公司。参与撒哈拉油田开发，也是最有实力的外国石油公司之一。

（7）印度的 ONGC Videsh 公司。于 2003 年 7 月经利比亚政府同意投资 3 亿美元与土耳其海外石油公司、乌克兰 Naftohaz Ukrayiny 公司一起开发利比亚的两处石油区块。

（8）澳大利亚的 Woodside 石油公司。于 2003 年 12 月获准同 Repsol YPF 公司和希腊 Hellenic 石油公司共同投资开发。

（9）德国 RWE 的子公司 Dea 公司。2003 年同利比亚达成协议，投资 5700 万美元开发苏尔特盆地、木祖克和库夫拉的油田。

利比亚政府曾经宣布，撤走的美国石油公司如果返回利比亚，他们的资产可以发还。1999 年 12 月，在联合国安理会已经中止对利比亚制裁而美国仍继续制裁的情况下，美国政府同意绿洲集团石油公司执行官到利比亚旅行。利比亚国家石油公司负责人表示，美国公司如果回来，仍可以回到他们过去经营过的油田。2001 年，利比亚当局表示，美国公司若不能在 1 年内使用他们的特许权，过期作废。

利比亚政府十分重视炼油业和石油加工制造，大力发展石油化工产业，力图改变单一出口原油的结构。目前利比亚国内有 5 家炼油厂：

（1）1986 年竣工投产的拉斯拉努夫石油化工联合企业，位于苏尔特湾，是非洲规模最大的石油化工企业。炼油能力为 22 万桶/日，石油化工产品的年生产能力为 96.1 万吨。联合企业中的乙烯厂于 1987 年 4 月投产，乙烯和丙烯年生产能力为 33 万吨；高密度和低密度乙烯厂年生产能力均为 8 万吨。

（2）扎维耶厂，位于利比亚西北部，1974 年投产。炼油能力为 12 万桶/日。

(3) 卜雷加厂，是利比亚最早建成的炼油厂。炼油能力为1万桶/日。

(4) 托卜鲁克厂，日炼油能力为2万桶。

(5) 萨里尔厂，日炼油能力为1万桶。

联合国安理会和美国的制裁使利比亚的炼油业损失巨大。利比亚需要的炼油设备无法进口，向欧洲市场输出石油产品也受到极大限制。近年来，利比亚政府为了提升整个炼油系统的生产能力进行了许多努力，希望能够增加石油产品特别是汽油和飞机燃料的出口量。2001年2月，曾有一些工程和建筑企业计划投资4亿美元对扎维耶炼油厂进行技术改造。经过谈判，利比亚同韩国LG化工公司签订合同，由LG公司投入2.8亿美元对扎维耶厂进行改造。拉斯拉努夫石化联合企业提升炼油能力的工程也将开始。此外，利比亚政府还计划利用外资在塞卜哈新建一家日炼油能力为2万桶的炼油厂。该厂建成后可就近自木祖克油田取得原油，成品油从米苏拉塔港出口。

在国外，利比亚在意大利、德国、瑞士、西班牙、希腊、马耳他、比利时、埃及等国也设有炼油厂或参股炼油厂，可以在当地生产和销售石油产品。设在意大利米兰的Tamoil Italian已经占有石油产品和润滑油零售市场约5%的份额，在各地设有2100多个销售点。

2003年联合国安理会解除制裁后，利比亚重新启动了石油勘探开发区块的招标谈判工作。当年，利比亚国家石油公司同由德国、西班牙、奥地利、澳大利亚和希腊等国石油公司组成的财团签订了18个新区块的勘探开发协议，吸引外国风险投资数亿美元。利比亚政府希望在今后十年内吸引到300亿美元外国资本投入石油的勘探和开发，将原油日产量提高到200万桶。2003年，利比亚又有几个油田建成投产，原油生产能力进一步提高。

表 4-1　2001~2004 年利比亚石油产量

单位：千桶/日

2001 年	2002 年	2003 年	2004 年
1370	1311	1396	1435

资料来源：The Economist Intelligence Unit：《Country Report：Libya，April 2003》。

目前，利比亚国内石油消费量仅为其产量的 10%。大量出口的原油主要销往意大利、德国、法国、西班牙、希腊等欧洲国家，少量售给亚洲和南非的石油公司。

表 4-2　2001~2004 年利比亚石油出口价值

单位：10 亿美元

2001 年	2002 年	2003 年	2004 年
11.0	10.7	11.8	9.6

资料来源：The Economist Intelligence Unit：《Country Report：Libya，April 2003》。

二　天然气开发与加工业

利比亚天然气储藏丰富。2003 年，已探明储量估计达 46.4 万亿立方英尺，据专家估计，总储量可能达到 70 万亿~100 万亿立方英尺①。但大部分尚未开发，甚至尚未进行勘探。目前已经投产的天然气田主要有：Attahadi，Defa-waha，Hatiba，Zelten，Sahe，Assumud 等。近年来，在古达米斯、布里、苏尔特盆地都先后发现了天然气田。

利比亚政府十分重视对天然气的勘探和开发利用，其战略目

① 1 立方英尺等于 0.0283 立方米。http：//www.eia.doe.gov/emeu/cabs/sibya.html.

标是增加天然气产量，在国内以天然气替代石油作为能源，以增加石油及石油产品的出口量；同时将天然气直接输往国外，特别是欧洲国家，以换取外汇。1971 年利比亚制定法律，不准许石油公司再将油井内的天然气烧掉，而应加以储存或液化。这项法律大大推动了天然气生产。但由于运输和液化的成本比较高，利比亚对天然气的开发和加工工业远远落后于石油业。

利比亚的天然气加工业始于 20 世纪 70 年代。目前利比亚全国有 7 家以天然气为原料的石化厂：60 年代后期由埃索公司在卜雷加兴建了利比亚第一家液化气厂，日生产液化气 2 万桶、家用煤气 1000 桶。此后，先后兴建了两家木醇厂，两家氨水厂和两家尿素厂，日生产能力都在 1000 吨左右。此外，液化天然气厂和液化石油气厂也先后建立。

从地中海沿岸的卜雷加到胡姆斯建有长达 750 公里直径为 34 英寸的输气管，是不仅在利比亚国内，甚至在阿拉伯马格里布国家都有重要地位的输气管道。除了向米苏拉塔钢铁厂、胡姆斯发电站等企业供气外，它还是天然气输往国外的主要管道。在利比亚东部，输气管现在已经延伸到祖埃提纳和班加西，可以向当地的电站和水泥厂供气。西部沿海已建有俄罗斯援建的从扎维耶到突尼斯边境长达 100 公里的输气管道。国家石油公司在卜雷加建造的日生产能力为 14 亿立方英尺的全国天然气管道配送中心亦已投产。

目前，利比亚天然气的 70% 供国内消费。据国家石油公司预测，到 2010 年利比亚国内天然气年消费量将达 220 亿立方米。为了满足国内需要和增加出口，国家石油公司积极吸引外资，邀请外国企业参加利比亚天然气的勘探、开发、基础设施建造和国内外的市场营销。1997 年 5 月，利比亚与突尼斯签订协议，决定成立联合企业建造从利比亚的梅勒法到突尼斯南部滨海工业城市加贝斯的输气管道。1998 年，两国又签订协议，规定利比亚每年输送700亿立方英尺左右天然气至突尼斯东部的邦角。2003年10月，协议中规定的负责建造输气管道的联合企业开始运作。利比亚同埃及在1997年6月穆巴拉克总统访问利比亚期间就开发天然气达成原则协议，将两国天然气网连接。2002年10月，埃及同利比亚又达成协议，出资100亿美元建造输气管，将埃及的天然气输往利比亚作为发电和海水淡化等所需的能源，利比亚则向埃及亚历山大港供应石油，在当地进行精炼和消费。意大利的Eni公司和利比亚国家石油公司的合作项目是“西利比亚天然气计划”（WLGP）。为了实施这一计划两国成立合资企业，投入资金约56亿美元。计划的内容是利比亚自2006年起，通过全长370英里的海底输油管道（“绿色溪流”），每年向意大利和法国供气80亿立方米，为期24年。作为计划的一部分，Eni在加贝斯湾附近和阿尔及利亚—利比亚边境建造了大型储气库。

1971年，利比亚液化天然气出口量仅次于阿尔及利亚，居世界第二位。但由于技术方面的原因，特别是由于美国的制裁使利比亚无法获得从液化天然气中分离出液化石油气所必需的技术和设备，液化天然气的出口因此大受影响。据估计，在美国解除制裁之后，如果利比亚能够进口必需的设备，其液化天然气出口量可以增长两倍。西班牙、土耳其、意大利都可能成为它的重要顾主。

2001年2月1日，利比亚加入“天然气输出国论坛”。该论坛成立于2001年，宗旨是促进各国天然气工业的合作。论坛成员国拥有世界天然气储量的3/4和出口量的3/5。

三 电力工业

电力工业为国民经济各部门和居民日常生活提供廉价而洁净的能源，是发展经济的基础产业。“九一”革命前，利比亚电力工业发展缓慢，政府资金投入不足。1963～1969年间，利比亚政府投入电力部门的资金仅5680万第纳尔。“九一”革命后，利比亚政府在电站建设，提高发电能力和架设电缆等方面都取得了巨大成绩。

利比亚政府极大地增加了对电力工业的投入。以 1970 ~ 1988 年为例，政府的直接投资共有 29.62 亿第纳尔，实际使用 26.346 亿第纳尔，占直接投资总额的 89%。

表 4 – 3　1970 ~ 1988 年利比亚对电力工业部门投资额和实际使用数

年　份	政府投资（百万第纳尔）	实际使用数（占投资额的%）	年份	政府投资（百万第纳尔）	实际使用数（占投资额的%）
1970 ~ 1972	77.0	80.3(103.9)	1986	270.8	110.1(40.7)
1973 ~ 1975	255.3	212.2(83.1)	1987	162.2	117.5(72.4)
1976 ~ 1980	871.6	1053.2(120.8)	1988	139.0	79.2
1981 ~ 1985	1186.1	982.1(82.8)	总计	2961.9	2634.6(89.0)

资料来源：《1969 ~ 1994，利比亚革命 25 周年》，第 332 页。

全国发电能力和人均耗电量明显增加。1970 年，利比亚发电 67.5 万千瓦时，1980 年增加为 480 万千瓦时，1988 年为 490 万千瓦时，2001 年发电约 450 万千瓦时，2003 年为 460 千瓦时，30 年间发电量增加 6 倍。人均耗电量相应增加。1970 年为 337 千瓦时，1988 年为 2078 千瓦时，近 20 年间增加 5 倍多，增幅高于其他非洲国家。在输电线路建设方面成绩显著：220 伏输电线 1970 年仅 1594 公里，1988 年已达 4000 公里，增加 2406 公里，是“九一”革命前的 1.5 倍。经过几十年的努力，利比亚的电力已可自给。电力工业的迅速发展为国民经济和国家收入的增长提供了保证。

利比亚的电力工业由国有电力总公司（GECOL）经营。电力总公司预测，21 世纪前 20 年利比亚电的消耗量每 10 年将翻一番，计划到 2010 年应增加发电量 500 万千瓦时。因此，利比亚政府计划到 2010 年前投入资金 100 亿美元，其中 32.6 亿美元用于建造电站，15 亿美元用于建造电网，2.2 亿美元用于建造全国和地区的输电控制中心。此后到 2020 年前，再为建造电站和电网分别投入 25 亿和 3 亿～5 亿美元。为了实现这一目标，利比亚政府计划在西部祖瓦拉建造发电能力为 80 万千瓦时的发电厂，在班加西与的黎波里之间建造能发电 140 万千瓦时的发电厂，在苏尔特兴建发电 120 万千瓦时和进行海水淡化的联合企业。

利比亚还积极开展国际合作，引进国外的技术和资金。2002 年 2 月，俄罗斯 Tekhnopromexport 公司与利比亚签订合同，投资 6 亿美元建造发电能力为 65 万千瓦时的西的黎波里电厂，并对班加西电厂进行扩建和技术改造，使该厂的发电能力增加一倍。2003 年 8 月，韩国 Hyundai 与利比亚签约，投资 2.8 亿美元扩建的黎波里以西的扎维耶电厂。2003 年 10 月，西班牙 Abengoa 和 Cobra 与利比亚电力总公司签约，投资 3.39 亿美元对利比亚的输电系统和变电所等基本设施进行扩建和技术改造。

目前，利比亚主要采用燃油火力发电，只是在祖瓦拉和班加西与的黎波里之间的地中海沿岸有一些天然气发电厂。利比亚有巨大的风力资源，在某些地方风速可达每秒 6.7 米。太阳能发电能力年可达 183 亿度。为了利用这些宝贵的自然资源，电力总公司在 20 多年前就对风力发电进行了研究和开发。太阳能则计划与燃料结合起来发电。淡化海水发电已经开始进行。的黎波里海水发电厂每天可以淡化海水 2.5 万立方米。从祖瓦拉到托卜鲁克的地中海沿岸还有一些海水淡化工厂。利比亚政府计划在几年内将淡化海水能力提高 1 倍。但淡化海水成本较高，比人工河水的成本要高出 1 倍以上。利比亚也曾考虑利用核能发电，俄罗斯表示可以提供援助。

目前，利比亚已经同突尼斯并网发电。国家电力总公司正计划同埃及和非洲其他一些国家也实行并网。

四　采矿业

除石油和天然气外，利比亚的矿产资源还有铁、石膏、石灰石、盐、建筑石材、磷酸盐、锰、重晶石、碳酸钠、硫磺和明矾等。其中铁和盐对国民经济有比较重要的意义。但是，虽然利比亚的许多地区已经由外国石油公司进行过勘探，意大利人，英、美军人和美国地质调查队还为其中不少地方绘制了地图，幅员辽阔的利比亚不排除还有其他矿藏尚未被发现。

利比亚最大的铁矿位于费赞塞卜哈附近的 wadi ash Shati，面积约 80 平方公里，初步估计储量为 7 亿～20 亿吨，堪称世界最大的铁矿之一。但该矿深处内陆，距离经济发达的沿海地区相当遥远，除非建造专用铁路否则难以大规模开发。1974 年利比亚成立国有钢铁总公司，并在米苏拉塔建造钢铁厂准备进行开发。虽然利比亚因此可以实现钢铁自给，但其成本可能比进口钢材还高。此外，在的黎波里塔尼亚西北部和费赞北部还有一些铁矿发现，但储量较少，在目前条件下开发的价值不大。

的黎波里塔尼亚西北部发现有锰矿，但已探明的储量不具有开发的价值。

沿海地带有盐池和沙漠洼地蒸发之后形成的盐矿，多数集中在北部地区。在锡德拉湾（即苏拉特湾）沿岸有一些面积较大的盐矿。20 世纪 80 年代利比亚每年产盐约 1.1 万吨。在盐矿附近也发现有硫磺矿。

在费赞的一些干涸的湖周边和底部有含碳酸钠的硬土层。碳酸钠可用于石油冶炼和制皂，多年来年产量在 100 吨左右，主要在塞卜哈的市场上销售。

利比亚已探明石膏储量约 2 亿吨，年产量为数千吨。1986 年利比亚政府宣布，计划每年开采石膏 20 万～30 万吨以满足建筑业发展的需要，但未能实现。

五 制造业

利比亚的制造业不发达。在发现石油之前，利比亚只有少数私人经营的、每家雇佣工人不足20人的食品加工之类的传统手工作坊，90%集中在班加西和的黎波里，而且绝大部分属于意大利人所有。这些作坊规模小，产量低，投资少，回报快，风险也较小。1969年“九一”革命后情况开始变化。70年代利比亚政府的政策是对包括制造业在内的工业部门中关键性的或被认为不适宜由私人经营的企业的生产状况进行控制，使它们摆脱外国老板的操纵。利比亚政府规定，商业活动只能由利比亚人经营，并对意大利人的资产实行国有。

在1980年前，利比亚政府集中精力发展轻工业和石油化学工业。在1970～1980年间，政府先后制定了工业发展计划，把满足人民日常生活需要的食品、服装、建筑材料和作为工业发展基础的石油化学、冶金等部门置于优先发展的地位。根据这些计划，利比亚政府在70年代大量建造了食品加工厂、纺织厂、炼油厂、石化厂、肥料厂、电缆厂等，总数达300多家，为制造业打下了基础。利比亚政府计划通过增加工业各门类的产值，努力实现产品自给，减少经济发展对石油收入的依赖，建立多样性的国民经济体系。

根据工业发展计划的要求，利比亚政府投入了巨额资金，具体分类见表4－4。

通过政府资金大量投入和按计划发展，利比亚工业产值、职工人数、产值与投资的比例等均有较大的增加。

制造业部门的职工人数1973年为2939人，1988年增至41931人，占全国劳动力总数的7%。

制造业产值大幅度增加，从1980年的1.96亿美元增加至1983年的7.6亿美元。但它在国内生产总值中只占4%左右。直到1994年，整个制造业只占国内生产总值的10.0%。

表 4-4　国家对工业的投资额

单位：万第纳尔

项　目	截至 1972 年	截至 1987	项　目	截至 1972 年	截至 1987
食品工业	295.6	26035.0	石油化工	11.8	86915.9
服装皮革	187.0	12361.6	水泥、石灰	450.0	33188.1
家具、造纸	—	4732.4	建筑材料	50.0	6582.7
化　学	3420.0	21066.6	金属冶炼	7.8	102792.7
碱性化学制品	3.2	36122.0	小型工业	32.6	3313.1
石油再加工	933.4	24905.0			

资料来源：《1969～1994，利比亚革命 25 周年》，第 286 页。

表 4-5　1970～1988 年工业产值与投资增长比例

单位：百万第纳尔

年	产　值	投资数	年	产　值	投资数
1970	17.5	15.0	1980	150.1	583.2
1971	19.6	29.0	1981	243.5	530.9
1972	22.2	65.1	1982	358.4	409.7
1973	27.9	62.5	1983	4.9	421.0
1974	31.5	107.0	1984	448.1	377.1
1975	38.6	100.0	1985	424.6	284.7
1976	53.1	165.5	1986	463.4	207.8
1977	72.7	160.7	1987	542.4	154.8
1978	82.7	157.1	1988	655.4	128.7
1979	96.7	219.2			

资料来源：《1969～1994，利比亚革命 25 周年》，第 289 页。

80 年代初期，以食品加工为主的轻工业在制造业中仍居于主要地位。但不久之后，利比亚政府把重工业作为优先发展的项目。1981～1985 年发展计划规定将在重工业部门投入 27.25 亿第纳尔，占全部发展计划资金的 15%（仅次于投入农业的资金）。但是，由于受到石油收入减少的影响，预算资金并未全部到位，许多计划项目未能付诸实施。利比亚政府在 80 年代提高重工业生产能力的努力受挫。1981～1985 年工业发展的重点项目如扩建 Burayqah 的制氨/尿素厂、新建拉斯拉努夫的乙烯厂、建造米苏拉塔的大型钢铁联合企业等，在 1986 和 1987 年先后竣工。但计划在 1987 年开工建造的苏尔特化肥综合厂、祖瓦拉炼铝和焦炭厂和扩建拉斯拉努夫石化厂等，均因油价下跌、资金不足而下马。

1981 年前，由于石油收入很多，利比亚有力量大量进口工业原材料和对进口食品提供补贴。一些依赖进口物资的重工业部门可以得到发展。但到 1981 年，利比亚可利用的外汇已难以支持这两方面的需要，某些工业制成品的产量和生产能力在 80 年代中期便因原料缺乏而下降。例如，1983 年利比亚洗衣机的生产能力为 1.8 万台，实际只生产 4533 台，1984 年由于外汇份额的削减，只生产 289 台，为其生产能力的 1.6%。在制造业的其他部门，开工不足的现象也极为普遍。1984 年，炼油设备开工率为 36%，木醇生产开工率为 84%，氨水生产为 91%，拖拉机生产为 67%。除了外汇缺乏之外，劳动力不足也是重要原因。

90 年代国际社会的制裁和国际市场原油价格的下跌使利比亚的经济包括制造业处境更加困难。1997 年后，利比亚实行改革开放发展多元经济的政策，经济状况逐渐改善。目前，利比亚的制造业以食品、钢铁、纺织及服装为主，此外，还有皮革、建筑材料、五金、木材、饲料、造纸、轮胎等制造企业和汽车、拖拉机、冰箱、电视机等组装企业。但从总体上看，除食品、钢铁、建筑、饲料等行业的少数企业外，利比亚大多数工业企业设备陈旧，技术落后，处于不发达的水平。①

---

① 中华人民共和国驻利比亚大使馆经济商务参赞处：《利比亚投资环境综述》。

1. 食品工业

利比亚的食品工业包括乳品、粮食加工、饼干、通心粉、面包、糖果、罐头鱼、蔬菜、水果等。由牛乳和乳制品总公司负责经营和监管的乳品业，1988 年共生产牛乳和乳制品 18 万吨。饲料和谷物集团下辖 17 家生产饲料、面粉和加工谷物的工厂以及生产用作通心粉原料的粗粒小麦粉和通心粉的工厂 8 家。在的黎波里、米苏拉塔和塞卜哈有机械化生产面包、饼干和糖果的工厂，年产量约 4.32 万吨。此外，利比亚还有蔬菜、水果、果汁、豆类、婴儿食品、番茄酱等加工厂。饮料厂可生产苏打饮料和矿泉水。罐头食品厂当中最主要的是设在的黎波里、塞卜拉塔、胡姆斯、祖瓦拉和班加西的 5 家鱼罐头厂。制烟厂年生产能力为卷烟约 6000 吨，火柴厂年生产火柴约 4000 万盒和上蜡火柴约 3000 万盒。

2. 化学工业

（1）阿布卡马希化学联合企业下辖 3 家工厂，均以当地生产的盐为原料生产化学制品：制盐厂年生产能力为 4 万吨；电解厂，主要产品有年产 4.9 万吨的碳酸钠、年产 8900 吨的次氯酸钠、年产 8000 吨的盐酸和年产 5000 吨的漂白液；生产用作各种用途的玻璃纤维原料的聚氯乙烯。

（2）清洁剂和肥皂制造厂：香皂年生产能力可达 3000 吨，肥皂粉每年可生产 1.8 万吨。

（3）电池和轮胎厂：包括液体电池厂和再生轮胎厂。

（4）海绵橡胶厂：全国有 16 家生产海绵橡胶、石蜡、白垩及聚乙烯制品的工厂。

（5）油漆及其制品厂：年生产能力达 7 万吨，可以满足全国建筑业的需要。

（6）20 世纪 90 年代利比亚同埃及和摩洛哥合建制药厂。

3. 机械和电器制造业

（1）拖拉机厂：20 世纪 80 年代利比亚开始生产拖拉机，年生产能力6000台。

(2) 拖车厂：生产拖车、卡车配件、汽车油箱等。

(3) 载重汽车厂：20世纪90年代利比亚与意大利合资建造的载重汽车厂，1998年生产能力达4000辆。

(4) 家用电器制造厂：利比亚1989年开始生产电冰箱、电炉、冰柜等产品。在的黎波里、米苏拉塔和扎维耶各有1家煤气灶工厂，的黎波里有小型洗衣机厂。

(5) 电视、电话、录像机厂：1988年，彩色电视机厂投产。同年，电话及电话交换机厂也开始生产。90年代，由韩国承建的录像机厂投产。

(6) 管材工厂：生产输送石油和天然气的螺纹管、家用管材、农业灌溉洒水装置等。

(7) 自行车厂：1983年开始生产各种型号的自行车。

(8) 电线和电缆厂。1988年生产5000吨。

4. 钢铁联合企业

1988年，由德国、奥地利、日本合资承建的米苏拉塔钢铁联合企业投产。联合企业下属两大炼钢厂和5家电镀厂。炼钢厂年产能力为130万吨，产品全部出口埃及。1994年建成第三家炼钢厂，生产能力为200万吨，产品主要出口意大利和西班牙。电镀厂年生产能力为20万吨。

5. 家具与造纸工业

利比亚有15家家具制造厂，可为学校、办公室和居民家庭制作家具。造纸厂可生产记事本、卫生纸、照相感光纸和卡片纸板。据联合国粮农组织估计，90年代年生产能力约为6000吨。

6. 纺织、服装和制革业

纺织、服装和制革业是满足人民基本生活需要的重要行业，在利比亚政府扶植下得到迅速发展。

(1) Janzour染织厂，1976年投入生产，年生产能力为2450

万米，可以满足居民需要的83%。

（2）设在EL-Marj的毛毯厂，产品主要供应当地毛毯厂作为原料。EL-Marj毛毯厂，年生产能力为90万条。

（3）设在Bani Walid的羢毯和地毯厂，年生产能力为210万条。

（4）62家半成品服装厂，年产2250万件。此外，专门生产利比亚民族服装的工厂有46家。

（5）制革和皮鞋厂，制革年生产能力约为300万米。最大的2家制革厂设在的黎波里和班加西。全国4家皮鞋厂每年可生产皮鞋1220万双。

7. 水泥和建筑材料业

利比亚全国原有5家生产水泥和其他各种建筑材料的工厂，1979年产值为98.2万第纳尔，1988年增加至6810万第纳尔。由于建设事业迅速发展，90年代水泥年产量平均达到3000～4000吨，可以满足国内需要。1997年利比亚与伊朗合作兴建水泥厂。

表4－6　1970～1988年利比亚主要工业部门产量增长表

	1970年	1975年	1980年	1985年	1988年	单　位
乳　　品		8.5	39.9	54.6	60.0	千吨
谷物加工	32.0	187.0	147.0	366.5	315.0	千吨
食　　品	0	55.0	264.0	648.8	700.0	千吨
纺 织 品			10.8	17.3	17.5	百万米
地　　毯			0.12	1.0	2.0	百万平方米
绒　　毯				395.0	310.0	千条
轮　　胎				341.0	300.0	千只
香　　皂				1.2	2.0	千吨
玻璃纤维				31.7	2.8	千吨
碳 酸 钠				21.4	30.0	千吨
水　　泥	95.0	708.0	1900.0	2800.0	2800.0	千吨

续表 4-6

	1970 年	1975 年	1980 年	1985 年	1988 年	单 位
石 灰		10.5	73.5	55.7	39.0	千吨
砖	1.7		114.0	109.5	96.0	千吨
玻 璃			0.6	2.4	3.0	千吨
铁 管			11.1	19.1	24.0	千吨
拖 拉 机			2514.0	2164.0	3200.0	台
自 行 车				47.1	45.0	千辆
电线、电缆			3.7	3.7	5.0	千吨
灌溉洒水管				0.62	1.9	百万米
货车、卡车				784.0	1200.0	辆
炊具、冰箱、冰柜				18014.0	6000.0	只

资料来源：《1969～1994，利比亚革命 25 周年》，第 302 页。

六 建筑业

利比亚幅员辽阔但基础设施缺乏。20 世纪 60 年代，一些外国石油公司的投资使利比亚的建筑业开始发展。1969 年“九一”革命后，随着五年计划的实施，建筑业才有新的起色。

70 年代初，利比亚全国大约有建筑承包商 2000 家，其中很多是小业主或小的合伙企业。针对这种情况，利比亚政府采取了两项重要措施。一是组建了若干个国有建筑公司承担建造工厂和实施土木工程计划的任务。这些公司有：国家工业承包公司、筑路和养路总公司、民用工程总公司等。二是将小企业并入少数有能力承担大型建筑项目的公司。规定凡资金在 3 万第纳尔以上的公司都应转为合作企业，其大部分股份应出售给公众或政府。推行这两项重要措施的目的都是为了提升建筑行业的总体实力，并由政府进行控制。1978 年，利比亚制定《住房法》禁止私人资本经营住宅建设。由于大量石油收入的支撑，利比亚建筑业有了迅速发展。

建筑业的兴起使利比亚成为世界上人均消耗水泥最多的国家。1986 年，建筑业产值占国内生产总值的 11%，在石油部门之外的公共服务行业中名列第二。

80 年代初，石油收入减少对建筑业产生了直接影响。当时，利比亚建筑业主要由韩国、意大利、土耳其、日本、印度和德国的承包商经营，雇佣大量主要来自埃及的外籍劳工。建筑业的不景气使承包商陷入困境，外籍劳工减少。1983～1984 年的一年中，建筑工人主要由于外籍劳工离去而由 37.1 万人下降为 19.7 万人。但建筑业还是雇佣工人最多的行业。水泥制造业也因建筑业萎缩而产量大减。联合国安理会的制裁更使利比亚政府陷入困境，有时甚至不得不以原油支付建筑工程费用。制裁解除后，建筑业开始恢复。

第三节　农业

一　自然条件不利于农业生产

利比亚的自然条件对发展农业生产十分不利。可耕地极少，气候条件恶劣，水源极端缺乏都是严重制约农业发展的因素。

利比亚全国可耕地仅占国土面积的 1.4%，约 370 万公顷，主要集中在北部的黎波里附近的平原和班加西周围的绿山区。南部沙漠中有些绿洲，如库夫拉绿洲、塞卜哈绿洲、迈尔祖格绿洲等地也可以进行耕作。除此以外，绝大部分国土都是不宜于农耕的沙漠。1971 年利比亚政府对土地资源的统计表明，全国只有 950 万公顷土地可以用于农牧业。80 年代初，已经使用于农牧业的土地为 250 万公顷，其中耕地面积为 125 万公顷，包括约 50

万公顷的休耕地，其余为草地和牧场。因此，利比亚是阿拉伯和非洲国家中可耕地最少的国家之一。而且，主要耕地为红壤土，还有一部分是白色沙土和盐渍土，肥力都很差。耕地中水浇地的面积更少，只占国土面积0.1%左右。

水利是农业的命脉，但是恶劣的气候条件降雨量稀少又导致全国大部分地区缺乏水源。利比亚年降水量不足100毫米。境内没有常年流水的河流，只是在南部有较丰富的地下水。根据水源分布情况，利比亚全境可以分为几个不同的地区：北部沿海平原年降雨量为150~400毫米，地下水位较高，是重要的井灌农业地区；北部的黎波里附近和绿山山地降雨较沿海平原为多，是农林牧兼营地区；半干旱的沙地，除其中的绿洲因有来自北部的溪流供水可以从事种植外，是以牧业为主的地区；南部广大沙漠地区雨量极少，但费赞盆地和库夫拉低地有著名的绿洲群，地下水蕴藏丰富，是极有开发价值的地区。

自然条件的不利还表现在由于温差大，狂风暴雨常造成土壤流失。沙漠化的发展又威胁着现有农田和牧场。生态环境成为关系利比亚发展农业的重大问题。受自然条件制约的利比亚农业，生产力水平和产值都较低。“九一”革命后，提高农业生产水平，成为利比亚实现国民经济现代化和多样化战略方针的重要方面。为此，利比亚政府作出了巨大努力，取得了明显的成果。

二 利比亚政府的农业政策与发展计划

独立前的利比亚是在意大利殖民统治下贫穷的农牧业国家，独立之初这种状况没有根本变化，农业的总体水平甚低。在石油资源被大量发现之前的1958年，农业产值约占国民经济总产值的26%。在石油资源被开发利用，石油业成为国民经济的支柱之后，农业在国民经济中的比重相应下降。1962年农业在国内生产总值中只占9%，1978年更下降为2%。石油资源的发现和利用是利比亚经济发展的转折点。大量石油收入为国民经济各部门的发展提供了充足的资金，使政府得以在新的起点上制定包括发展农业在内的政治、经济和社会发展战略。但是，石油业的兴起也使大量农民为了增加收入而转入石油工业和城市。农村劳动力的流失对原来基础十分薄弱的农业造成了新的冲击。工业劳动力和城市人口的增长对食品供应形成了新的压力，又导致食物进口大量增加。据统计，1977 年利比亚进口食品的价值是 1958 年的 37 倍多。因此，在 1960～1979 年间，石油收入的一大部分被进口食品抵消了。这些情况表明，农业是利比亚国民经济中重要的组成部分，振兴农业是实施国家发展战略至关重要的环节。

1969 年“九一”革命后，利比亚政府确定发展农业的目标是增加农产品产量，争取食物自给并提高居民生活水平，增加农业产值在国内生产总值中的比重，为建成现代化和多样化的国民经济体系奠定基础。具体说来，这些目标是①：

（1）实现粮食自给，以保证国家独立和政治、经济自由；

（2）发挥人力和资金的潜力提高农业产量，增加农民收入，提高他们的生活水平；

（3）摧毁部族土地所有制，重新分配其他生产手段，以实现社会公正；

（4）通过农业改革和在新开辟的农业区内建造完善的村社，控制农村人口流向城市；

（5）制定总体规划，使农业同其他经济部门，特别是同工业部门协调发展；

（6）保护土地和水等自然资源，并以最有效的方式加以利用。

---

① 《1969～1994，利比亚革命 25 周年》，第 239～240 页。

为了实现上述目标，利比亚政府制定了相应的战略和政策，主要内容是①：

（1）通过在新建立的农业区域内进行垦殖，扩大农业用地，重视对水源和土壤的研究；

（2）保护土壤免遭侵蚀，营造防风林以控制土地沙漠化蔓延；

（3）增加农产品产量，挖掘生产潜力，通过施肥和选用良种改良土壤，采用现代化农业技术；

（4）寻找新的水源，施行人工降雨，进一步发挥水资源的效能，通过建造堤坝、蓄水池和控制钻井，以防止地面水流失；

（5）建立培训机构，培养技术人员和向农民及其家庭传授农业知识和耕作技术；

（6）建立农业合作社、农民会议和农业银行，农业银行通过发放贷款、提供技术援助和销售农产品为农民服务；

（7）发展饲养业，改善牧场条件，提供兽医服务，建立奶牛、绵羊、骆驼和家禽生产站，促进肉、蛋和牛奶增加产量；

（8）通过在沙漠地区建立农业村社和实施生产计划，实现地区间的平衡发展。

利比亚政府十分重视农业的发展。为了推动农业的整体发展并促进全国区域之间平衡发展，利比亚土地开垦与改造委员会制定了全国五大农业发展区计划：

1. 绿山发展区计划

绿山地区行政当局制定了对 1211.099 公顷土地进行垦殖和建立 6596 个现代化农场的计划。这些现代化农场遍布绿山地区和班加西平原。此外还制定了布特南高原和绿山南侧牧场和森林的发展计划。

---

① 《1969～1994，利比亚革命 25 周年》，第 240 页。

这些计划的目标是建立生产蔬菜和水果的基地，以及生产谷物和饲料的农场。计划生产蔬菜水果的农场面积为 5 ~25 公顷之间，农场面积则在 80 公顷以上。

2. 朱夫拉平原发展计划

计划对总面积为 51.7 万公顷的土地进行开发，其中 1.7979 万公顷为水浇地，其余 49.9026 万公顷为旱地。在这一区域内将兴建 4273 个农场、牧场和林地。

3. 苏卢—库杜尔发展计划

计划在利比亚中部海岸建立 46.9240 万公顷谷物基地和牧场，利用人工河水灌溉。

4. 库夫拉与萨里尔发展计划

计划在库夫拉建立 3.2330 万公顷生产谷物和饲养绵羊的基地，并在 54 个村落间建立 864 个现代化农场。萨里尔计划的目标是在利比亚东部沙漠地区的中央开辟大面积的谷物生产基地。

5. 费赞发展计划

费赞发展计划规定将对 2.7350 万公顷土地进行开发，在当地各绿洲的居民区建立 312 个农场。在塞卜哈、木祖克等地兴建居民区。实施这一计划所生产的谷物将占利比亚全国总产量的 11.4%。费赞计划和库夫拉与萨里尔计划是在沙漠地区进行开发并取得成功范例。

利比亚政府还制定了牧场和畜牧业发展计划。牧场主要分布在托卜鲁克、贝达、AL Falayeh、班加西、塞卜哈等地，在库夫拉、萨里尔等地则建立绵羊饲养基地。还制定了在费赞、库夫拉、布特南等地进行饲养骆驼的计划。到 1985 年，全国已建立奶牛饲养场 92 个，豢养奶牛 4.6 万头。家禽饲养以养鸡为主，生产雏鸡和鸡蛋。全国四大家禽饲养场每年可孵育雏鸡约 1590 万只，产蛋约 11.34 亿只。此外，还在全国各地兴建了自动化屠宰场。

三　发展农业的重要措施

“九一”革命后利比亚政府为了振兴农业、实施农业发展计划，采取了土地国有化、建立多种农业生产组织、增加农业投资、向农户提供各种援助、兴建水利工程开辟水源等重要措施，取得了明显的效果。

1. 实行土地国有化

在意大利殖民统治时期，利比亚的大部分农业用地均被意大利人和本国封建主所占有。“九一”革命后，利比亚政府曾为本国公民提供长期贷款鼓励他们购买意大利人的土地，但不少城市居民买了农村土地是用于休闲而不是投入生产，致使地价上涨而农产品产量下降。1970 年利比亚政府决定剥夺意大利人占有的约 38 万公顷的土地所有权，然后将这些收归国有的土地重新分配，大部分分成小块给利比亚人耕种，小部分由国家斥资建立农场转交给农民或迁来农村的城市移民经营。1971 年，政府针对当时绿山地区某些部落拥有大片土地所有权的情况，宣布未开垦的土地收归国家所有。1977 年，政府制定法律进一步对部族土地所有制作出限制，强调开发和使用是拥有土地所有权的决定性条件。为了防止私有农场面积过大，制止利用肥美的土地放牧而不用于耕种的情况发生，政府规定每个家庭只能拥有满足自身需要的土地。根据政府规定和伊斯兰教有关继承的法规，父亲去世后每个儿子可以平均分得家庭的土地。但这样不断分割的结果使私有农场的面积越来越小，不利于水源的充分利用和提高农产品产量。在最适宜农耕的朱夫拉平原这种现象尤为严重。因此，建立与生产力水平相适应的农业生产组织是改革土地所有制之后的客观需要。

在土地国有的原则下，利比亚政府建立了多种形式的农业生产组织，其中占地最多的是面积大小不等的私营农场。私营农场大量雇佣包括外籍工人和移民在内的农业劳动者采用新技术进行耕作。其他农业生产组织有通过互助合作方式借助国家贷款从事农业生产的合作社，以及少量国营农场。改变土地所有制并建立各种农业生产组织是解放农村生产力的重要措施，是利比亚实现农业现代化的第一步。

2. 大量资金投入农业发展

为了实施国家发展农业的政策和战略，利比亚政府拨出巨款投入农业领域。1970～1987年间，全国发展资金计划为286.53亿第纳尔，其中农业发展资金计划为46.47亿第纳尔，占全国发展资金总额的16%。但在这期间农业的实际投资仅41.46亿第纳尔，为计划投资的89.4%。

表4－7 各阶段农业实际投资额

单位：百万第纳尔

年份	实际投资	年份	实际投资
1970～1972	135.0	1986	130.0
1973～1975	555.0	1987	137.0
1976～1980	1703.2	总计	4145.8
1981～1985	1494.1		

资料来源：《1969～1994，利比亚革命25周年》，第241页。

同“九一”革命前相比较，利比亚政府的农业投资增加了63.5倍，充分反映政府对发展农业的重视程度。政府投资除了建造新的农村居民区和现代化农场外，主要用于土地开垦以扩大耕地面积，推广耕作技术、建造水坝、开凿水井、修建公路、实行农业机械化，以及在发展畜牧业方面引进优良种畜、供应饲料和提供兽医服务、建造畜舍和蜂房等项目。这是振兴农业不可缺少的重要物质保证。

3. 为农户提供援助和优惠政策

政府转交给个体农户经营的农场内建有住宅、排灌设备、供电等配套工程。另外，政府还给每家农户提供拖拉机、犁等农具，以及奶牛、羊、大麦、小麦等的良种和饲料、化肥等生产资料，在农村建立兽医站、技术服务站，推广科学种植法等。

政府还向合作社提供中长期无息贷款，对农村居民购买生活资料和某些农业机械实行补贴，并以优惠价格收购农产品等，以吸引居民从事农业生产，提高农业产量。

4. 加强水资源的开发和利用

利比亚水资源严重不足。目前利比亚可利用水资源有：地下水、地表水、淡化海水、净化污水等。地表水主要来自降雨。经筑坝蓄积的地表水是农业灌溉用水的来源之一。海水是取之不尽的资源，利比亚北部沿海的班加西、托卜鲁克、西的黎波里等地已经建成多座海水淡化工厂，对海水进行利用。但淡化海水成本过高，难以大量用于农业灌溉。居民生活污水和工业废水经净化后也可以用于灌溉，但只有邻近城镇的农田才能加以利用，而不能在大范围内推广。利比亚的地下水相当丰富，但分布不均匀，在含水层开凿水井可以引出地下水进行灌溉。利比亚政府兴建的人工河工程是规模宏大的“南水北调”工程，可以满足18万公顷农作物灌溉之需。

据估计，目前利比亚可利用的水资源中，95.6%来自地下水。

四　农牧渔业的现状

利比亚政府为振兴农业作出的多方面努力取得了明显的成绩。

开垦荒地增加耕地面积是发展农业的基础工程之一。1970～1987年，利比亚全国共开垦荒地180万公顷，使耕地面积达到264.1万公顷。其中46.8万公顷为水浇地，占全部耕地的17.7%。

利比亚的农产品包括粮食、蔬菜、水果和经济作物。其中占主要地位的是粮食，主要有大麦、小麦、燕麦、马铃薯等，南部绿洲居民也种植玉米。蔬菜水果的品种有番茄、杏、柑橘、橄榄、椰枣、花生、洋葱、葡萄等。

根据经济发展应该以满足人民生活需要为首要目的的方针，利比亚政府大力发展谷物生产。根据计划，全国谷物种植面积达56万公顷，远远超过其他农作物种植面积的总和。据联合国粮农组织估计，90年代利比亚谷物年产量在20万吨左右，其间以1991年产量最高，达25.8万吨，1998年和2000年产量均为23.8万吨。[①] 大麦是多数利比亚人的主食，主要产于米苏拉塔和苏尔特之间的平原区，1970年产量为5.28万吨，1987年增加为17.6万吨，1998年为15万吨，2002年为20万吨。小麦种植区以马尔季所在的盆地最为重要。由于城市居民主要食用小麦，随着城镇人口的增加，小麦产量也逐渐增加。1970年小麦产量为2.7万吨，1998年为5万吨，2002年为9万吨。马铃薯也是利比亚人民的主要食粮，1998年产量为21万吨。蔬菜主要产于沿海平原，由的黎波里附近的专业农场生产。昔兰尼加的贾卢绿洲和奥吉拉绿洲也有蔬菜生产基地。种植面积约为4.5万公顷。1970年利比亚共生产蔬菜20.5万吨，1987年增加为72.5万吨，1997年为27万吨，2002年为120万吨。[②] 水果主要产于绿山区的贝达、图勒迈塞和的黎波里塔尼亚的米苏拉塔和胡姆斯。沙漠

---

① 另据世界银行2005年报告，利比亚谷物产量如下：

单位：千吨

1980年	1994年	1995年	1996年	1997年	1998年
215	165	146	160	207	213

1999年	2000年	2001年	2002年	2003年
214	218	220	214	215

② 中华人民共和国驻利比亚大使馆经济商务参赞处：《利比亚投资环境综述》。

中的绿洲以产椰枣为主。水果产量1970年为9.03万吨，1987年为26.8万吨，1997年为11.6万吨，2002年为66万吨。[①] 饲料也是重要的农作物，需要量大，种植面积为3.5万公顷。

利比亚畜产资源丰富，畜牧业在国民经济中的重要性仅次于种植业。全国牧场面积约有850万公顷。牧民主要饲养的牲畜有黄牛、绵羊、山羊、骆驼、马、骡、驴等，农耕区居民多喂养火鸡和鸡等家禽。贝都因游牧民对山羊和绵羊采取传统方式进行放养，但这种半游牧的放养方式正在消失。定居饲养和半游牧相结合的方式已占牧民的多数。

利比亚政府鼓励发展畜牧业，但在石油工业兴起后畜牧业因大批牧民转行而大受影响，牛、羊、骆驼的头数锐减。70年代利比亚政府采取增加资金投入等措施扭转了畜牧业衰退的趋势。据统计，1970～1991年，利比亚政府共拨款164亿美元用于发展畜牧业生产，平均每年达17亿美元。[②] 牲畜存栏数逐渐增加，产品仍然是产值最高的农产品。牲畜中数量最多的是绵羊，1985年约630万头。黄牛原来主要用于运输，70年代，黄牛数量逐渐增加，1985年大约有20.9万头。奶牛数量增加更快。1974年利比亚成立牛奶与乳品总公司，负责接管大部分私营牛奶棚并经管全部乳品的生产与销售业务。按照政府法令，牛奶棚允许私人继续经营，但牛奶必须卖给国家牛奶公司。联合国对利比亚实行制裁后，饲料进口受到限制，畜牧业再次滑坡。1993年，利比亚全国山羊和绵羊共计691万头，牛13.5万头，骆驼16万峰，驴6.5万头，马2.9万匹。1994年利比亚产牛肉2.21万吨，1998年仅产2.1万吨。1999年联合国制裁中止后，畜牧业又逐步恢复和发展。目前，利比亚已在北部沿海建立了面积达几千公

① 中华人民共和国驻利比亚大使馆经济商务参赞处：《利比亚投资环境综述》。
② 中华人民共和国驻利比亚大使馆经济商务参赞处：《利比亚投资环境综述》。

顷的黄牛繁殖场，并建立了多处饲料工厂、兽医站和家禽饲养场，为畜牧业的发展提供物质保证。

利比亚海岸线长1800公里，近海有出口价值很高的金枪鱼和沙丁鱼。但是，海水中缺乏充足的能供高产鱼类生存的浮游生物，政府对渔港和捕鱼船队的建设以及渔产品加工厂的设施长期投入不足，因而鱼类资源未能大规模开发和利用，渔业不发达。水产养殖仅处于实验室研究阶段，尚无实际运作。据联合国粮农组织估计，1977年利比亚渔获量为4803吨，1981年为6418吨，1991~1993年分别为8100、8900和8800吨，是地中海沿岸渔获量较少的国家。由于利比亚东部和中部近海缺少资源丰富的渔场，利比亚的捕鱼船队大部分集中在的黎波里附近的西海岸。目前，利比亚有拖网船40艘，其余都是中、小渔船。除了兹利坦、祖瓦拉等几个渔港外，利比亚政府还计划兴建二十几个渔港。在赞祖尔有金枪鱼罐头厂。在祖瓦拉和胡姆斯还有加工能力为1000吨的沙丁鱼罐头厂。金枪鱼和沙丁鱼主要出口希腊、马耳他和突尼斯。为了增加渔获量，利比亚政府已同突尼斯、西班牙、希腊、意大利、马耳他等国成立了联合捕鱼公司，由外国公司的船队在沿海渔场作业。

利比亚沿海还可以采集海绵。由于当地人只能使用小船和不戴氧气面罩的简单潜水装备在浅海作业，所获有限，而希腊人可以使用现代化装备潜入深海海底采集到优质海绵，所以利比亚政府特许希腊人前来采集。

1988年3月，利比亚成立海洋资源总人民委员会负责开发渔业等海洋资源。

此外，利比亚过去曾被茂密的森林和草地所覆盖，水源缺乏使这块广袤的土地成了不毛之地。60年代利比亚政府曾推行造林计划。70年代初，全国有森林面积52万公顷。“九一”革命后，林业建设更受到重视。政府除了制定措施保护主要分布在绿山区和的黎波里以东沿海地区的森林资源外，还制定规划以6.24万公顷土地为林地和在山区植树造林建造防护林带。在利比亚西部，开展了林木种植活动。科学家还尝试采用喷注石油、建材和炼油废料的残渣等方法固沙造林，使雨水能从孔隙中慢慢滴入或渗出，并防止沙尘暴把种下的树苗刮走。利比亚政府积极发展林业的近期目标是加强水土保持和建造防风林，长期目标是改变从国外进口木材的状况，满足国内用材的需要。2000年，利比亚全国森林覆盖面积为35.8万公顷。

根据卡扎菲的“世界第三理论”，利比亚政府推行的农业政策的主要内容是：鼓励私人经营农业，同时努力发展国营农场和合作社，扩大农业中的国有成分；以石油收入为后盾，采用现代化技术发展和经营农牧业生产，优先发展农业、稳定农牧业人口，提高产量，争取农产品基本自给并有部分出口。目前，尽管石油工业在国民经济体系中占主导地位，但全国仍有1/5的劳动力从事农业生产，农牧民合计则超过劳动力的半数。农产品产值也有较大增长。如以1989~1991年为100，增长比例如表4-8所示。

表4-8

单位：%

年 份	1996	1997	1998	1999	2000
	126.5	132.3	153.36	136.7	142.2

但是，农产品产值在国内生产总值中的比重仍很低。1958年，所占比重为26%，在石油工业兴起石油收入增加后的1962年下降为9%，1978年更减少为2%，90年代为5%~7%。水果、蔬菜、乳品和禽类目前可以自给，粮食不能自给，大部分需要进口。

第四节　交通运输业与通信业

交通运输直接关系经济发展和社会进步，同人民的生活状况密切相关。“九一”革命以后，利比亚政府充分认识到发展交通运输与通信业对推动经济增长和社会改造的重要作用。利比亚计划实施的开发农业用地、销售农产品、经营工业和新建工厂、开发矿产、兴建住宅等重大项目都要求加速发展交通和通信业。

利比亚政府制定了在全国范围内发展各种形式的交通运输和通信工具的计划，包括建造公路干线和农村公路、兴建新机场、维修和改造原有机场、增加客机和货机、建造附属工场和仓库、改进公共运输系统和电缆、电话和邮政设施、建立全国范围的气象观测站网、改建和扩建现有海港、建造新的集装箱码头、建立商船和油轮船队等。为了实施这些庞大的发展计划，利比亚政府投入了大量资金。自 1970 ~ 1975 年，政府用于交通运输业的财政拨款达 2.7 亿第纳尔，其中用于建造公路网的资金最多，为约 2562 万第纳尔。在 1976 ~ 1980 年的第一个五年计划期间，政府拨款 18.5 亿第纳尔。1981 ~ 1985 年的第二个五年计划期间，政府拨款达到 21 亿第纳尔。

1970 ~ 1988 年间，用于交通运输业的实际支出如表 4 – 9 所示。

表 4 – 9

单位：百万第纳尔

年份	1970 ~ 1972	1973 ~ 1975	1976 ~ 1980	1981 ~ 1985	1986	1987	总计
	77.8	226.2	1125.6	1828.6	144.9	152.0	3555.1

资料来源：《1969 ~ 1994，利比亚革命 25 周年》，第 367 页。

1970～1987年间，每年平均支出为1.975亿第纳尔。

利比亚的地理位置对于发展国内外交通运输业十分有利。利比亚位于非洲北部，同欧洲隔海相望，是进入欧洲距离最近的非洲国家之一。它又处在沿地中海岸的横向交通线和自几内亚湾通向地中海的纵向交通线的交叉点上，是联结东部和西部阿拉伯国家和由西部非洲通往中东地区的交通枢纽。特别是因为乍得、尼日尔和中非共和国都是没有出海口的内陆国家，利比亚在拓展非洲国家对外联系方面的作用更显重要。同时，利比亚幅员辽阔，但人口不多而且居住分散，联系极不方便。深处沙漠内部若无便捷的交通工具便难以同外界交往的绿洲居民更是迫切要求发展交通运输业。因此，利比亚政府确定将继续集中力量加强港口和公路交通等基础设施的建设，发挥地理位置的优势，满足国内经济建设和提高人民生活水平的需要。

一 公路交通

利比亚国内交通的主要设施是公路。全国公路干线1970年仅5800公里，1977年增至8800公里，3年内新建了3000公里。1977年后公路建设仍以较快的速度推进。1980年公路已有1.07万公里，1987年增加为1.5930万公里。1999年，全国有公路2.5535万公里，其中公路干线为1.7985万公里，支线长7550公里。自突尼斯沿地中海至埃及边境全长1820公里的公路，以及自塞卜哈至加特、的黎波里至塞卜哈、艾吉达比亚至库夫拉、塞卜哈至乍得和尼日尔的公路，是利比亚全国公路网中最重要的公路干线。此外，农村公路建设也有很大成绩。全国较大的市镇和村庄中的大部分，包括沙漠中的绿洲，都已有公路相通。特别是库夫拉、塞卜哈等绿洲，因为有公路通车而得以同外界建立商贸联系，摆脱了闭关孤立状态。

在与利比亚接壤的邻国中，埃及、突尼斯、阿尔及利亚和尼日尔的边界是开放的，双方居民和旅游者均可自由通行。苏丹的边境只允许利比亚人和苏丹人通过，不对其他人开放。乍得边境则不开放。因此，建造通向邻国的公路以加强相互交往也已列入利比亚政府的计划，其中处于优先地位的是利比亚通往乍得和尼日尔的全长1400公里的公路。

负责修建和养护公路及各种桥梁的是三家国有专业公司：

（1）根据1972年9月14日第144号法律成立的公路与升降机公司。

（2）根据1971年10月11日第77号法律成立的利比亚筑路和养路总公司。

（3）根据1973年9月27日第68号法律成立的米苏拉塔公路总公司。

城市之间和城市内部道路的保养工作由公共运输总公司承担。

利比亚液体燃料价格低廉，20世纪70年代以来，利比亚车辆迅速增多，使全国公路网能够充分发挥其运输效能。同其他国家相比，利比亚汽油的价格可能是非洲国家中最低的。以1998年为例，优质汽油每升价格埃及为29美分，阿尔及利亚为31美分，摩洛哥为79美分，乍得为70美分，突尼斯为60美分，而利比亚只有22美分。同年每升柴油价格摩洛哥是47美分，乍得是61美分，突尼斯为33美分，而利比亚只有17美分。油价低廉使利比亚人得以使用汽车这种最便捷的交通工具。1996年，按每1000人拥有汽车量计算，韩国是226辆，沙特阿拉伯是166辆，美国是769辆，利比亚是209辆，其中68%是轿车。利比亚居民拥有车辆的比例与一些西欧国家相当，而高居非洲各国之首位。

表 4－10 利比亚与全非洲每千名居民车辆拥有量

单位：辆

年 份	1994	1995	1996
利比亚	165	240	241
全非洲	27	28	28

资料来源：世界银行 2005 年报告。

二 水运

利比亚境内无可以通航的河流，无内河航运。但北濒地中海是利比亚开展海外运输的有利条件。米苏拉塔、胡姆斯、班加西、德尔纳、卜雷加、拉斯拉努夫、托卜鲁克、祖瓦拉、的黎波里、锡德尔都是主要的海运港口。此外，利比亚还可以通过突尼斯的港口转运货物。

由于码头狭小，仓库不足，水域较浅等原因，利比亚的海运业长期因为卸货周期过长而受影响。70 年代中期，停泊在的黎波里的海轮等待卸货的时间平均为 24 天。1976 年，利比亚港口卸货能力仅 1000 万吨。经过政府的努力，1985 年的黎波里、班加西、托卜鲁克等港口的卸货能力得到了加强。的黎波里港口和班加西港的年装卸能力分别达到 1200 万吨和 350 万吨。货物吞吐量也有大幅度提高：1970 年为 360 万吨，1988 年达到 950 万吨。据联合国统计资料，90 年代进出利比亚各港口的货物数量如表 4－11 所示。

表 4－11

单位：千吨

年份	1991	1992	1993	1994	1995	1996	1997	1998	1999
进港	6592	5850	6492	5277	5142	5638	5980	6245	5304
出港	327	456	556	572	751	624	647	739	815

资料来源：《Statistical Yearbook 46th issue U. N》。

2002 年货物吞吐量为 1212 万吨。[①] 由油轮、货轮和客轮组成的海运船队也发展很快。

表 4－12　20 世纪 90 年代利比亚商船吨位

单位：千吨

年份	1991	1992	1993	1994	1995	1996	1997	1998	1999	2000
吨位	840	720	721	739	733	681	686	567	439	434

资料来源：《Statistical Yearbook 46th issue U. N》。

1. 油轮

在实施 1973～1975 三年计划之前，利比亚仅有一艘 5.5 万吨级的油船 Umal-Fumd 号。1974 年增加了两艘各为 8.6 万吨级的“卜雷加号”和“拉斯拉努夫号”以及两艘各为 4.7 万吨级的“萨里尔号”和“卜雷加港号”。此后 3 年油轮进一步增加，载重量达 65.45 万吨。

在 1976～1985 年实行第二和第三个五年计划期间，利比亚又增加了一艘运送石油化工产品的油轮。1994 年，利比亚商船队油轮总数达到 11 艘。

2. 货轮

1971 年利比亚购进“Timsaah 号”，开始拥有自己的海运货轮。Timsaah 号载重量仅 2900 吨。此后，在 70 年代，海运货轮陆续增加了 7 艘，其中的“德尔纳号”和“加特号”载重量均为 2900 吨；“塞卜拉塔号”和“杰尔马号”载重量更小，仅 2100 吨；“伊本·马杰德号”最大，载重量为 7500 吨。到 70 年代末，利比亚海运商船队载重量已达 3.54 万吨。1981～1985 年间，根据交通和海运秘书处关于商船队应能承担 60% 货运任务

① 中华人民共和国驻利比亚大使馆经济商务参赞处：《利比亚投资环境综述》。

的决定，利比亚又购进商船 12 艘，总载重量 7800 吨；谷物运输船 4 艘，载重 7.2 万吨；家畜运输船 4 艘，载重 4.8 万吨；集装箱船 2 艘，载重 2400 吨。利比亚商船队已有货轮 30 多艘。

1975 年利比亚成立国家海运总公司，主管商船、客轮以及一切有关海上运输事务。

3. 客轮

利比亚的第一艘客轮是 1977 年投入运营的“Gharnata 号”，载重量为 10840 吨。第一个五年计划期间，利比亚又购进 1 艘规格与 Gharnata 号相同的“Tuleitila 号”。此后，又有可以载客 600 人和货物的“Garyunis 号”和另外两艘客轮投入运营。

三 空运

利比亚幅员辽阔，居住分散，广大沙漠地区地广人稀，境内又无舟楫之利，除了公路运输之外空运是利比亚最为便捷的交通工具。“九一”革命后，民用航空业迅速发展，无论是国内航线还是国际航线，货运量和客运量都有很大增长。库夫拉、加特、米苏拉塔、胡恩、布腊克和拉布拉克等地都在 70 年代相继建造了机场。原有机场则进行了扩建和现代化改造。

目前，利比亚有 3 个国际机场：的黎波里、班加西和塞卜哈。在其他城市有较小的民用或军用机场。2003 年，全国机场约有 140 个。

“九一”革命后的 1970 年利比亚只有两架飞机，1977 年增加到 14 架，其中 6 架是“波音 727”，8 架是“Foker”，飞行在 12 条国际航线和 8 条国内航线上。在第二个五年计划期间，又增加了 4 架喷气客机。1979 年共运送国内外旅客 1244425 人次。到 1985 年，利比亚总共有飞机 25 架，其中有波音、Hawker、Siddeley、Caravelle 和 Foker 等大型客机、每年可运送旅客 280 万人次，年货运量约 10 万吨。2002 年，运送旅客 55.9 万人次，

2003 年更增至 62.7 万人次。

1975 年利比亚成立“利比亚阿拉伯航空公司”（LAA），开辟了多条国内和国际航线。1985 年又成立“非洲联合航空公司”（UAA）。但国际航线自 1992 年后因联合国实施制裁而被迫停飞。1999 年联合国中止对利比亚的制裁后，国际航线陆续恢复。目前，利比亚阿拉伯航空公司通往国外的航线有：的黎波里至喀土穆、卡萨布兰卡、开罗、阿尔及尔、马德里、突尼斯、伦敦、巴黎、苏黎世、米兰—法兰克福—阿姆斯特丹、罗马、维也纳、布拉格、华沙、贝尔格莱德、索菲亚、布加勒斯特—莫斯科、伊斯坦布尔、雅典、大马士革—科威特—卡拉奇、大马士革—吉达；班加西至开罗、伊斯坦布尔、雅典、贝尔格莱德—罗马。有航班飞往利比亚的外国航空公司有马耳他航空公司、Alitalia 航空公司、澳大利亚航空公司、英国航空公司、埃及航空公司、汉莎航空公司、Malev-hungarian 航空公司、奥林匹克航空公司、约旦皇家航空公司、瑞士航空公司、叙利亚航空公司、突尼斯航空公司和土耳其航空公司。[①] 目前，国际航班只能在的黎波里和班加西两个机场降落。

利比亚恶劣的气候会对航班造成不利影响。当“吉卜利”风肆虐时，航班常常晚点，甚至被迫返回或取消。

四　铁路

利比亚原来在班加西和巴尔克之间建有铁路，后来在 20 世纪 60 年代被废弃。目前全境无铁路，但政府已对建造铁路进行了长期研究。1998 年利比亚铁路局公布的文件提出，计划沿海岸建造一条全长 3170 公里、轨距为 1.435 米（标准轨距）、连接突尼斯边界和的黎波里，然后延长到米苏拉

① Anthoty Ham：《Libya》，Lonely Planet Publications p. 82.

塔和塞卜哈的铁路，总造价估计为100亿美元（见表4-13）。

此外，还计划建造自埃及的塞卢姆到利比亚的托卜鲁克的铁路。为此，利比亚于1998年同Bahne of Egypt and Jez Sistemas Ferroviarios签订关于购买铁路过轨口和路闸等零件的合同。

表4-13　100亿美元投资项目分配

项　目	金额（百万美元）	百分比	项　目	金额（百万美元）	百分比
1. 研究设计和技术援助	400	4.0	5. 铁轨	2280	22.8
2. 土方工程	1640	16.4	6. 信号和通信设备	1120	11.2
3. 道路和桥梁	1860	18.6	7. 车辆和工场	1500	15.0
4. 车站和建筑物	1200	12.0			

利比亚政府有关部门表示，铁路建设所需器材的大部分准备在利比亚当地制造，车辆和铁轨则需进口。利比亚愿意同外国公司进行各种形式的合作，以实现利比亚铁路运输的现代化。2003年3月，利比亚与中国中土公司签订合同，中国公司参与了从突尼斯边界至的黎波里全长296公里铁路的施工，[①]还就筑路技术援助的可能性问题同利比亚政府进行探讨。法国公司曾经从经济角度对于在利比亚建造铁路提出了报告。

五　管道运输

管道运输需有大量资金投入，而所创造的价值在国内生产总值中的份额很小。利比亚管道主要用于石油运输和输送天然气。

利比亚建有5条主要输送石油的管道，其终点分别是祖埃提

① 《世界各国经济概况》，经济科学出版社，2001，第637页。

纳、拉斯拉努夫、哈里加港、卜雷加港和锡德尔。2003 年输油管道总长为 6872 公里，输气管道总长 3196 公里。

六　邮政

“九一”革命后，利比亚的邮政和通信事业由于政府的重视而得以迅速发展。根据 1970 年第 83 号法律的规定建立了邮政电缆和无线电通信总局。后来利比亚又成立邮政电缆和无线电通信总公司取代通信总局。通信总公司制定并实施了各种规划，使邮政服务、长途通信和广播电视能够覆盖利比亚全境，还同国外共同建立了国际通信网。

利比亚发展邮政事业的首要任务是在全国各地建立邮政局。“九一”革命后，的黎波里、班加西、塞卜哈、米苏拉塔、艾吉达比亚和其他许多市镇及乡村都新建了邮政局，或对原有的邮政局进行了扩建，并增加了必要的设备。目前，利比亚几乎所有的市镇都有了邮政局。

利比亚邮局通常并不把邮件直接送到收件人家中，而只是分发到各地的邮政信箱里。因此，投邮的信件应该在信封上同时写明收件人所在的城市名称和邮政信箱号码。邮件寄送的效率也不高。从的黎波里或班加西的中央邮局发出的国内邮件可能要两星期左右才能送达收件人。从小市镇发信或寄往国外的信件需要的时间更长。

1999 年联合国安理会的制裁中止后，利比亚同国外已恢复通邮。

七　电信

利比亚的电信事业在 70 年代后期和 80 年代初期得到迅速发展。1970 年，国内主要电话线仅 1.5 万条，1988 年已增加到 50 万条。每百人拥有电话台数，1970 年是 0.8

台，1988 年增加到 11.8 台。70 年代，的黎波里、班加西、德尔纳、艾吉达比亚等地扩建了电话交换系统，在塞卜哈、扎维耶等市镇新建了电话交换系统。的黎波里、班加西、塞卜哈、米苏拉塔等城市建造了地下电话网。在的黎波里和班加西还建立了机械通信交换站。1981～1985 年期间，又对班加西、塞维耶等城市的电话网进行扩建，在其他城市新建或扩建了电话线 146200 条。1996 年，利比亚又开通了移动通信网。

1975 年，利比亚在沿地中海地带兴建了连接无线电、电话和电视信号的微波系统。1985 年投资 2500 万美元建造的大容量电缆和海底电缆工程竣工，从而使整个地中海岸地区同直到乍得边境的广大南部地区得以联结起来。

1987 年利比亚已经建成了现代化的通信系统。这个系统包括：微波中继、同轴电缆、海底电缆、对流层散射、卫星等，可以为包括人口密集的地中海沿岸地带在内的大约 1000 万电话用户服务。其中微波中继和同轴电缆已可以延伸到国内许多地区。微波中继由五个高性能调幅站和多个低性能调幅站向国内各地播放。国际短波则通过位于的黎波里附近的塞卜拉塔的高性能发射台发射。同时，在的黎波里和班加西之间已铺设建成海底电缆，在的黎波里和米苏拉塔之间以及的黎波里和塞卜哈之间分别建造了两条地下电缆，构成了以的黎波里为枢纽联结利比亚南部和北部地区的通信网络。但是，利比亚的通信线路仍不能满足需要。利比亚政府已在的黎波里兴建了国家主体网络，将银行、大学和其他公共机构接入互联网。

在同国外通信联络方面，利比亚已建成连接利比亚的德尔纳和希腊的克里特岛的网络，利比亚可以通过希腊同东欧、中欧各国和地中海东部地区进行通信联络，通过海底电缆可以同马耳他和意大利构成通信网络。根据利比亚同法国签订的协议，在利比亚同法国马赛间铺设海底电话电缆系统，使利比亚不必完全依赖它同意大利之间的海底电缆也可以同外界通信。此外，利比亚同坦桑尼亚、乌干达、尼日尔、马里等国之间也有电报、电话通信网。目前，利比亚已参加 Tharya 卫星通信计划和用于移动通信的国际通信业务（ICO）卫星计划；以及非洲卫星计划（RASCOM）。

1990 年，利比亚邮电总公司提出 1993 ~2020 年电信发展计划，其主要目标是：

（1）采用数码技术取代原来的电信技术；

（2）长途通信完全实现自动化；

（3）提高连通度，将服务延伸至边远地区；

（4）至 2020 年将电信密度由 10% 提高为 37%；

（5）提供互联网等数据传输工具；

（6）提供全球移动通信系统（GSM）服务；

（7）为了执行中长期发展计划而建立相应的组织和提供经费保证。

2000 ~2020 年长途通信发展计划资金预计为 154.64 亿美元，由政府补助、外国合伙人投资、商业贷款和邮电总公司的收入等几部分构成。

表 4 –14　2000 ~2020 年长途通信发展计划预算表

单位：百万美元

年　份	2000 ~2010	2011 ~2020	总　计
通信系统经费			
用户设备	1376.71	2207.79	3584.50
电缆工程	2390.57	1989.07	4379.64
交换机	903.25	1320.43	2223.68
网　络	1497.57	1085.07	2585.64
建设及辅助服务经费	1335.04	1359.25	2694.29
总　计	7503.14	7961.61	15464.75

第五节　财政与金融

一　政府预算

预算是政府将实施的发展目标和推行的政策在财政方面的反映，是量化的施政计划。不同时期利比亚政府的预算充分反映了利比亚各个历史发展时期的特点。

利比亚独立后，在1952～1969年君主制时期，政府预算由财政部编制，经议会审议和通过后由国王签署生效。预算中的支出部分除本年度支出外，在1962年后增加了"发展支出预算"。1967年中东"六日战争"之后，利比亚不但增加了国防费用，还将每年为支持阿拉伯联合共和国、约旦和叙利亚恢复经济而提供的财政援助列入政府预算。

1969年"九一"革命后，利比亚政府预算中收入的绝大部分来自石油工业向政府缴纳的税金、特许开采费、利润和各种手续费，以及其他国有企业上缴的利润、进口税、所得税、其他税金和手续费。支出部分包括本年度的行政支出预算、发展支出预算、特别支出预算和购货预算等部分。

利比亚的财政年度，在1974年前是4月1日到翌年3月31日。1974年后，财政年度与公历年度相一致，即自1月1日开始到12月31日。2000年1月28日，卡扎菲在总人民大会开幕时对政府预算提出批评。预算经过修改后于当年7月公布。2001年的政府预算也在7月公布。

来自石油部门的收入约占政府预算收入的80%。在今后相当长的时期内，石油收入将继续成为政府财政的主要支柱。石油企业缴纳的税金数额取决于出口石油的数量。特许开采费的计算，同样以石油产量和牌价为基础。由于石油价格直接受国际市

场价格升降的影响，利比亚石油部门向政府缴纳的税金和特许开采费的数额也随着世界市场的变化而定期调整。根据利比亚法律规定，石油收入的15%应作为储备金，不得移作他用。

在石油收入之外的其他各类收入中，占主要部分的是各种税金。根据规定，对于进口商品，除法定的关税外，还要另征两笔5%的特别税，专门用作市政当局的经费和对慈善事业的补助。所得税的税率因纳税人收入来源不同而有差别，但凡有收入者都须纳税。70年代中，政府除对租金收入、农业、工业、商业等收入分别课税外，还对所有人员和公司的所有收入征收专门职业所得税、个人所得税和普通所得税，即使这笔收入已经列入应该缴纳的某种所得税的范围之内。其中征收普通所得税是先按纳税人的收入多少分类，然后以较高的税率征收，目的是防止资金大量积聚在少数人手中。

1978年利比亚开始预算改革，政府预算由“行政预算”、“发展预算”和“特别预算”组成。1982年又增设了“购货预算”。“行政预算”先由各市级机关提出计划，送到有关的秘书处汇总整理，经财政秘书处审查后由总人民大会最后通过。“发展预算”先由负责实施某项计划的部门或组织提出，再由计划秘书处修改后送总人民大会。“特别预算”和“购货预算”不列为正式预算，但需由总人民大会在财政年度内通过。

在伊德里斯王朝时期，利比亚政府的行政费用远远高于建设投资。“九一”革命后，政府利用大量石油收入投入建设，建设支出超过了行政费用。在行政预算中，由中央政府支配的部分约占80%，其余部分充作市政机构的经费或贴补亏损的国有企业。市政机构虽有自己的财政收入，但仍需要中央政府拨款支持。

在70年代，利比亚政府的行政支出增加很快，1974年为1.929亿第纳尔，1980年增至9.50亿第纳尔，6年间增加近5倍。80年代中期，中央政府降低了它在行政预算中所占的份额。

在 1983 和 1984 年中央政府的行政费用在行政预算中的份额均不足 50%，1985 年更下降至 28.5%，市政府因此可以得到行政预算中 50% 以上的经费。在中央政府动用的行政费用中，国防经费是数额最大的项目。以 1984 财政年度为例，国防经费占行政预算的 24%。其次是教育经费，虽然位居第二，但只占行政预算的 6%。

“发展预算”是实施发展计划的年度开支，通常包括实施经济与社会发展计划所需的费用、国有公司的流动资金，以及其他一些必要的支出，其数额视当年需要而定。如果某些计划在实施过程中需要增加开支，或是计划中进口的货物价格上涨，发展预算便会随之作出调整。在 70 年代，发展预算中的支出金额从 7.4 亿第纳尔增加到 25.3 亿第纳尔。但在 80 年代上半期，从 1981～1984 年间，发展预算的经费实际上减少了 30%。多年的实践表明，列入发展预算的主要是农业、重工业、石油和天然气、交通和航运四大产业部门的需要，但这四大部门获得资金多少的先后次序决定于当年执行发展计划的实际需要而不是固定不变的。例如，在 1974 和 1975 财政年度，名列前茅的是重工业和石油工业。1976 和 1979 财政年度，农业（包括灌溉工程）所获得的经费最多。80 年代初，重工业又取代了农业的领先地位。1982 年后，交通和航运业在预算中的份额日益增大。

对于行政预算和发展预算资金的筹集，利比亚政府规定的办法是，一切非石油收入均用于行政预算所需，不足部分动用石油收入弥补。在行政预算平衡之后，余下的石油收入便用于发展预算中的支出。实行这一制度的结果是，行政预算中各项开支的资金来源是有保障的，发展预算的资金则需视当年石油收入的多少而定。如果石油收入提供的资金不能完全满足发展预算计划内各项目的需要，预算中计划投入资金的数字同各部门实际得到的资金之间便形成可能是相当大的差距。据统计，1981 财政年度发展预算的实际支出只有计划数的96%，1982财政年度更下降为62%。因此，许多计划中的项目常因资金不能到位而落空。

“特别支出预算”通常包括补助金、贷款、津贴和购买某些军用物资的费用。由于与防务有关的开支是不公开的，所以公众难以确知每年特别支出预算的总数。

“购货预算”是利比亚政府为了进口某些重要物资而专门设立的预算。1983和1984财政年度购货预算的金额分别是15.6亿和16.7亿第纳尔。

1995年利比亚政府预算收入为45.92亿第纳尔，支出为52.72亿第纳尔，预算赤字为6.8亿第纳尔。1996~1999年预算收支平衡，分别为45.18亿、53.81亿，53.11亿和49亿第纳尔。按照当年汇率折合美元分别为124.8亿、138.95亿、136.1亿和108.88亿美元。①

表4-15　1999~2002年利比亚政府预算

单位：百万第纳尔

年　份	1999	2000	2001	2002
收　入	4857.0	4662.2	5998.8	9862.5
石　油	3444.4	2203.0	3603.0	7454.1
其　他	1412.6	2459.2	2395.8	2408.4
支　出	4296.0	5250.2	5625.6	7020.2
行政预算	2966.9	3153.2	3596.6	3812.4
发展预算	794.1	1541.0	1533.0	2682.8
其　他*	535.0	556.0	496.0	525.0
收支相抵	561.0	-588.0	373.2	2842.3

资料来源：The Economist Intelligence Unit;《Country Report: Libya, April 2003》。

* 包括“特别支出预算”和“购货预算”。

① 《世界各国经济概况》，经济科学出版社，2001，第637页。

2004 年，利比亚政府预算收入为 102.8 亿美元，支出估计为 78.6 亿美元。①

二 银行业

1. “九一”革命后银行业的发展

利比亚的金融系统，包括银行业、保险业和投资活动，完全由国家中央银行和政府有关部门控制。

1969 年“九一”革命后，利比亚政府于 1969 年 11 月 13 日对外国银行实行“利比亚化”，由利比亚中央银行掌握这些银行股份的 51%。1970 年 12 月 22 日，利比亚政府对这些银行中的“剩余财产”实行国有，国家商业银行等五家在利比亚开业的商业银行连同它们的 125 家分支机构全部由利比亚收归国家所有，但允许利比亚公民购买这些银行中的少量股份。

国家控制的银行对利比亚实施发展计划发挥了重要作用，主要表现是：

（1）银行的信贷业务大大增长。银行为商业、工业、农业、运输业、旅店业等各经济部门提供巨额贷款，从 1970 年底的 9620 万第纳尔猛增至 1987 年的 21.129 亿第纳尔，17 年间增长 22 倍，平均每年增加 22.5%。银行贷款量的增长反映了这一时期利比亚经济正处于高速发展时期。除了 1982、1984、1985 年这几年以外，银行的贷款额始终呈上升趋势。年平均增长 22.5%，在发展中国家中是比较高的数字，充分表明银行在为经济发展提供资金方面发挥了重要作用。

（2）银行存款额增加。银行的各类存款自 1970 年的不超过 1.3 亿第纳尔增加到 1987 年的 35.07 亿第纳尔，17 年间增长 27 倍。除了 1978 和 1982 年这两年外，各商业银行吸收的存款数额

① CIA：《The World Factbook-Libya》.

呈现连续增长的势头，年平均增长率接近24%。这在发展中国家中间也是较快的增长速度。商业银行充分体现其筹集资金支持经济发展的功能，表明这些商业银行享有较高的信誉，有较高的吸收存款的能力。

（3）银行资产极大地增长。商业银行业务增长最集中的表现是它们资产的增长：1970年为2.61亿第纳尔，17年后的1987年即达到68.59亿第纳尔，增长26倍。同时，银行货币流通率在有些年份里为其存款额的50%，也是商业银行业务量增长的表现。

2. 利比亚银行业的现状

1970年12月利比亚政府对所有银行实行国有之后，1993年又允许成立私有银行。但米苏拉塔至今未有私有银行开设。目前，利比亚的银行系统包括：中央银行、国有商业银行、私有银行、专业银行等。除中央银行外，著名的大银行有农业银行、民众国银行、国家商业银行、储蓄与房地产投资银行、Umma银行、Wahda银行、撒哈拉银行、利比亚阿拉伯对外银行等。其中利比亚阿拉伯对外银行规模最大，它同撒哈拉银行均已进入世界最大的1000家银行之列。

利比亚没有外资银行。

利比亚中央银行 利比亚中央银行成立于1955年，翌年开始运营。原先它的名称是“利比亚国家银行”，“九一”革命后更名为“利比亚中央银行”。

1963年利比亚制定《银行法》（第4号法律），作为管理银行的法律依据。此后，《银行法》经过多次修正。1993年，利比亚又制定《银行、货币与信贷法》（第1号法律），作为监管银行业务的主要法律。根据国家法律，中央银行有权发行货币，有权制定控制和监督各商业银行的规章，并拥有各商业银行资本的一半以上。中央银行的法定资本为1亿第纳尔。外国银行若要在利比亚开设分行，需经中央银行和利比亚政府核准。

中央银行成立之后，充分发挥了国家中央银行的职能，业务量增长很快，为利比亚经济发展筹集了大量资金，对于国家计划的实施起了重要的保证作用。其主要表现是：

（1）资产迅速增长是中央银行业务量增长的主要标志。70年代初期，中央银行拥有资产价值5.76亿第纳尔，1987年9月即已超过56亿第纳尔。

（2）80年代初开始，利比亚的货币已经完全由黄金及其他国家资产作担保。

（3）中央银行为国家经济发展提供资金。当由于石油价格下跌或出口减少等原因国家预算无法平衡时，中央银行将会设法弥补。

（4）中央银行作为利比亚的国家银行的作用不断增强。它不但向国库提供借款，实际上还参与了国家经济政策的制定。

（5）作为利比亚各商业银行的监督机构，中央银行可以通过查账、监控其业务、制定相关条例或作出决定等手段履行其职责，以推动商业银行参与国家经济发展事业。各商业银行吸收的存款由1970年的4500万第纳尔上升至1987年的12.22亿第纳尔，为国家经济建设作出了贡献，也是中央银行进行有效监督的结果。

利比亚阿拉伯对外银行（LAFB） 根据1972年第18号法律成立的利比亚阿拉伯对外银行是利比亚最大的银行，也是唯一在国外开展业务的利比亚银行。

利比亚阿拉伯对外银行1972年6月开始经营业务。它可以从事银行所能开展的各种业务，或在各个经济部门，特别是石油部门进行投资，以及向一些国有企业提供服务或建议。但所有业务活动都必须在利比亚境外进行，是利比亚开展对外经济贸易活动的重要金融机构。虽然利比亚阿拉伯对外银行是中央银行的附属银行，但它不受中央银行制定的规章和条例的管辖，其经营业绩也不列入利比亚政府发表的统计数字之内。

利比亚阿拉伯对外银行又是利比亚政府和各商业银行的驻外代表机构，其使命是购买外国银行和外国公司的股份以及在国外设立分行。因此，利比亚阿拉伯对外银行在几十个国家设有分支和附属机构。1981年后，利比亚对外投资银行同利比亚阿拉伯对外银行共同在国外开展业务。巴林是它们经营的重点，其原因是："自从长达15年之久的黎巴嫩内战爆发以来，巴林银行业务发展迅速，巴林首都麦纳麦欲取代贝鲁特的金融地位。巴林又是一个名副其实的无税天堂，五花八门的税收在巴林几乎概不存在。巴林政府鼓励外国资本投资，法律允许外国投资者可以握有企业的全部股份，无须同当地人合伙。企业所获利润和企业的资本可以自由汇出，银行业务的秘密得到严加保护。"①

为了促进地区的发展，利比亚阿拉伯对外银行广泛地向外国银行发放贷款，在国际金融市场上十分活跃。作为利比亚中央银行的附属银行，利比亚阿拉伯对外银行在海外资金的投放是同利比亚政府外交政策的取向一致的，是利比亚政府提供对外援助的重要工具。据估算，1991年利比亚在国外投资的收入为3.64亿美元，1992年达到4.67亿美元。在联合国安理会实行制裁后，利比亚通过对外银行和对外投资银行继续在国外进行投资。

30年来，利比亚阿拉伯对外银行同一些阿拉伯或非洲国家以及某些欧洲国家在合作的基础上成立了合资银行。在巴林，对外银行和对外合资银行除了控制巴林的AL-UBAF银行的大部分股份外，还分别拥有设在巴林的"阿拉伯财政业务部"的股份。在欧洲，对外银行掌握了同许多中东国家有业务往来的希腊阿拉伯银行72%的资金，以及设在罗马的阿拉伯意大利银行40%的

① 新华社突尼斯1996年2月8日电。

资金。这些银行完全按照国际金融界通行的商业银行规则运作。

商业银行 1970 年，在中央银行商业部的基础上成立了国家商业银行。国家商业银行、民众国银行、撒哈拉银行、团结银行、民族银行是在利比亚国内开展业务的商业银行。商业银行虽然也属于利比亚中央银行所有，但它们有自己的董事会，由各自的管理机构独立经营。

根据利比亚 1993 年颁布的法令，商业银行的资金至少要有 1000 万第纳尔，所获纯利润的一半应作为储备金，直到储备金总额达到银行资金的 50%。此外，纯利润的 25% 应转为银行资金。各商业银行资金的 40% 来自活期存款。活期存款占存款总额的将近 80%。定期存款数量大约只相当于活期存款的 1/3。存款利息应按规定缴纳个人所得税，但储蓄存款（大约只占存款总额的 4%）的利息不必纳税。

商业银行服务对象主要是个人、私人企业和国有企业。为私人提供服务的项目原来主要是通过活期存款账户代发工资或提供建房贷款之类，但建房贷款须以土地作抵押，且金额不超过 1.5 万第纳尔，贷款期限一般只有几个月。自从利比亚政府鼓励私人从事经济活动之后，商业银行也扩大了业务范围，帮助工商业者开展重大业务活动的贷款期可以长达 30 年。对于国有企业，商业银行可以代发工资、开设往来账户、提供贷款和发放进口信用证。

利比亚的商业银行不发行信用卡或借记卡。各商业银行之间也没有划分经营业务的领域或范围。

利比亚 1993 年第 1 号法律第 53 条规定，各商业银行应按照合股公司的模式成立董事会。董事会成员必须是具有民事和政治权利的利比亚公民，不得同时担任另一家银行的董事。属于利比亚中央银行的各商业银行的董事由总人民委员会根据财政秘书的提名任命。私有商业银行的董事由股东大会决定任命。

董事会负责对银行进行管理，有权采取各种必要的行动和措施，包括在《银行法》和中央银行发出的指令范围内作出有关银行业务的决定，在法律规定的范围内决定银行基金如何投放的政策，任免银行的代理人、代表，决定在利比亚国内或国外设立银行分行和办事处，制定银行的内部规章，根据银行业务需要购置或租用房产或出售出租此类房产，任免分行经理或其他职员的职务，根据有关规定确定其薪给标准等。董事会作出有关组织机构以及重要职务的工资和任命等问题的决定时，事先须征得中央银行和财政秘书的同意。在决定长期投资的发放、国内外分行和办事处开业或歇业时，事先应获得中央银行的同意。董事会主席同时担任银行的经理和法人代表。

专业银行 利比亚的某些经济部门，特别是农业、工业、建筑等部门所需资金不由商业银行提供，而由三家专业银行提供。

(1) 农业银行。农业银行成立于1957年，1970年改组。利比亚1970年制定的第133号法律规定，农业银行的主要任务是参与提高农业和畜牧业产量的工作和促进农业合作组织的发展。具体方式是：对从事农业和畜牧业的人员发放贷款，为农业合作组织提供信贷或其他服务，建立或参加与农业银行的业务范围相同的公司或合作组织，通过农业银行的附属公司经营农产品和农用物资，与有关秘书处合作为农业和畜牧业生产提供其他服务等。

为了使农业银行充分发挥其支持农业生产的作用，利比亚政府加大了对农业银行资金的投入，从其建立之初的100万第纳尔增加到1988年末的4800万第纳尔。此外，国家财政每年向农业银行提供100万第纳尔补贴。

发放贷款是农业银行的主要业务，借贷额相当于银行资产的一半以上。农业银行向从事农业和畜牧业的人员主要提供三类无息贷款：期限不超过1年的短期季节性贷款；为购买机器和原料的农户提供期限不超过 8 年的中期贷款和为开垦荒地、建造灌溉和其他农业设施的农户提供为期不超过 15 年的长期贷款。截至 1988 年末农业银行共发放贷款超过 2.25 亿第纳尔。这三类贷款的具体数额如表 4－16 所示。

表 4－16

短期贷款	中期贷款	长期贷款	总 计
1.015 亿第纳尔 1957～1988	7770 万第纳尔 1961～1988	4590 万第纳尔 1966～1988	2.251 亿第纳尔 1957～1988

资料来源：《1969～1994，利比亚革命 25 周年》，第 556 页。

农业银行贷出的款项 90% 可以收回。

农业银行还以保护价收购农产品，然后由政府补贴后低价出售，以此来支援农业生产。按规定农业银行应向定期存款的储户支付利息，但不向借贷者收取利息。国有企业所欠债务经常逾期不归还。

（2）发展银行。发展银行根据利比亚政府 1981 年颁布的第 8 号决定成立，受政府轻工业部领导，资金为 1 亿第纳尔。发展银行的职能中包括了原来房地产与工业银行中的工业部所行使的职能，主要有：向工业、农业、旅游及其他具有经济效益领域的生产计划提供贷款，无论这种计划是新制定的或是对现有生产手段的提升或进行现代化改造；为生产计划提供协助或技术咨询；为公民谋求能够扩大其经济基础或增加收入来源的机会；吸引外商对国内生产计划提供资金等。第 8 号决定同时规定，发展银行的资金包括：国家拨付的 1 亿第纳尔、由工业改造计划转拨来的资金以及发展银行通过发行债券和投资证书从国内外所得的款项。

工业部门是发展银行贷款的重点对象。向公有或私有工业计

划提供的贷款，无论是短期、中期或长期贷款，利率均不超过3%。1970 年，发展银行贷出的款项只有 100 万第纳尔左右，1986 年增加到超过 2400 万第纳尔。在这期间，工业部门获得的贷款总计为 4200 万第纳尔。

（3）储蓄与房地产投资银行。储蓄与房地产投资银行的前身是 1965 年成立的房地产与工业银行中的一个部门，当时仅有资金 1000 万第纳尔。由于中低收入者难以承担建造住房所需的巨额资金，利比亚政府决定于 1981 年成立独立的储蓄与房地产投资银行，隶属于政府住房部，向需要自建住房者提供长期无息贷款。

根据 1981 年颁布的第 2 号法律，储蓄与房地产投资银行是股份制银行，资金合计为 1 亿第纳尔，其中 7080 万第纳尔投资单位和投资数额见表 4－17。

表 4－17

单位：万第纳尔

单位名称	计划投资	实际投资	单位名称	计划投资	实际投资
1. 住房秘书处	4000	1200	4. 生产者服务基金	1000	1000
2. 社会保障基金	2000	1880	5. 利比亚保险公司	500	500
3. Jehad 基金	2000	2000	6. 商业银行	500	500

资料来源：《1969～1994，利比亚革命 25 周年》，第 559 页。

储蓄与房地产投资银行鼓励居民为建房而储蓄，并向需要建房者提供贷款。

为此，储蓄与房地产投资银行采取的主要措施有：

开展宣传活动，动员居民节约日常开支，存钱建房或买房。居民除为自己建立账户外也可以为子女和家眷建立账户。

向建造私房者发放房产贷款，期限可以长达 50 年，不计利息，每年只收取手续费。

发行债券和投资证书，所得款项用作房地产贷款。

开办储蓄业务，接受准备购置房地产者的存款。

实施银行自身的房地产计划。银行可以建造住宅或其他房舍出租，也可以与其他实体合作进行与房地产有关的投资。

利比亚这三家专业银行发放贷款和回笼货币的数量并不多，基本上是信贷机构而不是银行。①

私有银行 1994 年，利比亚政府对 1993 年第 1 号《银行法》、《通货与信贷法》以及其他有关经济和银行业的法律作了修改，鼓励私人资本开设地区性银行。到 1998 年，中央银行已发出许可证 47 份，全国已经成立由地方社会团体集资，为当地的需要服务的私有银行 38 家。最大的私有银行是“商业和发展银行”。

由各地区性银行集体所有的“全国银行公会”是协调各地区性银行活动，向它们提供服务并代表它们在国外开展业务的机构。但地区性银行仍须接受中央银行的监督。

其他银行 利比亚还有一些参与房屋建造、农业、制造业等领域发展计划的银行。其中著名的有阿拉伯银行公会。阿拉伯银行公会由利比亚中央银行和利比亚阿拉伯对外银行掌握其 30% 的资金，在利比亚设有代表处。

三 货币、外汇与通货膨胀率

利比亚独立后，先后有两种货币在国内流通：由国际委员会发行的利比亚镑和由利比亚中央银行发行的第纳尔（LD）。

1951 年独立时，利比亚是英镑区的成员，国内各地区同时

① 新华社突尼斯 1996 年 2 月 8 日电。

有多种货币合法地流通。后来，由国际委员会代替利比亚发行利比亚镑取代其他货币。当时，一个利比亚镑相当于2.80美元，同英镑保持固定汇率。1967年11月，英镑贬值使利比亚镑随之贬值，利比亚镑便不再与英镑保持固定汇率，但利比亚仍然是英镑区成员国。1971年12月，利比亚政府对英国在利比亚的石油资产实行国有，两国关系恶化，利比亚退出英镑区。

1971年1月，利比亚进行币制改革，由国家银行发行第纳尔取代利比亚镑成为全国通用的货币。第纳尔纸币分为1元、5元和10元3种，以及250第拉海姆和500第拉海姆2种。辅币则有1、5、10、20、50和100第拉海姆6种。1000第拉海姆相当于1第纳尔。为了保持第纳尔币值稳定，利比亚政府于1973年建立第纳尔与美元之间的固定汇率，由1第纳尔兑换2.80美元调整为3.04美元。1974年更调整为3.3778美元，直至1986年。1986年3月，利比亚政府再次进行改革，利比亚第纳尔与美元脱钩而同特别提款权之间实行浮动汇率，使第纳尔贬值约10%。特别提款权是国际货币基金组织发行的一种记账单位，每单位的含金量为0.888671克纯金，按会员国所分摊的资金份额比例分配。作为一种记账单位，特别提款权只能用于政府间结算或作为国际储备，也可以换取可兑换的外币、支付国际收支差额或偿付基金组织贷款，但不能兑换黄金和直接用于国际贸易或非贸易支付。1974年7月1日，国际货币基金组织宣布特别提款权与黄金脱钩，改以16种货币“一揽子”作为定值标准。1981年1月起，又以美元、德国马克、英镑、法国法郎、日元5种货币重新定值，以增加特别提款权的稳定性。利比亚第纳尔与特别提款权之间浮动汇率制的建立可以使第纳尔在世界经济形势变动的情况下更好地保持币值稳定。

利比亚存在两种不同的汇率：“官方汇价”和黑市“商业汇价”。政府支出和外国公司使用官方汇价，个人和私有企业之间结算则用黑市汇价，两者之间相差悬殊。1996 年时，差额甚至高达 10 倍。1996 年后，利比亚第纳尔与美元的官方汇率如表 4－18所示。

表 4－18

年份	1 美元兑换第纳尔		年份	1 美元兑换第纳尔	
1997		0.38	2001	0.6051	0.65
1998		0.39	2002	1.2707	21.30*
1999	0.3936	0.54	2003	1.2929**	
2000	0.4994	0.54			

* Encyclopedia of the Orient：Libya.

** CIA：The World Factbook-Libya.

利比亚曾经采取由中央银行抛售美元的办法来抑低黑市汇价，使两种汇率趋于一致，以保护外国投资者的利益。1998 年，利比亚政府的石油收入因国际油价下跌而减少 35%，10 月间利比亚第纳尔被迫贬值，由 1 美元兑换 0.38 第纳尔下调为 0.45 第纳尔。1999 年油价再次上涨。2001 年初，官方汇率为 1 美元兑换 0.58 第纳尔，黑市汇率则为 1 美元兑换 1.55 或 1.50 第纳尔。两种汇率间的差额曾经缩小为 3 倍。2002 年 1 月 1 日第纳尔再次贬值 51%。

利比亚对外汇实行严格管理。根据利比亚政府 1994 年 4 月颁布的外汇管理法令，未经中央银行批准不得进行外汇交易，也不得汇进和汇出外汇；出口商应该根据中央银行规定的条件收回其商品出口所得的外汇；允许私人在商业银行保存其个人的外汇，经过批准的银行可以为个人办理外汇业务；任何人入境时可以不受限制地携带任何货币，但在经过海关时应该申报；利比亚境内的外国企业可以将资本和利润汇往境外，外国承包公司和劳务人员可以按照规定的比例兑换外汇汇出等。

由于缺乏物价波动的统计资料，因而无法确切地了解利比亚的通货膨胀率。但是，据统计，自20世纪90年代以来通货膨胀率一直保持在较高水平，但呈逐年下降趋势。

表4-19

年份	通货膨胀率(%)	年份	通货膨胀率(%)	年份	通货膨胀率(%)
1996	38.9	1998	24.2	2000	12.0
1997	25.0	1999	18.0	2001	12.0

据估计，2003年利比亚通货膨胀率（按消费品价格计算）为1.796%～4.0%，2004年为1.996%～3.5%。[①] 此外，据美国中央情报局估计，2004年利比亚通货膨胀率（按消费品价格计算）为2.8%。[②]

利比亚通货膨胀率高的主要原因是利比亚政府每年需对以高价进口的食品补贴。经济制裁对利比亚造成的影响又使许多零售商店关门歇业，消费品的匮乏使物价上涨也是通货膨胀的一个原因。1999年联合国中止了对利比亚的制裁，消费品供应紧张的情况有所缓解。欧洲的一些石油公司重新返回利比亚开业又增加了利比亚的石油收入。与此同时，利比亚政府实行节约开支的方针减少了公共支出。这些因素使通货膨胀率在1999年之后明显下降。由于利比亚政府实行高福利政策，对居民提供多种补贴，所以高通货膨胀率并未使居民的生活水平因此降低。

四 保险业

根据利比亚第7号法律的规定，自1959年起就有外国保险公司在利比亚设立分支机构或办事处经营保险业

① http：//www.eia.doe.gov/emeu/cabs/libya.html.

② CIA：The World Factbook-Libya.

务。1964 年，利比亚保险公司成立。此后，又先后成立了撒哈拉保险公司（1967 年）和穆赫塔保险公司（1968 年）、北非保险公司（1968 年）。

“九一”革命后，利比亚通过制定一系列法律和法令对保险公司实行国有化，由国家直接控制保险市场。

1970 年利比亚颁布第 56 号法律，规定在利比亚开业的所有保险公司均应服从国家的监督和控制。这是利比亚政府为了消除外国势力对利比亚社会生活的影响所作出的努力的一部分，也是利比亚政府干预保险市场的开始。

1970 年，利比亚革命指挥委员会规定，国家应该参股，在各保险公司原始资本中占有不低于 60% 的股份。

1971 年，利比亚政府又对保险业作出了一系列重要决定。由经济部发出的第 1 号法令规定削减保险公司资本中的私有份额。规定使用“押汇信用证”（Documentary credit 或称“担保付款凭证”）办理进口业务或由政府机构进口货物必须同时办理保险，所有汽车也都必须保险。第 14 号法令规定，利比亚政府应对在利比亚经营业务的所有外国保险公司进行监管。1971 年第 80 号法令更是规定利比亚政府可以对所有在利比亚开业的保险公司实行国有化。同年经济部第 52 号法令规定对所有保险公司实行合并。合并之后，只有利比亚保险公司和穆赫塔保险公司可以经营保险业务。

1980 年 12 月 28 日，利比亚总人民大会进一步作出合并保险公司的决定，将穆赫塔保险公司并入利比亚保险公司。硕果仅存的利比亚保险公司共设 8 个分公司和 35 个办事处，可以在国内大部分地区经营海运货物保险、船舶保险、航空保险、内地运输保险、火险、失窃保险、近岸保险、汽车保险、家庭财产保险和寿险等业务。

1999 年以来，利比亚保险业中最大的变化是经利比亚政府准许，吸收了不少外国资本成立了联合保险公司，根据政府规定，除联合保险公司外，侯赛因保险公司和拉布塔保险公司也在1999~2000年间获准进入利比亚保险市场。

第六节　贸易和外国投资

一　国内贸易

利比亚的国内贸易是在国家控制之下主要由一些国有企业负责组织和安排的。商品零售业中有私有经济成分参与，但比重很小。

“九一”革命后，利比亚政府确定开展国内贸易的原则和应该达到的目标是：

（1）经济活动应该以最佳的手段和最低的费用满足人民多方面的需要。

（2）充分利用在工业、出口、进口和营销等领域里的经济资源。

（3）以最低的代价和最合适的条件稳定地、源源不断地向各种分配渠道提供商品。

（4）建立对经济活动的监督机制，以实现物价的统一和为国内不同地区供应适当的消费品，并为防止出现任何形式的剥削提供保证。

防止出现剥削，因此对私有经济必须加以限制甚至消灭，是卡扎菲组织经济活动的重要指导思想。卡扎菲认为，人们从事经济活动只能以满足自身需要为目的，超过这个限度的各种活动形式就是剥削，是不能允许的。卡扎菲在《绿皮书》第二章《经济问题的解决办法——“社会主义”》中说：

对个人来说，从事经济活动的合法目的，只能是满足自身的需要。……任何人都无权为获取超过自身需要的财富而进行经济活动，因为，超过的部分是别人应得的权利。

允许私人生产获得超出自身需要的积累，允许雇佣别人来满足自身的需要，或使用别人获取超出自身的需要，即强制别人牺牲自己的需要，为满足他人需要和实现他人的积累而劳动，这本身就是剥削。

满足人们的需要不能靠剥削和奴役他人来实现，否则与社会主义新社会的宗旨背道而驰。

根据削弱私有经济，不准许出现剥削的指导思想，为了从商品的生产、进口和出口到市场营销全面控制国内商业活动以实现上述目标，利比亚建立了由工业公司、进出口总公司和各类专业进出口公司，以及由“人民市场”、消费者合作社和个体商贩组成的全国商业体系。在这个商业体系中，主体是国有企业，只允许在零售业中有少数个体商贩。80 年代中，由于石油收入减少，商品短缺现象加剧，政府在限制私人经商的前提下建立了一批国有的“绿色市场”，出售由国家补贴的商品，消费者合作社也有所发展，国家的立法对私有经济的限制有所放宽。政府允许在一

表 4－20　1988 年超级市场及消费者合作社分布情况

城市名称	超级市场数	消费者合作社数	城市名称	超级市场数	消费者合作社数
巴特南	27	129	扎维耶	58	309
绿　山	95	301	塞卜哈	35	60
班加西	49	36	加尔比亚	73	122
苏尔特	61	190	瓦　迪	31	70
梅尔吉布	56	324	木祖克	24	62
的黎波里	112	394	库夫拉	7	5

资料来源：《1969～1994，利比亚革命 25 周年》，第 512～513 页。

些城市的郊外建立集贸市场，每周三、五农民可以就近进行交易。但零售业中的私有经济成分仍然受到各种限制，难以迅速发展。

二 对外贸易

对外贸易是利比亚国民经济中十分重要的组成部分。利比亚成为石油输出国之后，对外贸易有很大发展。通过原油和石油制品大量出口，利比亚得以取得实施社会和经济改造计划所需的资金、原材料和设备，并可以进口居民需要的食品和其他消费品。但是，由于石油和石油制品不可避免地要受国际市场油价涨落的影响，利比亚国民经济因此会产生大幅度波动。

1. 发展对外贸易的战略目标

利比亚政府确定的发展对外贸易要实现的战略目标是：

(1) 引导和组织进口贸易，保证以最有利的条件得到实施社会和经济改造计划所需的商品和原材料。

(2) 除了出口原油、石油副产品、石油化学产品外，还应有其他多种商品可供出口。

(3) 开拓新的市场，尽量减少对传统市场的依赖，同时与第三世界国家和其他友好国家建立新的贸易关系。

2. 为经济发展服务的对外贸易方针政策

利比亚“九一”革命后，政府先后制定和实施《三年发展计划》(1973～1975)，《社会和经济改造计划》(1976～1980、1981～1985)。2001年开始执行第三个《五年计划》，对外贸易为这些计划的实施作出了贡献。

1973～1975年的《三年发展计划》的核心内容是政府拨出大量资金用于建设，计划要求增加进口物资51.6%，与此相应石油出口要增加15.8%。从技术的角度考虑，原油产量必须控制在一个适当的限度内，不能过快地增加产量。但石油收入必须使购买机器和各种设备的资金得到保证。《三年发展计划》中的另一项重要内容是，努力发展本国产品特别是食品和建筑材料，以逐步减少从国外进口。

1976~1980年的第一个《社会和经济改造计划》中有关对外贸易的规定有：

(1) 对进口贸易加强监督和引导，加强银行体系同进口贸易体系之间的协调。

(2) 运用适当的贸易政策保护本国产品并监督进口业务，以促进经济发展。

(3) 进口贸易体系应为多余的工业产品和农产品开拓新的销售渠道。

1981~1985年的第二个《社会与经济改造计划》提出要建立产品多样的强大的经济基础，对外贸易应为实现这一宏伟的目标服务。

利比亚政府贯彻执行上述方针并对进口贸易实行政策性指导，主要是：禁止进口奢侈品和国内能够生产的产品；优先进口阿拉伯国家、友好国家和同利比亚签有贸易协定的国家的商品；鼓励易货贸易；尽量从廉价市场和原产地进口；禁止外国公司在利比亚开设纯商业性机构和刊登商业广告等，在进出口贸易方面取得了巨大成就。

3. 对外贸易的经营管理体制

利比亚对外贸易基本上由国家通过国营外贸公司进行控制，进口贸易实行计划和许可证双重管理的制度。

1989年前，进出口贸易完全由几十家国营外贸公司垄断。1989年对外贸易向私商开放之后，除政府规定私商不得经营的粮油食品、药品、肉类、黄金、贵金属制品、安全用品、防治病虫害用品、活畜、医疗用品、烟草、石油制品等几十种商品仍由国营外贸公司统一经营外，私人可以成立进出口股份公司经营外贸业务。私营进出口公司除根据计划和利用政府拨给的一定额度的外汇进口商品外，还可以从事易货贸易和批发贸易。但是，私商占有的份额不大，利比亚的对外贸易基本上仍由国营外贸公司控制。

进口贸易必须按照根据商品进口计划制定的国家本财政年度进口预算进行。除了进口粮油食品、药品等由有关国营外贸公司在接到预算后立即同外国公司签订合同，并由中央银行开具信用证外，经营进口其他商品的外贸公司在接到预算和签订合同后，必须向经济计划部门申请进口许可证，然后再向中央银行申请进口信用证。这就是除食品和药品等商品外进口其他商品实行的计划和许可证双重管理制度。

4. 关税

利比亚对出口商品全部免征关税。对于进口商品则分别情况免征或按不同的税率征税。

(1) 实行免税或象征性地征收低关税的商品包括，发展工业生产所需要的机械设备、零配件和原材料等；发展农业生产所需要的机械、农具、农药、化肥、种子、种禽、种畜等；医疗卫生用品如药品、救护车和医疗器械等；文化用品、书籍报刊等；国防所需的武器装备等。进口粮油食品、糖、茶叶、奶粉、牛羊肉等人民生活必需品不仅免征关税，政府还给予补贴。

(2) 国内不能生产或虽能生产但不能满足需要的一般商品的进口税率大体在5%～50%之间。

(3) 为了保护民族工业的发展，国内能够生产的产品禁止进口，或者征收高关税。

(4) 毛织品、丝织品、工艺品、贵金属制品等奢侈品和高档消费品征收100%～200%高关税。

(5) 猪肉和猪肉制品以及各种酒类严格禁止进口。

5. 贸易平衡

“九一”革命后，利比亚对外贸易发展迅速，为经济改造计划积累了大量资金。1969 年，利比亚出口商品总值为 7.728 亿第纳尔，1974 年增加到 24.452 亿第纳尔，5 年间增长 216%。但是，在 1980～1986 年间，由于国际市场的变化，原油价格下跌，利比亚出口商品总值因此由 64.86 亿第纳尔下降为 18.31 亿第纳尔。在 1969～1974 年间，由于政府大量投放资金，利比亚进口商品总值由 2.41 亿第纳尔增加至 8.17 亿第纳尔，平均每年增长 31%。1976～1980 年实施第一个《社会和经济改造计划》期间，进口商品总值由 8.17 亿第纳尔增加至 20.06 亿第纳尔，5 年增长 145%。1980～1986 年间，石油收入的急剧减少和实行减少对外国商品依赖的政策的结果，使进口商品总值下降 25%（见表 4－21）。

表 4－21　1970～1986 年间利比亚进口和出口商品总值

单位：百万第纳尔

年 份	进口总值	进口增长率(%)	出口总值	出口增长率(%)
1969	241.3		722.8	
1970	198.0	－17.9	841.8	8.9
1971	250.4	26.5	959.9	10.4
1972	343.2	37.1	966.3	0.7
1973	539.9	57.3	1196.4	23.8
1974	817.8	51.5	2445.2	104.4
1975	1048.7	28.2	2023.2	－17.3
1976	950.8	－9.3	2828.5	39.8
1977	1117.0	17.5	3378.2	19.8
1978	1362.6	22.0	2929.3	－13.38
1979	1572.4	15.4	4759.3	62.5
1980	2006.2	27.6	6486.4	36.3
1981	2481.3	23.7	4109.8	－28.9

续表 4－21

年　份	进口总值	进口增长率(%)	出口总值	出口增长率(%)
1982	2124.3	－14.4	3908.8	－15.2
1983	1784.8	－16.0	3616.6	－7.5
1984	1841.7	3.2	3300.4	－8.7
1985	1214.4	－34.1	3645.6	10.5
1986	1500.0	23.5	1831.5	－49.8

资料来源：The General People's Secretariat Committee for Planning, Social and Economic Parameters, 1970－1986, Fatah 1987。

表 4－22　1996～2001 年利比亚外贸总值

单位：百万美元

年　份	1996	1997	1998	1999	2000	2001
出口总值(离岸价格)	9578	9876	6328	6758	13900	13100
进口总值(离岸价格)	7059	7160	5857	3996	7600	8700

资料来源：《Nations of the World》, 2003 年第 3 版。

据利比亚中央银行公布的统计数字，2002 年利比亚进出口贸易额达到 157.63 亿第纳尔，约合 121.25 亿美元。① 2003 年，利比亚进口总值为 62.82 亿美元（离岸价格），出口总值为 143.2 亿美元（离岸价格）。②

从总体上来说，利比亚出口总值超过进口总值，对外贸易长期保持顺差。1969～1974 年期间，贸易顺差由 5.31 亿第纳尔增加到 16.27 亿第纳尔，1980 年贸易顺差更达到 44.8 亿第纳尔。进入 80 年代后，虽然由于国际市场原油价格下跌等原因使利比亚政府收入减少，但进口商品也相应削减，利比亚的对外贸易仍

① 中华人民共和国驻利比亚大使馆商务参赞处：《利比亚投资环境综述》。

② CIA：The World Factbook-Libya.

然保持顺差的格局。即使在90年代遭到国际制裁，对外经济关系受到重大影响的情况下，利比亚的对外贸易仍然是出口总值超过进口总值。

6. 进出口商品结构

利比亚出口商品主要是石油、天然气和石油制品。

表4-23 利比亚石油出口量

单位：千吨

1980年	1993年	1994年	1995年	1996年	1997年	1998年	1999年	2000年	2001年	2002年
85054	54893	55661	54587	52801	51999	55715	47602	51156	49193	45192

资料来源：世界银行2005年报告。

原油出口约占利比亚全部出口商品总值的95%。1969年，原油出口的收入为7.71亿第纳尔，1974年增加为23.88亿第纳尔。收入增加的原因是，国际市场原油价格经过调整后上涨，以及利比亚政府对外石油公司实行国有化和对石油生产加强了经营管理。1980年，原油出口收入达到62.87亿第纳尔，比1974年增加163%。1980~1986年，由于国际石油价格多变，利比亚原油出口总值随之每年变化。国际石油价格下跌对利比亚对外贸易造成极大冲击。

2003年，利比亚出口原油的收入为134亿美元。2004年估计原油出口收入为129亿美元，占全部商品出口总值的96%。[①]

利比亚天然气资源丰富，但尚未充分开发。液化天然气出口总值1961年为250万第纳尔，1979年增加为6750万第纳尔。1986年为5500万第纳尔。2001年，天然气出口估计有7.7亿立方米。[②] 利比亚政府计划扩大天然气的生产和出口。目前，每年

① http://www.eia.doe.gov/emeu/cabs/libya.html.

② CIA: The World Factbook-Libya.

生产的天然气中约有20% ~25%主要输往意大利和西班牙。

石油制品的出口总值，1962年为250万第纳尔，1975年增加到3050万第纳尔，1980年更高达1.87亿第纳尔。与出口原油不同，液化天然气和其他石油制品主要是通过短期双边协定进行交易，出口量难以保持稳定。

1995~1998年，利比亚原油和石油制品出口总值分别是77.63亿、95.43亿、89.05亿和56.12亿美元，占当年商品出口总值的92%、94%、90%和93%。[①]

除了上述三类主要商品外，1979年以来利比亚开始出口化学产品，1982年后石油化工产品也有出口。

与出口商品门类比较单一的情况不同，利比亚进口商品的种类根据发展经济和满足居民需要而确定，呈现出多样化的特点。按照进口商品的价值排列，最重要的进口商品是机器和运输设备、各种制成品和食品。

利比亚进行大规模经济建设需要大量进口机器和运输设备。1970年，进口机器和运输设备占进口总值的80%。1975年，利比亚进口价值为2.78亿第纳尔的机器和运输设备，1980年增加为7.62亿第纳尔。

利比亚进口的制成品主要是钢铁和其他金属制品，此类商品在1975年进口商品总值中占32.7%。

食品和牲畜是第三大类主要进口商品，其进口的数量因石油收入的变化而有所增减。1970~1975年，食品和牲畜进口量激增，年进口值自3930万第纳尔增至1.619亿第纳尔。1976年此类商品减少。1976~1981年，又逐步增长至价值4.09亿第纳尔，占全国商品进口总值的16%。此后，受石油收入减少的影响，食品和牲畜进口的数量下降，但其幅度低于其他进口商品下

① 《世界各国经济概况》，经济科学出版社，2001年4月出版，第637页。

降的幅度，因此在全国进口商品总值中所占的比重仍保持在15.2%～16.3%。

利比亚主要的出口商品石油、天然气和石油制品直接受国际市场价格变化的影响，但利润巨大，是利比亚政府财政收入的主要支柱。利比亚进口商品的能力也因此得到极大的提高。

7. 进出口贸易的地理分布

按照传统的分类标准，与利比亚建立贸易关系的国家和地区分为7个集团：

（1）阿拉伯联盟各国

（2）非洲国家

（3）西欧国家

（4）东欧国家

（5）北美、中美和南美国家

（6）亚洲国家

（7）其他国家

上述7个集团中的国家和地区在利比亚对外贸易关系中的重要性不是固定不变的，常因为利比亚政府对外政策的调整以及世界经济形势发生变化而改变。下列两表的数字显示了利比亚对外贸易关系的变化。

联合国安理会实施的制裁对利比亚非石油产品的贸易有严重影响，原来主要由美国提供的生产石油的设备也因制裁而不能完全满足需要。在联合国实施制裁期间，利比亚同其马格里布联盟的邻国阿尔及利亚、摩洛哥、突尼斯、毛里塔尼亚等国保持着密切的贸易关系。1999年，联合国安理会中止了制裁，美国也放宽了对利比亚的限制，允许向利比亚出口食品和药品。翌年，卡扎菲出访北非和阿拉伯国家，谋求同这些国家加强经济贸易和其他方面的合作。日本、俄罗斯、意大利、英国、法国、南非、马来西亚、中国、沙特阿拉伯等国都派出代表团访问利比亚。1997

表 4-24　1971~1985 年利比亚出口商品的地区分布①

单位：百万第纳尔

	阿拉伯国家		非洲国家		西欧国家		东欧国家		美洲国家		亚洲国家		其　他	
	价值	%	价值	%	价值	%	价值	%	价值	%	价值	%	价值	%
1971	1.68	0.2	0.618	0.1	0.742	0.1	135.3	14	5.22	0.5	818.9	85.1		
1974	6.98	0.3	73.55	3.0	17.78	0.7	185.2	7.6	125.8	5.1	2036	83.3	0.001	
1977	2.7	0.1	2.9	0.1	55.8	1.6	1475.9	43.6	115.1	3.4	1693.1	50.1	36.3	1.1
1978	12.44	0.004	2.74	0.001	86.8	2.95	1239.5	42.3	78.11	2.7	1503.1	51.2	10.27	0.004
1979	9.9	0.003	7.53	0.002	182.3	3.8	1892.1	39.7	115.8	2.4	2488.4	52.3	66.02	1.4
1980	58.11	0.9	9.71	0.1	271.3	4.2	2694	41.5	302.3	4.7	3043.4	46.9	110.3	1.7
1981	30.85	0.7	0.389	0	227.8	6.2	1430.1	31.0	341.4	7.4	2508.3	54.4	12.31	0.3
1982	28.33	0.7	67.74	1.7	203.7	5.2	303.2	7.8	327.4	8.4	2918.4	76.2		
1983	23.71	0.6	16.44	0.5	183.9	5.1	395.9	10.9	280.4	7.8	2716.1	75.1		
1984	71.47	2.2	3.98	0.1	304.7	9.2	40.9	1.2	286.03	8.7	2593.3	78.6		
1985	72.12	2.0			365.1	10.1	67.3	1.9	314.8	8.6	2826.3	77.5		

① 1971、1974 和 1977 年资料来自利比亚计划秘书处、统计与调查组织、对外贸易局。1977、1978 和 1979 年资料来自利比亚总人民大会计划人民委员会、统计与调查组织。1980~1985 年资料来自总人民大会计划人民委员会、对外贸易局。

表 4-25　1971~1985 年利比亚进口商品的地区分布

单位：百万第纳尔

	阿拉伯国家		非洲国家		西欧国家		东欧国家		美洲国家		亚洲国家		其他	
	价值	%	价值	%	价值	%	价值	%	价值	%	价值	%	价值	%
1971	19.66	7.8	1.941	0.8	153.13	61.2	23.55	9.4	20.46	8.2	31.21	12.5	0.4	0.1
1974	46.72	5.7	3.68	0.4	543.93	66.5	74.01	9.1	43.38	5.3	102.01	12.5	4.061	0.5
1977	19.47	1.7	5.41	0.5	796.31	71.3	78.34	7.0	74.05	6.6	138.54	12.4	5.02	0.5
1978	28.78	2.1	4.8	0.003	922.41	61.9	117.08	8.6	91.56	6.7	186.78	13.7	11.16	0.008
1979	21.07	1.333	2.033	0.129	1098.1	69.8	126.24	8.0	95.91	6.1	206.38	13.1	22.65	1.44
1980	13.34	0.7	3.80	0.2	1461.9	72.9	114.54	5.7	151.25	7.5	217.41	10.8	43.8	2.2
1981	28.52	1.2	3.58	0.1	1724.5	69.5	153.7	6.2	189.1	7.6	282.0	11.4	99.9	4.0
1982	43.50	2.0	5.19	0.24	1455.7	68.5	156.5	7.1	185.4	8.5	228.7	10.8	99.2	4.7
1983	28.14	1.6	2.51	0.1	1286.0	71.4	140.8	7.9	80.6	4.5	231.3	13.0	17.2	1.0
1984	45.69	2.5	0.068	0	1225.1	66.5	124.1	6.7	84.9	4.6	347.0	18.9	14.7	0.8
1985	28.79	2.4	1.068	0.1	826.3	68.0	65.67	5.4	88.5	7.3	194.4	16.0	9.5	0.8

年和1998年，利比亚外贸顺差均有10多亿美元。1999年贸易顺差增加到30亿美元。

目前，西欧国家已成为利比亚主要的贸易伙伴。2000年，意大利占有利比亚出口市场的42%，占其进口商品总值的25%；德国为19%和10%；法国为4%和7%；英国为6.5%和3%。来自比利时的商品占利比亚进口总值的4%。在非洲和阿拉伯国家中，突尼斯的商品占利比亚进口总值的5%，苏丹在利比亚出口市场中占4%。2003年，各西欧国家在利比亚出口商品中所占的份额是：意大利38.8%，西班牙13.4%，德国13.4%，土耳其7.1%，法国6.1%。这些国家在利比亚进口商品中所占的份额是：意大利27.8%，德国10.5%，突尼斯7.6%，英国6%，法国6%，土耳其4.6%。①

三　外国投资

利比亚有吸纳外国资本的广阔市场。石油工业的兴起和发展需要大量来自外国的资金、设备、技术和人力等方面的支持。早在1955年，独立后不久的利比亚制定《石油法》（第25号法律）和与该法配套的一系列法令和条例，作为外国公司在利比亚从事石油勘探等活动的法律规范。几十年来，利比亚的石油工业一直是外国资本投放的重点领域。此外，规模宏大的人工河工程也是长期吸收外国巨额资金的项目。随着人口的增长和现代化建设的进展，发电和电力输送、长途电信、铁道建设以及满足人民日常生活需要的消费品生产和学校、医院、旅游设施的建造等等，既是利比亚政府计划发展的重点，也为吸引外资开辟了巨大的空间。

"九一"革命后，利比亚开始推行国有化政策，对外国在利

① CIA：The World Factbook-Libya.

比亚的投资一般采取合资经营的方式，由利比亚占有50%以上的股份。同时，利比亚政府允许外国公司在国际航空、海上运输、工矿业及民用工程、海上作业咨询、石油地质勘探、维修与服务、港口管线、水库建设等16种项目范围内进行业务活动。但外国资本不得在利比亚设立商业性机构。根据利比亚政府1973年第100号法令，从事上述业务活动的外国公司应该到利比亚工商会登记注册，并提交有关的证明文件。

1955年制定的《石油法》（第25号法律）及其修正条款、1977年制定的《外国资本投资鼓励法》（第5号法律）和2000年制定的《自由贸易区法》，是集中体现利比亚政府外国投资政策的三部重要法律。

《石油法》规定了有关外国公司在利比亚的石油领域进行投资、开发、合作的政策。勘探开发实行“勘探许可证”和“特许权协议”制度。获得特许权的外商有权进入并占用指定区域中的非私有土地，并在8个月的期限内开始石油勘探作业。在发现石油后，可以按照法律的规定建造和经营炼油厂。利比亚政府石油部可以要求该厂按原油价格提供一定数量的原油以满足利比亚国内的需要。外商在获得特许权后，为石油勘探、开采、运输、提炼等业务需要而进口的机械设备、装备、工具、材料等均免征进口关税，但凡是利比亚国内能够生产的型号和价格、质量相当的产品，以及海关规定应该征税的物品不在免税之列。获得特许权的外商在利比亚生产的石油或石油制品可以在没有出口许可证的情况下免税出口。特许权协议有效期为50年，并可以延长不超过10年的有效期。

《外国资本投资鼓励法》对于在利比亚国家总政策框架内，符合利比亚经济和社会发展目标的、投放于非石油领域内的外国资本提供优惠条件，鼓励外国投资者在利比亚的工业、卫生保健、旅游、服务、农业以及总人民委员会根据计划、经济和贸易

秘书处的建议而决定增加的其他经济领域投资。《外国资本投资鼓励法》不适用于投放于石油项目的外国资本。但一些只是为石油行业提供服务而不直接参与勘探或生产石油和天然气的公司，例如制造钻机的公司，可以被认为属于工业门类而不是石油门类，因而仍适用《外国资本投资鼓励法》。

《外国资本投资鼓励法》规定，外资投资项目可以享受下列豁免：

(1) 凡进口机械、仪器、原材料、机器零件等项目所需的各种商品，免征关税和手续费。

(2) 凡项目所需的零配件和初级产品，免征 5 年进口关税及其他相关税收和费用。

(3) 项目开始生产后，免征5年所得税。

(4) 投资计划内的产品，免征生产税和出口税。

(5) 免除一切商业文件和函电应缴纳的印花税。

(6) 上述豁免适用于以投资收入所作的再投资。

投资者还享有下列权利和优惠：

(1) 可以在商业银行或利比亚阿拉伯对外银行开设本外币账户。

(2) 有权获得土地使用权，可以租用或建造投资计划所需的房屋。

(3) 每年可以将收益和利润汇回本国。

(4) 在投资计划期满之后，或在债务清偿之后，或在投资计划部分或全部转售之后，或在投资许可证发出至少 5 年之后，可以撤回投资。

(5) 投资者如能证明，由于无法得到许可证，或是环境不允许他进行投资（例如没有充足的水源或电力可资利用），在他付出款项之后至少经过6个月，可以将这笔资金汇回本国。

(6) 外国资本在利比亚建立的公司可以免除通常必须向经

济和商务部进行注册登记的手续。

（7）投资者可以从国外雇佣或引进实施投资计划所必需的人力或技术专家，并允许这些人员将工资和奖金汇出。

凡符合《外国资本投资鼓励法》规定的投资申请可以向外国投资局提出，或向利比亚驻国外的人民办事处（即使馆）提出，然后由外国投资局将申请书连同它签发的推荐书一起上交总人民委员会，得到批准后由外国投资局发放投资许可证。

根据《外国资本投资鼓励法》第6条规定，外国投资局是鼓励和促进外国投资的工作机构，其任务是对符合法律规定的投资活动进行监督或提供支持，对投资者根据投资鼓励法提出的请求进行考虑和研究。

根据利比亚宪法和法律，外国投资者的合法权益应该得到保护。利比亚宪法中并没有保护外国投资的专门条款，但规定征税或改变税率以及征用财产都必须依法进行，实际上也是为外国投资者提供的法律保障。利比亚1988年制定的《人权宪章》则规定，财产是神圣和受保护的，除非为了公共利益并给予公正的补偿不能侵犯。1991年的第20号法律规定，除非符合公共利益并给予公正的补偿，不能没收私有财产。在2000年制定的《自由区法》中也有类似规定。这些规定同样应该适用于外国投资者。《外国资本投资鼓励法》则明确规定在利比亚投资将受到法律保护。此外，利比亚已经加入阿拉伯投资保障机构和国际投资保障机构，承诺保护外国在利比亚的投资。利比亚还同20多个国家签订了保护保障投资协议、禁止双重征税及其他保障协议。

2000年利比亚制定《自由区法》（第9号法律），规定建立自由区促进和开展转口贸易、过境贸易和加工装配业务，在自由区内进行经贸活动不受利比亚现行的有关工商、税务、海关、进出口等的法律法规的限制，除须支付服务费外免除关税和其他税收。投资者在自由区所拥有的项目、资金和转运的货物均为私有

财产，不得加以扣押、没收、征用或冻结。如果依法将其收归国有或征用，应按公平原则给予补偿。

2000 年，利比亚总人民委员会通过第 495 号决议，在的黎波里以东 210 公里建立了面积为 241 公顷的米苏拉塔自由区，接受在自由区内实施工业、贸易、服务业等项目或从事商业和过境贸易的申请。

第七节　旅游业

一　概况

利比亚有丰富的旅游资源。全国有五处由联合国教育、科学及文化组织确定的世界遗产。特别是古希腊罗马城市遗址和撒哈拉沙漠里独特的景色，都是很有魅力的旅游景观。旅游业是利比亚赚取外汇的另一个重要产业部门。

的黎波里是一座有近 3000 年历史的古城。早在公元前 7 世纪，腓尼基人在非洲北部地中海沿岸建立了奥萨、布雷撒和莱普蒂斯 3 座城市。后来，莱普蒂斯和布雷撒毁于公元 365 年发生的大地震。奥萨城成为日后的黎波里的前身。当年的莱普蒂斯是罗马帝国规模最宏大的城市之一，今天是旅游者难得一见的地中海沿岸保存最完好的古罗马遗址。的黎波里以西地中海岸边的塞卜拉塔在公元 2 世纪至 3 世纪也属于罗马帝国版图，几百年后被黄沙覆盖。塞卜拉塔古城遗址今天仍对来自世界各地的旅游者有巨大的吸引力。利比亚北部的昔兰尼过去曾是古希腊重要的文化中心，同样在公元 365 年的大地震中被毁。今天的昔兰尼已成为研究古代希腊罗马社会和文化的考古场所，也是旅游者夏季观光消夏的胜地。

撒哈拉沙漠中有几乎未经开发的绿洲城市，如位于利比亚、突尼斯和阿尔及利亚交界处的古达米斯，就是保存着撒哈拉北部边缘地带居民传统生活方式的古老城市。西南角加特绿洲附近的阿卡库斯山脉至今仍是图阿雷格人的集中居留地，并保留有1.2万年前的岩画和雕刻。沙漠中的乌巴里沙海和木祖克沙海的景色也十分壮观。

的黎波里市的民众国博物馆、利比亚西部纳卢特和卡包等地柏柏尔人村落里面的建筑、东北部海岸的希拉尔角和阿波罗尼亚城遗址等都是各具特色的景点。沙漠中的死火山、山谷中淙淙清泉和飞流直下的瀑布以及美丽的湖泊都是极有开发价值的旅游资源。

为了进一步推进旅游业的发展和完善各种旅游设施，利比亚政府成立了旅游促进局和旅游与考古总局。根据《考古总局条例》规定，该局的职责是发展和促进国内外的旅游事业，开发旅游业资金的来源。除了吸引投资者把资金投放于旅馆、娱乐场所、旅游村、休闲设施和其他服务行业外，这两个局还参与旅游市场的管理和开发。其主要工作有：

（1）根据已定政策对于有关促进旅游业发展和争取投资的理论、计划和纲领进行研究和付诸实施。

（2）对开发旅游景点的可能性进行论证。

（3）根据现行立法，在已经获得批准的旅游计划的框架内争取外国投资者参与旅游计划和新的投资计划。

（4）出版和发行多种文字的旅游信息和宣传材料。

（5）组织和参加当地的和国际的展览会、节日庆祝大会、讨论会等活动。

（6）同参与旅游业的公司、机关和其他组织就旅游和投资活动进行合作和协调。

（7）购进和经营为旅游业所需要的房产、土地和设施。

（8）对旅游局所有的旅馆、娱乐场所及其他旅游设施和房

屋进行管理和保养，采取措施使之达到国际标准。

(9) 对于有关继承和保护文化遗产的倡议予以鼓励，对于同有关机关合作的恢复和维护历史性建筑物的倡议予以支持。

(10) 制定旅游和休闲计划，采取兴建公园、俱乐部、海上运动场、体育场和特色市场等措施，对尚未加以利用的海滩进行开发。

(11) 对于旅游局所有的旅馆、餐厅和其他设施的管理提供必要的条件。

(12) 新建一批其利益不会受到其他旅游组织损害的旅行社。

根据利比亚旅游资源丰富的特点，利比亚旅游促进局计划推出各种特色旅游路线，包括：

(1) 以参观和欣赏当地居民传统生活方式和风俗习惯为内容的文化旅游。

(2) 以观赏撒哈拉沙漠中的棕榈树、绿洲、山峦、湖泊为内容的沙漠旅游。

(3) 以参观和考察保留有野生动植物的绿洲和山林为内容的生态旅游。

(4) 以潜水、游泳和其他海上运动，以及登山、沙地长跑、沙漠赛车等为内容的体育旅游。

(5) 以参观伊斯兰寺院、教堂、修道院和公墓等为内容的宗教旅游。

(6) 以穿越沙丘、深入沙漠、爬山和航海为内容的探险旅游。

利比亚内地广大地区冬有严寒，夏有酷暑。4 月份沙漠地区常有吉卜利风肆虐并形成沙暴。只有每年 10 月至翌年 3 月是最适宜旅游的季节。

大部分非洲和阿拉伯国家的公民到利比亚旅游不需要办理签证。其他国家公民可以向利比亚驻该国（在某些情况下也可以向利比亚驻在其邻国）的人民办事处申请签证，或者向利比亚旅游公司和国际旅行社申请签证。利比亚不向以色列公民和持有盖以色列印章护照的人士发放签证。[①] 根据规定，在2000年斋月结束后，外国旅行者必须参加旅行团而不能单独进入利比亚旅游，但入境后可以自由活动。[②]

外国旅游者可以选择从空中、海上或陆路进入利比亚。的黎波里和班加西的机场是利比亚阿拉伯航空公司和外国航空公司的国际航班起落的国际机场。目前，欧洲和西亚北非的一些航空公司都有航班直飞利比亚。美国、加拿大、澳大利亚、新西兰的旅客则需到英国、欧洲大陆或者非洲和中东国家转机前往。当吉卜利风刮起来时，航班常因此延误、被迫返回或取消。在陆上，利比亚同埃及、苏丹、突尼斯、阿尔及利亚、尼日尔和乍得接壤。但目前利比亚—乍得边境已经关闭。利比亚—苏丹边境只对这两国公民开放。利比亚—阿尔及利亚边境只在阿尔及利亚的贾内特和利比亚西南角的加特两地之间可以来往。尼日尔同利比亚之间的边境口岸通过的主要是一些沙漠旅行者。所以大量外国游客通常选择经过埃及的塞卢姆或是突尼斯的艾季迪尔角从陆上进入利比亚。1999年联合国中止对利比亚的制裁后，利比亚的海上运输已经恢复。此外，从法国的马赛和意大利的热那亚每周有邮轮往返于突尼斯，也可以为前去利比亚的游客提供方便。

二　主要旅游城市、景点和青年联营旅馆

1. 的黎波里

的黎波里位于撒哈拉沙漠西北部地中海南岸的绿洲地带，是利比亚最大的国际大都市，国家的政治、经

① Anthony Ham：《Libya》，Lonely Planet Publications. pp. 48 ~ 49.

② Anthony Ham：《Libya》，Lonely Planet Publications. pp. 48 ~ 49.

济、文化中心，同时又是一座充满地中海情调和阿拉伯—伊斯兰风韵的具有独特魅力的商业和海港旅游城市。

的黎波里建城已将近3000年，历经劫难。罗马人、汪达尔人、拜占庭人、阿拉伯人、西班牙人、土耳其人、意大利人和英国人先后占领过的黎波里，在这里留下了众多风格各异的古建筑和文化遗存。白色大理石建造的马卡斯·奥欧里斯凯旋门、查梅勒清真寺、卡拉曼利清真寺、盖尔吉清真寺、萨布拉塔废墟、圣弗朗西斯科教堂庄严肃穆，展现着古代文明的灿烂光辉。它们同现代化的建筑物和生活设施融合，使的黎波里成为一座“跳动着古老心脏的现代城市”。

“绿色广场”是的黎波里的中心，其西北角是旧城区。的黎波里的主要街市和商业区几乎都由绿色广场向四面展开。绿色广场以东是港湾区和码头，以及凯比尔饭店、利比亚堡饭店、迈哈里饭店等高级饭店。广场西南的花园城区和本·阿苏尔街是外国使馆区，长途汽车站也在附近。紧靠着旧城区西边海滨有5座高大的Dhat al-Ahmat塔楼，许多航空公司和旅行社的办事处就设在这里。绿色广场南约4公里是的黎波里新建成的现代化新城区。以民族英雄奥马尔·穆赫塔尔命名的长达十多公里的商业大街贯穿新城区，两侧高楼林立，绿树成荫，既是繁华的商业区又是人们休闲的场所。新城区也有许多古代建筑物。

的黎波里主要的旅游景点有：

民众国博物馆　民众国博物馆位于绿色广场西北角，是以文物全面展示从新石器时代至今利比亚各历史时期的风貌和文明发展的国家博物馆，也是收藏和陈列地中海地区古代经典艺术品最多的博物馆之一。

全馆上下5层，共有47个展室。

底层有9个展室。第1展室陈列有曾被殖民者掠走、2000年11月才返回利比亚的维纳斯雕像一座。后面墙上是表现莱普蒂斯圆形剧场中武士格斗场面的巨幅壁画。此外还有以灯光分别表示利比亚史前时期，迦太基人、希腊人、罗马人统治时期，古代贸易商道，伊斯兰征服以及标明当代博物馆和考古发掘现场的大幅地图。第2至第4展室是史前时期的陈列。展品有30万年前的石斧、在撒哈拉沙漠中发现的树木化石、距今3750~8000年的陶器、沙漠中的绘画和雕刻复制品等。第5展室的展品以葛拉曼特帝国时期的文物为主，包括墓葬中的石片、陶器等，展现了当时利比亚对人类文明的贡献。第6至第9展室分别是迦太基时期、希腊统治时期和罗马统治时期文物的陈列。第9展室里罗马统治时期的陈列是整个博物馆中最珍贵的展品。

二楼有5个展室，是从罗马统治时期向拜占庭和伊斯兰时期过渡阶段的陈列。第10展室仍是罗马时期，大部分是1~3世纪文物的展示，包括绘画、铜器、陶罐、油灯和钱币等。第11展室陈列的是从莱普蒂斯发现的一些文物。第12展室展出的是拜占庭时期的玻璃瓶、石雕、棺木等。其中几扇5~6世纪Tarhuma绿色教堂中精美的石质窗扇是特别珍贵的文物。

三楼主要展出伊斯兰风格的建筑物。第15展室展品中最有价值的是一座用胶泥和砖制作的拱门，以及许多《古兰经》。第16展室展出了艾吉达比亚和麦地那苏丹的砂岩墓模型，以及一幅1399年绘制的世界地图。第19展室的陈列品中有的黎波里旧城区红堡的模型、希腊奥伊亚的地图以及描绘卡拉曼利清真寺内景的图画。

四楼共有11个展室，大部分是伊斯兰—土耳其时期乡村和民间生活的展品。

第20展室陈列的是各种茶壶、银饰，还有一小间土耳其家庭厨房和奥斯曼时期利比亚传统服饰的展览。展出的模型分别是班加西妇女、利比亚东部的男子、图阿雷格族妇女、的黎波里男子、日常穿着的利比亚中部人士、牧羊人、穿蓝色和黑色长袍的

木祖克人、图阿雷格人，还有贝都因小女孩。第21展室陈列图阿雷格人使用的兽皮制品和长矛。第27展室是耕作器具和农业技术的展览。

五楼第31展室陈列利比亚抵抗意大利统治的文物，如当时使用的武器，以及抵抗运动中的杰出人物如苏莱曼·鲁尼、奥马尔·穆赫塔尔等人活动的照片，其中包括1931年奥马尔在英勇就义前走向法庭的照片复印件。第32~37展室是有关“九一”革命后利比亚重大事件的展览。第38~47展室是利比亚自然史的陈列，包括岩石和地质、动物化石，沙漠中的狐狸、鼠类、狼等野兽的标本。此外还有昆虫、蝴蝶、鸟类、鱼类，以及植物的标本展出。

红堡（的黎波里堡） 旧城区的红堡总面积约为1.3万平方米，是的黎波里最有特色的标志性古建筑。考古资料表明，红堡的建造年代当在7世纪时阿拉伯人入侵这一地区之后。直到20世纪，红堡一直是的黎波里塔尼亚地区的统治者行使权力的中心。

红堡的旧址原是罗马人的兵营，2世纪时是公共浴室。在建成城堡之后，西班牙人和马耳他的圣约翰爵士在城堡的西南和东南部修建了防御工事和高层堡垒。1551年土耳其人占领此地后，又对城堡进行大规模扩建并用作土耳其总督的官邸。18世纪卡拉曼利王朝再次大兴土木，建造了不少供家眷居住的房屋和一个接待宾客的大厅。城堡里不但有迷宫般的屋宇和街道，还有造币厂、法院、商店、监狱和制造厂等设施，俨然是一个小小的国中之国。今日红堡的规模和格局也在此时奠定了基础。

20世纪意大利占领利比亚后，红堡被意大利总督用作办公室，其中一部分成为博物馆。目前红堡的大部分建筑向游人开放，其中还建有一个图书馆。

旧城区 的黎波里的旧城区街道狭窄弯曲，房屋大都用石灰水涂成白色，虽然其建筑和环境在总体上都不如摩洛哥的一些旧城，但的黎波里旧城中古老的清真寺和喧闹的市场能使游客领略浓郁的阿拉伯风情。

同许多北部非洲城市一样，的黎波里也因为感受到来自海上袭击的威胁，早在4世纪就开始修筑防御墙。此后各个时期的统治者又不断加固和扩建。目前旧城区的许多清真寺、公共建筑和房舍都建成于土耳其占领时期。到19世纪，由于人口的增长，旧城区已经越出了防御墙的范围而形成了今天的规模。

旧城区内传统的建筑格局是以庭院为中心在四周建造房屋。建筑材料主要是泥土和石灰。大部分房屋的房顶上有金属制成的穹隆，外墙则以石灰水涂抹成白色，间或也有用彩陶作为装饰。有钱人家在室内可以用上从马耳他进口的大理石。旧城区内最具特色的建筑是清真寺和市场。38所清真寺中的多数过去都与土耳其浴室和古兰经学校毗邻。清真寺的顶部有由多个柱子支撑的圆顶。寺院里面则有其创建者或是该寺所崇奉的人士的陵墓。最能吸引游客的清真寺有艾哈迈德·帕夏·卡拉曼利清真寺、盖尔吉清真寺、奥斯曼·帕夏清真寺和伊斯兰学校等。艾哈迈德·帕夏·卡拉曼利清真寺是旧城区最大的清真寺，1738年开放。盖尔吉清真寺建于1883年，是土耳其人在的黎波里建造的最后一座寺院。清真寺是穆斯林举行宗教活动的场所，并不是专门的旅游景点，但因为这些寺院建筑精美、装饰华丽，又是极有价值的历史文物，所以有不少旅游者在穆斯林不进行祈祷时前往观光。除清真寺之外，的黎波里旧城区里也有犹太人会堂（现已改为清真寺）和天主教教堂。奥斯曼统治时期建造的土耳其市场是旧城区内最大的市场。在城区东部也有不少市场。

旧城区内原英国领事馆本是1744年建成的卡拉曼利王朝艾哈迈德·帕夏的府邸。原法国领事馆和尤素福·卡拉曼利私邸等都是吸引旅游者的著名古迹。

2. 的黎波里周边地区

大莱普蒂斯 大莱普蒂斯位于的黎波里东120公里左右的胡姆斯地区，建于公元前1000年的腓尼基时代。此地的神殿、露天剧场、市场、凯旋门、角斗场、浴室等建筑群具有典型的古罗马城市场建筑风格，是宝贵的历史文化遗产。4世纪时，莱普蒂斯由于遭到外族入侵和地中海沿岸于365年发生的特大地震而被毁。6世纪拜占庭时期查士丁尼皇帝在城池的周围建造了城墙，其中的一部分至今尚存。当阿拉伯人在7世纪入侵北非地区之后，莱普蒂斯城直到10世纪一直在阿拉伯人占领之下。此后，黄沙逐渐淹没了这座古城。但莱普蒂斯古城遗址得到了很好的保护，复原重建工作也在进行。

目前，旅行者在莱普蒂斯除了参观古迹外还可以在设有25个展室的莱普蒂斯博物馆中了解丰富多彩的利比亚历史和文化。

塞卜拉塔 的黎波里以西约80公里地中海沿岸的塞卜拉塔古城遗址原来属于努米底亚王朝，后来于2~3世纪并入罗马版图。塞卜拉塔在其繁荣兴旺时期曾建有许多具有古罗马特色的神庙、露天剧场、法庭、论坛等建筑。查士丁尼皇帝还曾下令在此地建造规模宏大的基督教堂。642年阿拉伯人来到这一地区之后，经过大约一个世纪，塞卜拉塔逐渐废弃而被由地中海吹来的风沙所覆盖，直到20世纪初，古城遗址才被意大利考古学家发现。

目前，在塞卜拉塔古城遗址的南边兴建了一座新的市镇。在新建的罗马博物馆和布匿博物馆里陈列有在当地出土的珍贵文物。罗马时期修建的大剧场等已经毁坏的建筑物已按原样重建。

祖瓦拉 位于利比亚—突尼斯边界以东60公里的祖瓦拉是有着美丽白色沙滩的柏柏尔人小城。每年8月，当地举办Awussu节，游客可以参加航海、游泳、观赏民间舞蹈等活动。

格尔札 格尔札位于的黎波里东南，是在公元初兴起和繁荣起来的阿拉伯城镇，其建筑具有阿拉伯和古希腊两者结合的风格。除房屋外还有神庙和类似方形尖塔的陵墓。

古达米斯 古达米斯是位于的黎波里西南约500公里的利比亚—阿尔及利亚—突尼斯三国交界处的绿洲城镇，也是罗马时代邮路到达的最南端。古达米斯有独特的沙漠中的伊斯兰风格的建筑，其周围是几千平方公里的沙丘。

3. 昔兰尼古城遗址

昔兰尼位于利比亚东北部地中海沿岸，公元前7世纪由希腊塞拉岛（今桑托林岛）的移民开始建造，是古代希腊文化的中心。在历史上，昔兰尼先后被波斯、马其顿帝国、托勒密王国和罗马帝国占领。城内遗留的众多古希腊和古罗马时期的珍贵历史文物使昔兰尼成为研究古代希腊、罗马社会和文化的重要基地。

1982年，昔兰尼被联合国教育、科学及文化组织列入《世界文化与自然遗产保护名录》。

根据考古发掘的结果可以知道，昔兰尼曾是一座规模宏大的城池。城南的Agora广场及其周边地区是昔兰尼古迹最集中的地区之一。当时，Agora广场常被用作发表演说的讲坛，同时又是一个交易市场，是人群密集的场所。广场周围有不少最初由希腊人建造的建筑物，但都有明显的罗马风格的痕迹。广场东南角有可能是为了尊崇希腊神话中的埃斯科拉庇俄斯而在2世纪建造的八角神庙。广场东侧是为了庆祝海战胜利而在公元前3世纪由托勒密王建造，后来又经过重建的海军纪念碑。纪念碑的造型是站在船头手握海神尼普顿的胜利女神。当年由希腊塞拉岛来的移民首领、昔兰尼首任国王巴托斯的陵墓也在广场东侧。Agora广场南墙外有供奉主神夫妇和智慧女神的神庙。

Agora的西北方向是由阿波罗神庙、大剧场等组成的古迹群。阿波罗神庙建于公元前6世纪，原先只是一所露天的庭院，是昔兰尼历史最悠久的神庙之一。后来经过重建，但又在犹太人发动反叛时被毁，现存的殿堂是在2世纪重建的罗马建筑。神庙的对面有长达22米的阿波罗神大祭坛。希腊诗人凯利马科斯曾有诗句描述当时举行献祭典礼的情景："鲜花装点着祭坛，青年人围着祭坛跳舞"。阿波罗神庙的东南部是圣泉和罗马浴室。清澈的泉水由一条精美的水渠引到城内。罗马浴室建于98~99年，其中保存最完好的是冷水浴室。此外还有更衣室、温水浴室。目前在民众国博物馆中陈列的象征美丽、温雅和欢喜的三女神塑像就是在罗马浴室的更衣室中发现的。[①] 大剧场在阿波罗神庙之西，最早可能是希腊人在公元前6世纪所建，后来几经改建。公元2世纪时罗马人将它改建成圆形剧场，座位面向地中海一边。从大剧场远眺，能看到古墓群和大海，脚下则是峻峭的山崖。

宙斯神庙在昔兰尼古城东北部，其规模超过雅典的巴特农神庙，是当时昔兰尼城在希腊世界中居于重要地位的体现。宙斯神庙始建于公元前5世纪，奥古斯特皇帝在位时重修。在犹太人反叛时遭到毁坏。公元120年时再由罗马皇帝哈德连重新修复。在365年的大地震中宙斯神庙成为一堆瓦砾，后来又由意大利考古学家重新建造。在罗马人统治时期，宙斯神庙同时作为供奉主神丘比特和希腊—利比亚的Zeus Mmun神庙。

昔兰尼城内还有希腊人在公元前2世纪修建的四周有古老的希腊式圆柱环绕的运动场。到1世纪时，罗马人把它改成了举行集会的公众论坛。运动场往西有2世纪时阿波罗神庙的高级祭司Jason Magnus和在365年大地震后回到昔兰尼力图恢复该城昔日辉煌的基督教士Hesychius两人的私宅。两座私宅都有精致的镶嵌工艺品作为装饰，华美异常。

---

① 希腊人心目中的三位神是Zeus、Hera和Athena。在罗马人则是Jupiter、Juno和Minerva。

4. 绿山地区

夏哈特 夏哈特由希腊人在公元前631年兴建，是古代地中海地区仅次于雅典的第二大城市，也是当时利比亚绿山地区最大的城市。公元642年阿拉伯人来到此地后，随着历史的发展不同文化在当地产生了重大影响。

公元前4世纪是夏哈特最鼎盛的时期，公元2世纪的几次叛乱使该城逐渐没落，365年的强烈地震彻底摧毁了夏哈特。

夏哈特有许多希腊和罗马时代的古墓葬，还有斯兰塔神庙的遗迹。古迹集中体现了史前时期利比亚人在绘画和雕刻等方面的成就。

苏塞 夏哈特城北20公里地中海滨的苏塞城，在古代称作阿波罗神城，是夏哈特城的出海港口。苏塞城内有希腊剧场、罗马浴室和拜占庭宫殿等古迹。

5. 费赞和撒哈拉沙漠

费赞地区完全处于撒哈拉沙漠之内，有许多世界上最壮丽和丰富多彩的沙漠美景。

木祖克和乌巴里沙海面积达数千平方公里。沙海里也有深谷和湖泊。西南部的阿卡库斯山是突现于沙海中的死火山，它的许多石岩上都有12000年前的雕刻和绘画。在费赞北部，一望无际的旷野也是沙漠中难得一见的景色。

费赞地区在古代就有商道连接中部和西部非洲的两大帝国。在有居民生活的绿洲里，不但有历史久远的城镇，也有1400多年前古老的加达曼特文明的发祥地。撒哈拉沙漠中部的游牧民族图阿雷格人一直在这荒漠中生息。

加特是费赞西南部柏柏尔人居住的绿洲城镇。除了美丽的阿卡库斯山脉风景外，山谷中的大量岩画是最能吸引旅游者的景点。1985年联合国科学、教育、文化组织已将它列入世界遗产名录。这些艺术品中不但有大象、长颈鹿、鳄鱼、犀牛等动物，还有马和战车，有些绘画和雕刻作品估计至少已经存在了1.2万年。考古学家认为，这些艺术品是当时生活在这个地区的图阿雷格人或是加拉曼利人的作品，记录的是他们所看到的事物和日常生活情景。

阿卡库斯地区过去只有图阿雷格人在此生活。后来大部分图阿雷格人从这里迁往加特及其周边的绿洲定居，仍然留在当地的人数很少。但他们熟悉本地的历史和景物，常以为旅行社充当导游或驾驶员为职业。

为了防止珍贵的文物遭到污损或破坏，前往阿卡库斯地区游览必须事先得到设在加特的旅行社的准许并由导游陪同。

6. 青年联营旅馆

1973年，在的黎波里建成第一家供青年在旅途住宿或由来自世界各国的青年举行集会的青年联营旅馆。目前，全利比亚已有此类旅馆几十家。

青年联营旅馆还有其他功能：

（1）传播“九一”革命的宗旨和理论。

（2）激励青年人投入生产活动。

（3）培养青年人遵守纪律、服从等良好习惯，发挥其创造力，成为社会上的先进分子。

（4）提高青年人对周围环境的了解，增强他们对旅行和探险活动的认识。

（5）充实青年人的知识，为他们提供各种信息，以扩大他们的视野。

（6）在青年人之间建立紧密的联系，消除彼此之间存在的社会的或自然的差异。

（7）扩大青年人关于革命的知识。

（8）在青年人中培养友谊、忍让与和平相处的意识，以加强他们对世界的认识。

第五章

军　事

第一节　利比亚军队的建立和国防体制、兵役制度

1951 年 12 月利比亚独立后开始组建王国军队。随后在 1962 年和 1963 年先后建立海军和空军。

"九一"革命后，利比亚总人民大会于 1983 年 2 月制定"革命总动员纲领"和实施纲领的动员计划，规定在学校和企业中进行总动员以加强人民的战斗力，全国适龄青年必须接受军事训练，教育机构和生产手段应实行军事化。为了实现革命目标，利比亚军队除了担负保卫国家领土完整和独立等传统使命外，还有"制止同帝国主义和反动派一起威胁阿拉伯国家生存和破坏阿拉伯国家团结的犹太复国主义的恶毒阴谋"的任务。① 利比亚的军事力量逐步加强，其实力明显超过它的邻国。以居民与陆军拥有的坦克的比例为例：阿尔及利亚是 17000:1，埃及是 27000:1，利比亚平均每 1000 居民即拥有 1 辆坦克。

1984 年，利比亚通过关于武装人民的法律。随后在班加西、

① 《防务百科全书》第一卷，法国战略与非洲出版社，1987，第 54 页。

库夫拉、塞卜哈、苏尔特、托卜鲁克和的黎波里成立6个军区，在乍得境内也成立3个军区。军区司令由军队总参谋长直接领导。

1988年，卡扎菲宣布取消正规军，全国武装力量由“民众国卫队”和地方部队组成。此外还有准军事部队（属于海军建制的海关海岸警卫队）和民兵。

“九一”革命领导人卡扎菲为利比亚武装力量最高统帅。他通过行使最高国防决策权的革命指挥委员会对全国武装力量进行领导和指挥。1988年11月，利比亚成立“地方防务司令部”，下辖13个防卫区负责地方安全。1989年9月1日，卡扎菲下令成立总防务人民委员会作为最高军事行政和指挥机关，以取代武装部队总司令部。总防务人民委员会由秘书、人民武装轮训参谋长、地方人民防务参谋长、民众国卫队参谋长、空防参谋长、海军参谋长、军事总监、情报局长、侦察局长、作战局长、训练局长、组织和行政局长及总防务人民委员会助理秘书组成，下设若干参谋部具体负责作战、训练、情报和侦察等工作。

1990年6月9日，根据卡扎菲的命令，利比亚建立非专职的民众国卫队，由有能力履行义务和参加军事训练、遵守纪律、具有奉献精神、不要报酬的公民自愿参加。

利比亚军事防务开支数额巨大。1982年军费为35.18亿美元，占国民生产总值的14.4%。此后，由于国际市场石油价格下跌，利比亚财政收入减少，军费开支相应削减。1988年军费开支为20.19亿美元，占国民生产总值的12.9%。1999年军费支出为13亿美元，占国民生产总值的3.9%。

“九一”革命后，利比亚实行义务兵和志愿兵相结合的兵役制。根据1978年5月6日制定的《兵役法》，凡年龄在18~35岁身体健康的利比亚公民均有服兵役的义务，陆军服役期为3年。但在正式服役前，14~18岁的青年人应接受预备役训练，服役期满的公民在36~45岁期间编入后备役，46~54岁期间编入民兵，55岁以后编入“海岸警卫队”或“民众国卫队”。1987年修改《兵役法》，将陆军服役期缩短为2年，空军服役期为4年。关于入伍、审查、退伍、抚恤等事项法律也作了明确规定。与其他国家实行的征兵制不同，利比亚目前实行选征兵役制，即根据安全环境和军队编制等情况有选择地进行征兵。

第二节　军种、兵种、军衔

2004年，利比亚共有现役部队7.6万人，民兵4万人。

1. 陆军

兵员4.5万人，编为4个军区、11个防卫区、1个精锐旅、10个坦克营、10个机械化步兵营、6个伞兵突击营、4个地对地导弹旅、22个炮兵营、2个高射炮营。

陆军的武器装备有主战坦克、装甲侦察车、装甲步兵战车、装甲运兵车、牵引炮、自行炮、火箭炮、迫击炮、地对地导弹发射架、反坦克导弹、无后坐力炮、地对空导弹、高射炮等。

培养陆军军事人才的军事院校有的黎波里军事科学院、指挥参谋学院、的黎波里军事技术学校、军事工程学院、人民武装学院、预备役学院等。专门培养女性军事人才的有女子军事学院。利比亚青少年从小便在学校中接受军事训练。

2. 海军

兵员8000人（包括海岸警卫队）。

主要海军基地有：的黎波里、班加西、托卜鲁克、胡姆斯、德尔纳、祖瓦拉、拜尔迪等。

海军的武器装备有：潜艇、护卫舰、小型护卫舰、海防舰艇、登陆艇、导弹快艇、驱潜快艇、巡逻艇、水雷舰艇、支援和辅助艇。

海军航空兵的武器装备有：作战飞机、武装直升机、训练机等。

1980 年 8 月 20 日成立的的黎波里海事科学院和设在胡姆斯的海军学院是培养海军军官的机构。海军士兵则由设在托卜鲁克的培训中心进行基本训练，为期半年。利比亚还设有潜水员训练中心。除了在国内学习外，海军军官还有机会到雅典海军学院学习或去苏联实习。海军士兵也可能到国外接受培训。

1983 年，利比亚在托卜鲁克—班加西和苏尔特湾等地组建了装备有苏联制导弹的海岸警备队。在的黎波里海事科学院附近有法国援建的导弹巡逻快艇士兵培训中心。

3. 空军

兵员 2300 人（包括防空部队）。

主要空军基地有班加西、的黎波里、托卜鲁克、贝尼乌利德、苏尔特、库夫拉、萨拉、米苏拉塔、朱夫拉、塞卜哈、乌姆蒂卡等。

空军的武器装备有：图—22 轰炸机，“幻影”攻击战斗机、米格战斗机、侦察机、运输机、拦截机、地面攻击机、攻击直升机、运输直升机、教练机与联络机等。

防空部队编为 1 个指挥控制系统和 5 个防空区。下辖若干个地对空导弹旅，配备有远程导弹、中程导弹、肩扛导弹等先进武器以及各种不同型号的短程炮。各防空区设有探测和监控中心。

利比亚空军军官由空军科学院培训。下级军官则在设在的黎波里、加特、塞卜哈等地的中等空军学校受训。直升机驾驶员有专门的中等学校进行培训。优秀飞行学员和技术学员还有被派往苏联、波兰、法国、英国、爱尔兰等国进修的机会。

由瑞士和苏联援建的防空学院成立于 1983 年，负责为防空部队培养装备操作人员。防空司令部在的黎波里还建有一所中学。

4. 军衔

利比亚实行军衔制。军官军衔分为将官、校官和尉官三等。将官又分为中将、少将、准将三级，校官分为上校、中校、少校三级，尉官分为上尉、中尉、少尉三级。军事院校毕业生一般授予少尉军衔，个别优秀毕业生可以授予中尉军衔。由于武装部队最高统帅卡扎菲是上校军衔，1986 年 4 月 15 日美机轰炸利比亚后利比亚当局决定最高军衔定为上校。在“九一”革命后曾经晋升为准将的两位革命指挥委员会成员尤尼斯·贾比尔和穆斯塔法·哈鲁比的军衔也降为上校。

第三节 对外军事关系

利比亚独立后在一段时期内同苏联建立了密切的军事关系，成为西亚北非地区从苏联大量进口武器装备的国家之一。1974 年，利比亚同苏联签订了购买武器的协议，总金额达 23 亿美元。此后，两国在 1977、1980 年又续签了多个购买武器协定。1978 年，利比亚同苏联签订友好合作条约。

1985 年，在卡扎菲访苏期间，两国又在 10 月 11 日签订为期 15 年的双边合作计划。据统计，从 70 年代中期到 70 年代末，苏联售与利比亚的武器总金额达到 120 亿美元。80 年代，利比亚从苏联进口的武器装备价值也有 100 多亿美元。在苏联之后，捷克斯洛伐克、民主德国、波兰、南斯拉夫、罗马尼亚等国也向利比亚出售武器。

除了供应武器外，苏联和一些东欧国家还派出许多军事顾问和技术专家到利比亚工作。据估计，80 年代利比亚军队中约有外国军事顾问 5000 多人，其中苏联顾问约 3500 人，来自其他华沙条约组织国家的顾问约 1500 人。利比亚军队各部门几乎都有苏联顾问，民主德国顾问主要在安全情报部门工作，波兰人多担任海军顾问，捷克斯洛伐克顾问集中在空军和装甲部队，保加利亚顾问在陆军部队，匈牙利专家多在防空、传输和电子领域任顾问。根据1982年利比亚同南斯拉夫签订的军事协定，南斯拉夫也向利比亚派出军事顾问。此外，在利比亚还有来自朝鲜、巴西、巴基斯坦、叙利亚、土耳其等国的军事顾问。

苏联、南斯拉夫、波兰、民主德国、捷克斯洛伐克等国还为利比亚培训军人和警务人员。

利比亚同西欧国家也在军事领域建立了广泛的联系。利比亚陆军使用的步枪、冲锋枪、轻重机枪、无后坐力炮、迫击炮、导弹和导弹发射架、雷达、坦克和载重卡车等，许多购自西欧国家，供货商遍及比利时、法国、英国、意大利、联邦德国、瑞典等国。美国、日本也曾向利比亚出售过机枪、大炮、坦克等武器。法国、英国、意大利、荷兰等国向利比亚提供过驱逐舰、护卫舰、导弹巡逻艇、登陆艇等海军舰艇。利比亚空军使用的许多截击机、运输机、教练机、直升机都购自法国。美国、荷兰、加拿大向利比亚出售过运输机。在安理会对利比亚实行制裁期间，苏联解体后的俄罗斯曾一度中断了与利比亚的军事关系。1993年后，利比亚同俄罗斯签订了价值10多亿美元的购买S—300防空导弹、米格—31型战机和苏—27型战斗机的意向性合同，但也从法国购买“幻影”F—1AD战斗机，从巴西购买坦克。法国逐渐成为利比亚武器的主要供应国之一。1997年利比亚从乌克兰，1999年从朝鲜购买地对地导弹。1999年，利比亚同伊朗合作生产地对地导弹。

在西欧国家中，法国的一些专门机构接受过不少利比亚空军和直升机驾驶员前来实习或培训。意大利、葡萄牙、英国、希腊等国为利比亚培训过海军和空军人员。瑞典曾为利比亚培训了上百名雷达、通信和电子计算机技术人员。

利比亚同许多非洲国家都有密切的军事关系。1984 年 8 月 13 日，利比亚同摩洛哥缔结条约，其中规定缔约国之一如果遭到侵略，便构成对另一国的侵略，两国将共同御敌。但条约规定将建立的防务会议后来并未建立。1985 年 7 月 7 日，利比亚同苏丹签订军事协定，规定利比亚在运输、军事装备、后勤、防空、海军、陆军人员培训等领域向苏丹提供支援，利比亚还承诺停止援助苏丹南部的叛乱分子。

利比亚还曾经同埃塞俄比亚、莫桑比克、津巴布尔、几内亚比绍、贝宁等国结盟。贝宁、布隆迪、吉布提、埃及、埃塞俄比亚、加纳、摩洛哥、毛里塔尼亚、乌干达、中非共和国、多哥等非洲国家，以及阿根廷、尼加拉瓜、伊朗、黎巴嫩、马耳他、南也门、土耳其等国，都得到过利比亚提供的飞机、战舰、巡逻艇、装甲车、导弹、高射炮等武器。

利比亚曾经广泛地援助包括法国、爱尔兰、西班牙、土耳其、北也门、哥伦比亚、意大利、塞浦路斯、突尼斯、苏丹、尼日尔、马里、扎伊尔、纳米比亚、菲律宾、萨尔瓦多、危地马拉、洪都拉斯等国的反政府武装和解放运动，为他们提供武器和培训人员。利比亚曾在的黎波里地区、班加西、库夫拉、塞卜哈、苏尔特、古达米斯以及乍得的奥祖地区设立了 15 个训练营，由民主德国、古巴、叙利亚等国的教官对来自阿拉伯世界和拉丁美洲的反政府武装人员进行训练。①

① 《防务百科全书》第 1 卷，1987，第 67 页。

第六章

教育、科学、文艺、卫生

第一节　教育

一　教育方针与主要措施

利比亚独立之初，经济不发达，教育事业也十分落后。当时，除了建立不久的几所中学外没有一所大学。中学教师大部分是外国人，本国教师只有 25 人。在 50 年代末利比亚的石油财富大量增加之后，文化教育事业落后的面貌并没有根本改变。当 1969 年“九一”革命爆发时，全国 200 万人口中接受过学校教育的只有 29 万人，占居民总数的 14.5%。文盲在居民中的比例高达 72%。

“九一”革命后，利比亚政府在努力发展经济的同时十分重视文化教育事业。1977 年制定的利比亚宪法规定《古兰经》为国家的社会规范，重申国家有管理教育的职责，教育的目标是维护阿拉伯利比亚文化的优秀传统和加强民族意识，要推进教育现代化以适应政治和社会变革的需要。利比亚政府在制定发展计划时将教育事业的发展置于优先地位，从财力、技术力量和人力等方面提供保证。利比亚政府确定发展教育事业的总目标是：

（1）课程的设置和改变应该符合当前的需要，并为了把受教育者培养成能负担起时代所赋予他责任的人。

（2）教育和培训工作应该同客观环境相联系，使课程能够从实践中汲取动力，符合社会的需要。

（3）给予称职的积极热情的教师精神和物质奖励，鼓励他们以最佳的工作方式履行职责。

（4）专心致志搞好教育行政工作，扩大分散管理的概念，各级政府都应考虑制定培训计划。

（5）对有连续性的发展计划提供实验室、工场和财政资助，并使理论性课程与实际应用相联系。

（6）向所有学生提供社会的、医疗的、精神的和娱乐的服务。对于有天赋的学生给予照顾，要为智力有障碍的学生和残疾学生制定与其能力和需要相适应的专门计划。

（7）关心学龄前儿童。在全国增设幼儿园和游乐学校。鼓励私人办学。

利比亚政府认识到发展教育事业和培养人才是改变国家落后面貌振兴经济的关键，为此采取了多项重大措施以大力发展教育事业。

1. 拨出大量资金支持教育事业

开发和利用丰富的石油资源为利比亚政府发展教育事业提供了财政保证。

表6－1　政府预算拨款和教育经费实际支出

单位：百万第纳尔

年　份	预算拨款	实际支出	年　份	预算拨款	实际支出
1970～1972	84.6	54.3	1985～1986	140.5	57.3
1973～1975	220.7	174.8	1986～1987	143.3	60.0
1976～1980	598.6	481.9	1970～1987	（2016.5）	（1524.2）
1981～1985	829.3	695.9	1970～1988	2136.5	1524.4

利比亚总人民计划秘书处：The Great EL-Fateh Ac-complishments during 18 years 1970－1988. pp. 5－8。

1980 年，利比亚公共教育经费占当年国内生产总值的 3.4%。1988 年，这一比例增加为 10.1%。1990～1991 年度教育（含科研）经费占政府预算总额的 7.8%。

除了供外国人就读的私立学校外，利比亚所有的公立和私立学校都由政府拨发经费。

2. 实施义务教育

1975 年利比亚颁布《义务教育法》，规定公民有受教育的权利，6～15 岁的儿童必须接受免费的初等教育，不遵守这一规定的家长要受到惩罚。

3. 改变学生结构

由于大学和中学数量甚少，“九一”革命初期利比亚全国学生中 84.9% 是小学生。随着中学的增加和大学的建立，利比亚学生的结构逐渐发生变化。80 年代初，小学生在学生总数中的比例已下降为 67%，初中和普通高中学生分别占到 22.1% 和 4.9%，技术高中学生占 1.4%，师范学院和大学生分别占学生总数的 2.7% 和 1.9%。这些数字表明，利比亚居民中接受中等和高等教育的人数正在增长。

随着妇女在“九一”革命后社会地位的提高，女学生的数量也有明显增加。1969～1970 年度，利比亚全国只有女学生 8.8582 万人，为学生总数的 30%。5 年以后，女学生数量增加到 45 万人，占学生总数的 45%。女生不但大量进入技术高中学习，还有不少人在大学深造。1969～1970 年度，全国只有 400 名女大学生，10 年后已有 4800 名女大学生，占大学生总数的 24.9%。

4. 大力发展技术教育和职业教育

利比亚政府认识到，技术人员和专业人才的严重不足将直接影响国家建设事业的发展，因此十分重视技术教育和职业教育。

1969～1970 年度，利比亚全国技术学校学生仅 1975 人，其中没有一个女学生。1987～1988 年度技术高中学生增加到 2.71 万人。技术学校教师由 1969～1970 年度的 220 人增加到 1987～1988 年度的 1942 人。同期，技术学校教师与学生的比例由 1:8.98上升到 1:14.0。1969～1970 年度，技术学校只有 61 间教室，1987～1988 年间，教室已增加到 852 间。

5. 扫除文盲和开展成人教育

扫除文盲是利比亚政府所面临的艰巨任务，经过多年坚持不懈的努力已经取得明显的成效。“九一”革命后，全国文盲占人口总数的一半以上。据 1973 年统计，10 岁以上的男性文盲约有 23 万人，占同龄男性居民的 31%，女性文盲约 43 万人，占同龄女性居民的 73%。政府大力开展扫盲工作后，1980 年 10 岁以上男性文盲已下降为同龄居民中的 20%，同龄女性文盲的比例下降到 49%。据 1992 年统计，成人识字率已达到 66.5%。

利比亚政府十分重视对成年人进行专业和技术培训工作，在全国建立了培训中心，各市区开设训练中心和夜校，目的是逐渐减少对外国专业人员和熟练工人的依赖。

二　教学行政管理体制与学制

利比亚政府的教育政策由教育部负责制定并监督所有学校贯彻执行。此外，教育部的职责还包括创办学校、培训教师、编制课程表、制定教学标准、编写和发行教科书以及提供教育设施等。

利比亚全国各地分别设立教育区，由教育主管和专职人员对区内的教育工作进行监督。

利比亚的公共教育体系由幼儿园、小学、初中、高中和大学（高等专科学院）组成。男女儿童 6 岁入小学，接受免费义务教育，学制 6 年。中学阶段的初中和高中学制各为 3 年。高中的第 2 和第 3 学年实行文理分科，并设有军训课，男女学生均需接受

各种科目的军事训练。高等学校本科学制一般为4年，有些特殊专业如口腔医学学制为6年。

与公共教育平行的是伊斯兰教育体系，也由小学、初中、高中和大学4级学校组成。课程设置除了更加重视阿拉伯语和伊斯兰律法的教育和较多地突出地区性的特点外，与公立学校基本相同。

三　各级各类学校

1. 幼儿园

利比亚政府十分关心儿童学前教育。为了充分开发儿童的智力和创造力，利比亚政府大量开办幼儿园，为儿童日后接受学校教育作准备。1969～1970年度，全国入园儿童仅1261人，到1986～1987年度，入园儿童已增加了十几倍，达到1.6万人。从事幼儿教育的教师人数也迅速增加，由1969～1970年度的39人增加到1986～1987年度的1053人，增长幅度超过了入园儿童。因此，在同一时期，教师同园内儿童之比从1:32.3下降为1:15.3。

2. 初等教育学校

年龄在6～15岁的男女少年儿童必须接受免费的义务教育。

(1) 小学

“九一”革命后，利比亚大力发展小学教育。学生、教师和教室的数量都有迅速增长。1969～1970年度，全国小学生只有31.0846万人，教师1.1122万人，教室1.1628万间。师生比例是1:27.9，到1987～1988年度，全国小学生达到82.55万人，教师有5.0313万人，师生比例是1:16.4。与1969年度相比，小学生人数增加了165%。1998年，小学教师增至9.7334万人，其中53%为女性。

小学课程包括《古兰经》、阿拉伯文、算术、地理、历史、公民、科学基础、卫生、工艺和绘画等。小学毕业生通过考试才能升入初中。

（2）预备教育

预备教育是小学毕业后升入中学前的过渡阶段。预备教育的迅速发展是“九一”革命后教育领域发生的重大变化之一。接受预备教育的学生，1969～1970 年度仅有 3.6316 万人，18 年后的 1987～1988 年度增加为 28.77 万人，即增加 692.2%。在同一时期，从事预备教育的教师由 2539 人增加到 2.2012 万人，师生比例由 1:14.8 下降为 1:13.1。

3. 中等教育学校

中等教育在“九一”革命后的发展也十分迅速。从 1969～1970 年度到 1987～1988 年度，中学生人数猛增 1174.1%，即由 8304 人增加到 10.58 万人。同期中学教师由 882 人增加到 7044 人。1998 年，中学教师有 9.0737 万人。

初中开设的课程有：宗教、阿拉伯文、英语、社会科学、数学、自然科学、卫生、体育、音乐、绘画、手工和缝纫。

高中一年级的课程有：宗教、阿拉伯文、英语、法语、数学、历史、社会学、地理、化学、绘画和体育等。高中二、三年级学生选修文科或理科。除了《古兰经》、宗教、阿拉伯文和英语是文科或理科生共同的必修课外，文科学生还要学习法语和意大利语，理科学生的必修课有数学、机械、物理、化学和生物等。

初中毕业并取得预备证书的学生可以升入高中。高中毕业必须获得普通中等教育证书才能升大学。

4. 职业技术学校

属于中等教育层次的利比亚职业技术学校分为工业类、农业类和商业类三类。中级技校招收小学毕业生入学，学制 4 年，培养目标是技术工人；高级技校招收初中毕业生，学生学习 3～4 年后可以担任助理技术员。

职业技术教育在“九一”革命后由于政府大力提倡而有极大发展。技术学校师生人数大幅度增加。1975年各类技校有学生851名，其中女生占13%；1980年学生增加为2332名，女生的比例上升为27%。技术学校的教室由1969~1970年度的61间增加至1987~1988年度的852间。“九一”革命前，全国只有6所高级技术学校，1973年增加到9所。

5. 师范学校

小学毕业生进入普通师范学校学习4年获得普通教师证书后可以担任小学或基础成人教育学校的教师。初中毕业生在普通师范学校学习4年期满可以获得相应的教师资格证书，成为小学或初中教师。普通师范学校的4年培训期包括学习普通学科2年和专业学科学习以及教学实习2年。

“九一”革命前，利比亚只有23所师范学校。1969~1970年度全国师范学校在校学生为4725人，1987~1988年度增加到3.32万人；同期师范学校教师由556人增至2765人；师生比例由1:85下降为1:16.5。在政府的鼓励下，利比亚不但建立了女子师范学校，在普通师范学校就读的女生比例也逐年上升。

中学和高等学校的教师由大学的教育学院或高等师范学院进行培训，学制4年。

6. 高等学校

利比亚政府十分重视高等学校在培养高级科技人才促进社会进步方面的重要作用，大力发展高等教育。1955年，利比亚在班加西创办了利比亚大学。1973年，利比亚大学分成设在的黎波里的法塔赫大学和设在班加西的盖尔尤尼斯大学。此外，利比亚政府还在全国各地区建立大学或高等专科学院，以便利青年学生就近入学。所有高等学校均由国家提供经费。

法塔赫大学是一所规模较大的综合大学，共设农学院、教育学院、工学院、医学院、核工程及电子工程学院、石油工程及采矿工程学院、药学院、理学院、兽医学院等9个学院共68个系。

盖尔尤尼斯大学设有艺术及教育学院、经济学院、法学院、医学院、理学院、工学院、牙科学院及农学院，用阿拉伯语和英语进行教学。

其他著名的大学有：绿色旗帜大学、纳赛尔大学、四月七日大学、塞卜哈大学、卜雷加明星大学、阿拉伯大学、奥马尔·穆赫塔尔大学、加里延大学等。

除大学外，利比亚设立有多所高等专科学院，包括：高等电子学院、高等电工学院、高等农牧学院、高等行政和财政学院、高等社会服务学院、高等工业技术学院、高等基础科学学院、高等师范学院、高等医学技术学院、高等女子体育学院、高等体育学院、高等技术学院、高等行政与银行业务学院等。

高等院校开设的课程分学位课程和非学位培训课程两大类。学士、硕士和博士学位课程的修业年限分别是4年、6年和8年。1969～1970年度，利比亚的大学和高等学院有学生3663人，1986～1987年度即增至3.884万人。

除本国学生外，利比亚各大学还招收来自阿拉伯和其他国家的留学生。许多留学生可以得到利比亚政府提供的助学金，学习自己选定的专业。因此，利比亚的外国留学生人数增加很快。“九一”革命之初，在利比亚大学学习的留学生不过500多人，到1983～1984年度，法塔赫大学和盖尔尤尼斯大学已有留学生4000多人。

利比亚在大学和专科学院外还建立了工程学、艺术、经济学、农业科学、人类学、医学与卫生学、语言学等学科的研究机构。

四　教育结构革命化

为了更好地培养人才，满足社会发展对科学技术的需要，利比亚国家领导人要求改革教育结构，建立新的教育体制，主要目的是培养出明确自己的责任和义务的新一代，使他们在接受基础教育之后较早地获得专业知识，以便日后承担工作任务或继续深造；通过正规教育和非正规教育相结合的框架使受教育者可以在不同学科领域之间流动；明确技术培训和职业教育是贯穿于教育全过程的重要组成部分，培养青年人的技术和职业技能，使他们能掌握科学的方法和运用各种科学设备。

新的教育体制包括下列阶段：

1. 学前教育（幼儿园）

4~6 岁的儿童进入幼儿园接受学前教育，目的是为入园儿童的个性、创造力和特长的充分发展提供适当的环境，保护和增进儿童的身体健康，培养儿童的合作和参与精神，提高他们语言表达和交流的能力，为日后进入小学学习打下基础。

2. 小学教育

6~15 岁的少年儿童接受小学教育，目的是使学生获得日后学习中学课程所必需的基础知识，并把这些知识同周围环境相结合，发挥学生的创造能力和参与日常生活的能力，培养学生热爱祖国的感情，增强其民众国的观念，全面贯彻理论与实践相互补充的原则。

小学学制为 9 年。课程主要有阿拉伯文和《古兰经》、数学、社会科学、农业知识和技术。女生还要学习家政课。

3. 中学教育

中学教育包括中等技术教育、中等职业教育和师范教育。

(1) 中等技术教育的目标是通过理论和实践相结合的方法使学生获得专门知识，毕业后可以从事专业工作或进入大学深造；在不同的专业和技术领域里开发学生的潜能；培养技术教师以满足社会需要。

中等技术教育开设的专业有：基础科学、工科、医科、农科、社会服务和艺术。学制 4 年。学生毕业后可以就业或进入大学深造。

（2）中等职业教育

中等职业教育为无力接受大学教育的学生提供专门的职业培训或技能训练，如机械、电力、木工、建筑、纺织和制造等。

中等职业教育的学制为 2 ~ 3 年。

（3）师范教育

师范教育的目标是为幼儿园、基础教育培养数学、自然科学、阿拉伯文、社会科学、艺术、《古兰经》和家政等课程的教师，要求他们成为既有责任感又有丰富的文化知识和能力的教师。

4. 大学教育

大学教育肩负着推进和振兴阿拉伯与伊斯兰文明和培养国家所需的各专业领域的人才的重任。大学还要开展科学研究并同国内外的研究机构建立联系。

利比亚各大学目前设立的专业有：基础科学和科学研究、工程学、医学、农学、社会科学、人类学等。

第二节　科学研究机构

比亚有两类相当于大学水平的研究中心：

（1）语言学、教育学、艺术等研究中心，是可以直接招收学生、以培养教师为任务的研究机构。

（2）不直接招收学生的研究中心，由研究人员自行选择项目进行研究的研究机构。

20 世纪 70 年代，利比亚先后建立起一些人文社会科学研究机构。

一 利比亚研究中心

利比亚研究中心成立于1977年，全称是“阿拉伯利比亚人民社会主义民众国法塔赫大学利比亚研究中心”，其前身是“利比亚圣战研究中心”。成立利比亚研究中心的目的是以“九一”革命的思想为指导，对阿拉伯—利比亚的历史进行研究，审定和纠正一些不符合事实的历史记载。因此，该研究中心以调查研究20世纪初意大利入侵利比亚时所犯罪行以及利比亚人民英勇反抗意大利侵略者的历史为主，在搜集和汇编有关利比亚“圣战”时期及其他历史时期的史料，出版文献和手稿等方面进行了大量卓有成效的工作，重新编写了利比亚的历史，还对非洲的阿拉伯国家的历史进行了范围广泛的研究。

利比亚研究中心设科学部和行政技术部。科学部下设文献手稿室和现代历史室。前者主要研究并整理口头流传的资料，后者的任务主要是搜集和整理战争中散失和破损的资料。行政技术部负责研究中心的行政和财务工作，并设有图片和复制室。

利比亚研究中心图书馆建立于1978年，藏书中半数为阿拉伯文书籍。除书籍外，该图书馆还收藏杂志、报纸、微缩胶片和录像带等资料，每年出版《利比亚研究学刊》。

二十多年来，利比亚研究中心出版了大量著作，主要有《阿拉伯与意大利关系（1902—1930年）》、《白皮书——利比亚民众国人民在第二次世界大战中遭受的损失》、《从共和国到民众国——对世界第三理论的研究》、《利比亚圣战大百科全书》、《对利比亚历史的研究》、《利比亚圣战研究》等。研究中心还出版《历史研究》、《烈士》和《利比亚定期刊物简介索引》等年刊。

保护利比亚的文化、历史遗产，包括奥斯曼和意大利统治时期遗留的文化遗存，也是利比亚研究中心的一项重要任务。利比亚所有已经公布的协议、条约、法律、政令以及人民委员会的备忘录等，都由该研究中心分类保存并提供给学者使用。

利比亚研究中心重视同国内外的研究单位进行交流和合作，经常组织学术讨论会和报告会，或邀请外国学者来访或做研究。

二　世界《绿皮书》研究中心

卡扎菲于1973年提出“世界第三理论”，宣扬介于资本主义和共产主义之间的道路。1976年1月至1979年3月，系统地阐述世界第三理论的三册《绿皮书》由世界《绿皮书》研究中心出版。

世界《绿皮书》研究中心由研究政治、经济、社会、宗教等问题的专家组成，是利比亚研究和宣传《绿皮书》的最权威的学术机构。该研究中心设有图书馆，藏书包括政治、经济、文化、宗教等学科领域。

除《绿皮书》外，世界《绿皮书》研究中心还出版了《绿皮书注释》、《民族档案》（卡扎菲所发表的声明、讲演和谈话记录）、《妇女问题》、《权力和力量》、《经济问题》、《社会问题》、《暴力和恐怖》、《资本主义危机》等著作，以及介绍在班加西、马德里、加拉加斯、贝尔格莱德、华沙、巴黎等地举行《绿皮书》国际座谈会的书籍。

三　盖尔尤尼斯大学研究中心

1973年，盖尔尤尼斯大学成立科学研究中心，1977年重新组建。该研究中心由盖尔尤尼斯大学人民委员会秘书、负责研究生部和科研事务的秘书助理以及研究中心主任组成管理委员会，赞助和支持各学院的研究单位开展工作。

盖尔尤尼斯大学研究中心由各学院的教授和其他教学人员兼

任研究人员。研究课题由研究人员和研究中心自定，也可以接受利比亚国内外有关机构的委托，就相关课题进行研究。

盖尔尤尼斯大学研究中心图书馆藏书之丰富为全国之冠。

第三节　当代文学

利比亚在古代就有口头叙事文学在民间流传。现代文学的出现和形成较晚。19 世纪下半期，在萨努西教团通过它所建立的扎威亚开展的教育文化活动的推动下，一批诗人和他们的作品开始登上利比亚文学舞台。小说的诞生则在 20 世纪。当时出现的以叙事方式展开的讽刺性短文可以认为是小说的雏形。

1840 年萨努西教团成立后，在各地（主要是游牧民居住的荒漠地区）陆续建立了政教合一的宣传教育据点扎威亚。为了在群众中普及伊斯兰宗教知识，在杰格布卜的扎威亚还建立了经学院和图书馆。经学院逐渐成为许多学者和诗人活动的中心。他们在当地举行集会，朗诵和讨论诗歌。萨努西派诗人成了推动利比亚诗歌活动兴起的核心力量。

萨努西派诗人创作的主要是宗教题材的传统格律诗。但在意大利入侵利比亚后，讴歌反对侵略的民族解放斗争也成为利比亚诗人创作的题材。充满爱国热情的诗歌对于萨努西教团进行的宗教改革和反对外来侵略的斗争都起了巨大的鼓舞作用。

萨努西派诗人的代表是艾布·赛夫·穆盖赖布·布尔欧绥和穆罕默德·本·阿卜杜拉·逊尼。此外，法利哈·扎希里、艾哈迈德·塔伊菲、阿卜杜·拉希姆·麦格布卜、艾哈迈德·本·伊德里斯等也都是著名的萨努西派诗人。[1]

---

① 仲跻昆：《阿拉伯现代文学史》，昆仑出版社，2004，第 482 页。

19世纪下半期，利比亚的城市里也有诗人进行创作活动，代表人物是穆斯塔法·本·宰克里、易卜拉欣·巴吉尔和艾哈迈德·法基赫·哈桑。穆斯塔法·本·宰克里于1892年出版了他的诗集。这也是利比亚第一部印行出版的诗集。他的诗多为具有浪漫主义风格的情诗。文学评论家认为他是利比亚承前启后的“首席诗人”。塔哈·哈里吉在《利比亚的文学生活》中这样称赞穆斯塔法·本·宰克里：“他有的诗写得细腻、雕饰得漂亮，还有的确实读后会感到诗人的真情实感。”① 易卜拉欣·巴吉尔以歌颂先知穆罕默德的“颂圣诗”最为出色。“其诗仿照古风，各种题旨都有”，“他还在诗中针砭时弊，盛赞近现代的科学发明创造。诗风轻捷明快，活泼风趣。”②

意大利入侵利比亚后，利比亚诗坛随着发生变化。诗人们充分利用诗歌作为武器投入反对意大利统治的民族解放斗争。在形式上，诗人在继承和发扬阿拉伯传统格律诗的基础上力图有所突破，追求诗歌的新风格。从20世纪20年代起，利比亚开始了诗歌创作的新时期。艾哈迈德·沙里夫和艾哈迈德·马赫达维是这一时期杰出的代表。

艾哈迈德·沙里夫曾因参加反抗意大利殖民主义统治的武装斗争而被囚禁，后来出任利比亚最高宗教法院院长。他擅长长律，诗风凝练、雄健，寓意深邃，充满哲理，③ 是利比亚人民生活，理想和斗争的反映。艾哈迈德·沙里夫在利比亚诗坛上有崇高的地位，被誉为“诗坛长老”，“利比亚最伟大的诗人”。

艾哈迈德·马赫达维曾在埃及受教育，后因反对意大利殖民统治两度流亡土耳其。他提倡诗歌革新，反对因循守旧。在他的

① 仲跻昆：《阿拉伯现代文学史》，第483页。

② 仲跻昆：《阿拉伯现代文学史》，第483页。

③ 仲跻昆：《阿拉伯现代文学史》，第484页。

诗里，对敌人不屈不挠的斗争精神和爱国主义热忱有充分体现。他认为诗人应该是人民的代言人。他在题为《诗与诗人》的诗中写道：

> 人们分担种种命运，
> 苦难总是属于诗人。
> 他们的境况最糟糕，
> 他们的生活最艰辛。
> 仿佛他们是愤怒的眼睛，
> 在人世间总是看到不幸，
> 他揭示时代的污点，
> 仿佛是弱者的保护人。

由于他的诗作继承了阿拉伯诗歌的传统形式，又反映了人民的意愿和现实生活，深得人民的喜爱，被誉为利比亚现代诗歌崛起的代表。1967 年，《马赫达维诗选》在诗人去世 6 年后出版。①

这一时期，利比亚的著名诗人还有苏莱曼·阿卜杜拉·巴鲁尼、赛义德·艾哈迈德·迈斯欧迪、穆罕默德·塔伊布·艾什海布、穆罕默德·穆尼尔·布尔欧绥等。

在利比亚最早尝试写自由体新诗的是易卜拉欣·乌斯塔·欧麦尔，而在自由体新诗的创作中取得最大成就的是阿里·绥德基·阿卜杜·卡迪尔。

易卜拉欣·乌斯塔·欧麦尔来自基层，在意大利统治时期长期流亡国外。他的诗中充满了争取自由和独立的爱国热忱和坚强的斗争精神。他尝试写自由体新诗，但数量不多。

---

① 仲跻昆：《阿拉伯现代文学史》，第 485 页。

阿里·绥德基·阿卜杜·卡迪尔青少年时期便开始诗歌创作，后来以诗歌为武器反对意大利的占领，要求英、美撤除在利比亚的军事基地。他在诗中写道：

滚出去，从我的家园滚出去！
带着满身的羞耻滚出去！
是你杀死了我的双亲和邻居，
是你抢走了我的祖国芳香的土地。
侵略者！你我之间有深仇大恨，
让我的子弹
射向你那颗罪恶的心！
快点滚出去！
快滚！降下你的国旗，
穿上你的靴子，迈动你的脚，
扛上你的棍子，抬起你的蹄子，
不许再玷污我的祖国大地！

阿里·绥德基·阿卜杜·卡迪尔兼长格律诗和自由体诗，富有浪漫主义和象征主义色彩，有多部诗集出版。

穆罕默德·艾敏·哈菲、穆罕默德·米拉德·穆巴拉克、阿卜杜·埃尼·白什提、阿里·狄布、侯赛因·埃纳伊、阿里·穆罕默德·拉菲伊等也都是著名的利比亚现代诗人。

利比亚独立以后，随着文化活动的开展，诗歌创作进入了又一个新阶段。诗歌的内容更加丰富，表现手法也更加多样。

小说创作在利比亚的兴起始于20世纪初。1908年1月26日发表在的黎波里《观象台报》上的《灯红酒绿》和4月16日该报发表的《如果贫穷是个人，我一定要杀死它》虽然只是叙事性杂文，但已经具有小说的雏形。此后，经历了从1911年意大利人侵到1919年文学活动的沉寂期之后，叙事杂文式的小说再次在阿拉伯文的报刊上出现。这些作品，如转载的埃及作家曼法鲁蒂的《穷少年》，佚名的《本无所有》、《卑鄙的罪人》，阿里·迈哈穆德·本·穆萨的《你》等，多是通过对现实生活中所出现的悲剧的描述抒发作者的感慨，仍然没有脱离叙事性杂文的窠臼。

1935年10月至1940年底出版的《利比亚画报》设有专栏发表翻译或创作的短篇小说，为利比亚现代新小说的诞生提供了园地。艾哈迈德·拉希姆·盖德里和瓦赫比·布里是最早在《利比亚画报》上发表作品的小说作家。艾哈迈德·拉希姆·盖德里的作品《两种力量》、《拉马丹！是你吗?》、《青春记》、《萨里士的黄昏》等多少仍类似叙事杂文，形式上尚不够成熟。被称为利比亚现代小说先驱和奠基人的是瓦赫比·布里。他除了创作小说外还从事意大利文学的翻译和研究，同时又参与《利比亚画报》的编辑工作。1936年9月，瓦赫比·布里发表了第一篇小说《新婚之夜》，主人公出租车司机海里勒发现雇他车的新娘竟然就是自己的恋人泽娜布，正在攒钱准备聘礼迎娶泽娜布的海里勒陷于绝望的境地，将车坠入了悬崖。这篇小说有深刻的社会意义，技巧纯熟，被认为是第一篇“完全符合条件的现代小说”。[①]

第二次世界大战期间，利比亚沦为交战双方争夺的重要战场，文学活动处于停滞状态。1951年12月独立之后，利比亚历史揭开了新的一页，小说创作也开始进入新时期。

艾哈迈德·欧奈齐和塔里布·鲁维伊是利比亚独立初期活跃于文坛的两位小说作家。艾哈迈德·欧奈齐的小说，如描写因为不顺从工头而失业的码头工人为了生活不得不到处奔波的《汗

① 仲跻昆：《阿拉伯现代文学史》，第495页。

税》，在邪恶势力和传统礼教逼迫下良家妇女走上堕落道路的《泥泞的路》和《黎明的呼唤》，都深刻地揭示了黑暗和丑恶的社会现实，展现了社会下层人民同自己贫穷和受剥削的命运抗争，以及在重重压迫下遭受苦难的悲惨情景。塔里布·鲁维伊在反映社会的种种矛盾和斗争的同时，对人物的内心世界进行了描述。特别可贵的是，他创作的小说《就这样下了命令》再现了意大利侵略者处死民族英雄奥马尔·穆赫塔尔，并驱赶群众前去观看行刑，怒火中烧的群众最终奋起反抗的悲壮场景，在小说中展现了民族斗争的题材。

1955年7月，《育者之声》月刊编发了《利比亚小说专刊》。1957年，阿卜杜·卡德尔·艾布·海鲁斯出版了利比亚第一部短篇小说集《惶惑的心》，标志着利比亚小说创作正在走向成熟。

阿里·米斯拉提和阿卜杜拉·古维里是在利比亚文坛上有重要影响的两位短篇小说家。

阿里·米斯拉提曾任利比亚国民议会议员、文学艺术最高委员会主席、作家协会主席等职，是利比亚文学界的元老，也是著名的学者和参加过反抗意大利殖民统治、争取民族独立斗争的社会活动家。他在学术研究、文学批评和创作等领域里都有杰出的成就。1952年以后，他创作和发表了短篇小说数百篇，出版的短篇小说集有《米尔萨勒与其他》、《破帆》、《一捧灰》、《太阳与筛子》等。这些小说题材广泛，有人们在意大利侵略者和伊德里斯王朝统治时期困顿、挣扎和抗争的描绘，也有对新社会现实生活的反映，文字通俗生动，风趣幽默。阿里·米斯拉提的文学成就在阿拉伯文坛上享有很高的声誉。

阿卜杜拉·古维里是在文学领域里有广泛建树的作家。他自1956年发表第一篇小说，1960年出版第一部短篇小说集《他们的生活》后，相继有《地上的节日》、《一块面包》、《时机与猎

手》、《油与椰枣》、《并非蛛丝》、《六十个故事》等短篇小说集面世。他还创作了剧本《光明面》、《光线》、《声音与回响》、《奥马尔·穆赫塔尔》等，他也是著名的剧作家。他的作品笔法平易朴实，语言通俗流畅，常通过对人们苦难生活和斗争的描绘抨击社会存在的弊端和陋习。

60年代，利比亚文坛上又有一批作家崛起，其中最负盛名的是艾哈迈德·法基赫和易卜拉欣·库尼。

艾哈迈德·法基赫曾经在埃及和英国留学。23岁时以其短篇小说集《无水的海》在文学征文比赛中夺冠而崭露头角。此后他又出版了《系上安全带》、《星辰隐去了，你在哪里?》、《光彩夺目的淑女》、《威尼斯的镜子》、《与树诉讼的五个甲虫》等短篇小说集。艾哈迈德·法基赫不但能写长、短篇小说，还有多部文学评论集和《杏德与曼苏尔》、《羚羊》、《一个没有作品的作家》、《男女游戏》、《星辰之歌》等剧本问世。80年代，他开始创作中长篇小说。在阿拉伯文学界受到好评的他的代表作三部曲——《给你别样的城邦》、《这是我的王国疆域》、《一个女人照亮的隧道》，叙述了主人公海利勒从英国爱丁堡留学回国后，在苏菲长老引导下进入珊瑚瓔珞城以及回到现实生活中的经历，被誉为当代《一千零一夜》的杰作。“在这部小说中，可以明显地看出作家一方面传承了本民族渊源深远的传统文化，另一方面又深受西方现代文化的影响。”读者“可以深刻地感到东西方两种不同的文明、现代与传统、新与旧的道德价值观念的矛盾、冲击与撞击”。[①]

易卜拉欣·库尼毕业于苏联高尔基文学院，于20世纪60年代后期开始创作，出版有短篇小说集《一口血》、《圣鸟》、《鸟笼》等，但他的长篇小说的成就更为出色。《月食》、《石溢血》、

① 仲跻昆：《阿拉伯现代文学史》，第500页。

《金子》、《拜火教》、《拜火教逸事》、《魔法师》、《苦修者的秋天》、《毒麦的诱惑》、《小瓦鸟》、《夜草》、《玩偶》、《稻草人》等都是他的代表作。其中的《拜火教》同艾哈迈德·法基赫的《三部曲》和哈里法·侯赛因·穆斯塔法的《太阳眼》一起被阿拉伯作家协会评为20世纪最优秀的105部阿拉伯中长篇小说中的5部。《拜火教》和《石溢血》曾先后获得瑞士文学最高委员会奖；《金子》获得1997年度日本翻译委员会奖；《小瓦鸟》2002年获得法国—阿拉伯友谊奖。易卜拉欣·库尼在长篇小说创作方面的成就使他成为享誉世界的利比亚作家。

利比亚当代著名小说家还有哈里法·侯赛因·穆斯塔法、哈里法·泰利斯、哈里法·泰克伯利、尤素福·谢里夫、哈里法·法赫里、齐亚德·阿里等人。

第四节　医疗卫生事业

“九一”革命前利比亚的医疗卫生事业十分落后。特别是在一些偏远地区，血吸虫病、结膜炎、疟疾等传染病广泛流行。人民缺医少药，健康无保障。“九一”革命胜利后，利比亚政府意识到，公民享有保健医疗服务不但是国家应该予以保证的权利，而且也是促进社会和经济进步的重要条件。因此，利比亚建立了免费医疗制度，为公民提供高标准、高质量的医疗服务，保障公民的身体和心理健康。对于在革命前缺医少药的偏远地区，政府更是予以特殊照顾，逐步改变了这些地区传染病流行以及出生率下降和死亡率上升的状况。

利比亚政府制定的医疗保健发展战略的目标是：

（1）以行政和立法的手段，为卫生保障事业与营养、住宅建设、环境保护、生产安全等领域协调发展提供保证。

（2）以其他国家为竞争对象，提高病床和医疗机构的数量和质量。

（3）合理分布各种预防性或治疗性的医疗保健机构。偏远地区应予以优先安排。

（4）对社会与某些成员的防病计划予以特别关心。在他们中间普及营养和卫生知识。采取措施控制污染。制定立法严防传染病入境，为此，在全国建立具有最先进技术手段的检疫所和医学实验室。

（5）消灭结核病、血吸虫病、结膜炎等地方性传染病。

（6）为现有的保健医疗机构配置先进有效的设备。

（7）加速派遣学生出国学习和接受培训，以满足医疗机构对人才的需要。

（8）支持卫生机构和护士学校的发展。

（9）支持开展关于卫生保健以及影响健康标准的社会、经济和心理因素的科学研究。此类研究应有利于发展和改善保健服务事业。

“九一”革命后，利比亚政府拨出巨额资金以支持和发展全国卫生保健事业。1969 年，国家用于卫生事业的预算金额不超过 690 万第纳尔，每个利比亚居民平均 8.3 第纳尔。此后政府对卫生领域投入了大量资金（参见表 6－2）。[①]

从“九一”革命后的 1969～1988 年，利比亚政府的卫生事业投资增加了 4835 万第纳尔，即 700%。全国医生、护士、医疗设备和医疗机构等都有巨大增长。1969 年，利比亚全国只有医生（包括牙医）795 人，其中本国医生为 80 人。平均每 2588 名居民才有 1 名医生。利比亚政府采取措施大力培养本国医生，改变长期以来依靠外国医学专家的状况。除了建立两所医科大学

① 《1969～1994，利比亚革命 25 周年》，第 460 页。

表 6-2 利比亚卫生保健事业资金

年度	政府拨付资金（第纳尔）	每个居民平均额（第纳尔）	年度	政府拨付资金（第纳尔）	每个居民平均额（第纳尔）
1969	690000	8.3	1979	69100000	32.2
1970	9800000	9.7	1980	93000000	39.4
1971	17000000	10.9	1981	106000000	36.4
1972	24100000	12.5	1982	93700000	37.6
1973	17000000	11.0	1983	75800000	45.5
1974	22900000	15.1	1984	71300000	52.2
1975	26600000	18.6	1985	55200000	52.9
1976	35800000	24.0	1986	59200000	43.9
1977	47100000	27.0	1988	55250000	50.9
1978	68100000	30.0			

招收学生外，利比亚政府还派出大批学生到国外学习医学。这一决策取得了明显的成绩。10 年以后的 1979 年，全国医生已增加到 4110 人，平均每 760 名居民有 1 名医生。1988 年，医生已达到 5770 人，医生与居民的比例为 1:706。这一比例已经达到国际标准。而且，医生中的 60% 是利比亚人。政府通过卫生学校和护士学校培养护士的方针也取得巨大成绩。1969 年，每 726 名利比亚居民才有 1 名护士或助理护士。1988 年，这一比例上升为 226:1。20 年内护士增加了 700%。利比亚医务人员增加速度之快，在阿拉伯世界名列前茅。

“九一”革命前，利比亚全国只有病床 6101 张，而且分布极不均衡。在一些偏远地区甚至没有一张病床。“九一”革命后，在全国各地区普遍建立起医院，便于群众就近就医，病床也大大增加。20 年内，居民与病床的比例已由 1969 年的 1000 比 3.6 上升为 1988 年的 1000 比 5.8。1969 年，利比亚全国只有1所综合医院，5所中心医院。1988年，综合医院增加为40所，中心医院增加到103所。结核病防治所由1969年的5所增加到1988年的28所。基层卫生所由3所增加到248所。新建的医院和防治所均配备有最现代化的先进技术设备。

第五节　新闻媒介与文化事业

“九一”革命后，利比亚政府十分重视新闻媒介与文化事业，认为大众媒介和文化事业在提高群众的思想认识水平，认清自己对于社会的责任，以及动员群众战胜前进道路上的困难等方面，起着十分重要的不可替代的作用。大众媒介和文化事业还有对外宣传利比亚所取得的成就，宣传卡扎菲的世界第三理论和利比亚政府的内外政策，以及同外部世界进行沟通和交流等职能，是利比亚进行改革和建设的重要工具。

为了发展新闻和文化事业，利比亚政府拨出了大量资金。1969年，利比亚用于新闻和文化事业的政府预算不过150万第纳尔，1979年达到1.3亿第纳尔，1988年更高达3亿多第纳尔。20年间政府用于这一领域的预算增加了约200倍，充分反映了利比亚政府对新闻与文化事业的高度重视。

表6－3　文化中心和独立图书馆发展情况

年　份	数　目	增长比例
1973～1975	23	—
1976～1980	57	148%
1981～1985	89	287%

资料来源：《1969～1994，利比亚革命25周年》，第503页。

"九一"革命前，利比亚的新闻文化事业十分落后，偏远地区甚至没有最简单的文化娱乐设施。经过利比亚政府多年的努力，文化中心、电影院、图书馆和剧场在城市和乡村普遍建立。作为最强有力的现代化宣传工具的电视和广播事业更是得到了迅速发展。

表 6-4　剧场发展情况

年　份	数　目	增长比例
1973～1975	4	—
1976～1980	7	75%
1981～1985	20	400%

资料来源：《1969～1994，利比亚革命 25 周年》，第 503 页。

"九一"革命前的 1968 年，利比亚在的黎波里和班加西建有两座由外国人经营管理的电视台，节目覆盖面积很小。"九一"革命后，利比亚政府制定了发展计划。官方电视台改名为"民众国电视台"，用阿拉伯语、英语和法语播放节目。电视发射台也在全国各地普遍建立，1980 年已有 17 座，1985 年增加到 20 座。1986 年，在的黎波里建成兼有发射电视节目和广播功能的信息中心。目前，利比亚全国各地都可以收看彩色电视节目。1996 年 5 月，电视台开设电视卫星频道 AL-Fa'adiya al-Jamahiriya。在一些宾馆的客房里可以接收到 CNN、BBC 和其他国家的电视节目。利比亚居民可以借助碟形卫星接收器合法地收看外国电视节目。

1969 年，利比亚全国只有两座在 1957 年建立的广播电台，用阿拉伯语和英语从的黎波里和班加西广播。1979 年，官方电台更名为民众国广播电台。除民众国广播电台外，大阿拉伯祖国和革命委员会之声电台也是官方电台，曾经使用英、法、俄、德、罗马尼亚、匈牙利、塞尔维亚、保加利亚、捷克等语言广播，主要宣传世界第三理论。此外，还有古兰经广播电台和面向欧洲和非洲播出节目的广播电台。在某些城市里有当地的广播电台。目前，利比亚已有17个调幅波段（AM）和4个调频波段（FM）播出新闻（包括体育）和音乐节目。除了面向外国听众的电台外，所有节目都用阿拉伯语播出。在利比亚的大部分地区，使用短波收音机便可以收听到BBC和大部分欧洲国家国际台的广播。

利比亚的电视台和广播电台都是由政府严格管理的国有事业单位。

利比亚的主要报刊有：《新黎明报》，创刊于1969年，是由民众国通讯社出版的阿拉伯文报纸，发行约4万份；《绿色进军报》，是革命委员会主办的政治性周刊，有英文和阿拉伯文两种版本，发行约2万~5万份；《太阳报》，阿拉伯文报纸；《民众国报》，是以阿拉伯文和英文出版的周报。

官方的民众国通讯社每天发行阿拉伯文、英文和法文新闻稿，在巴黎、伦敦、罗马、贝鲁特等城市设有分社。

第六节　体育事业

一　发展体育事业的方针和目标

利比亚国家领导人和利比亚政府十分重视体育事业，认为它是人民的事业，是根据世界第三理论而建立的民众国社会基础的重要组成部分。卡扎菲在《绿皮书》第三章中专门对“体育、骑术和表演”作了论述。他指出：“公共体育运动关系到所有民众，是全体人民的权利，有强身和娱乐之益”，“政权具有民众性，体育也同样具有民众性；财富属于全体人民，体育也一样，属于民众性的社会运动。”根据卡扎菲关于不应该由某些人垄断体育事业，体育是关系到全体民众的事业的原则精神，利比亚政府于1979年提出了“体育为了群众”的口号，号召群众改变观念，增强体育运动意识，不论男女老幼各人根据自己的体力和空闲时间，采用各种方式参加体育运动。

利比亚政府制定的发展体育事业的基本方针是：

（1）在尽可能广泛的范围内吸引更多的参与者从事各种形式的体育运动。

（2）为群众提供各种运动方式供他们选择。

（3）促进和发展集体运动，特别是传统的运动项目。

（4）逐步改革行政管理工作，为新的革命的体育运动概念服务。

（5）从理论和技术两方面为实现当前和未来纲领所确定的目标做必要的准备。

（6）开展对外关系并加以充分利用。

（7）加强体育资讯工具，使其能够以最佳方式完成任务。

（8）为实现民众国的长期体育发展计划做好准备，利用科研成果规划群众性体育活动。

（9）集中力量在各居住区域建造公众运动场和赛马场。

为了改变利比亚在“九一”革命前许多地区没有运动场等体育设施的落后状况，政府拨出了大量经费。体育经费在社会和经济改革计划中所占的比例，1976~1980年是6%，1981~1985年增加为8%。为了贯彻“体育为了群众”的精神，政府规定许多运动场应向公众开放，同时在国内各地区大量兴建公众运动场、体育中心、赛马场。利比亚政府的计划是每万居民名应该有一座运动场，按照这一比例，每个村庄和市镇都要有自己的运动场所。

二　各类体育场馆

1. 公众运动场

公众运动场是指适合于各种年龄段的居民进行体育活动的场所。公众运动场应该包括：若干个不同类型的运动场地、一座室内运动场、更衣室、一座儿童运动场等。

2. 体育场

体育场是供田径、射箭、篮球、排球、网球等项目进行训练的场所。

3. 体育中心

体育中心用于手球、篮球、乒乓球等项目进行比赛，也可以用于体操、举重、空手道等个人项目的比赛。体育中心也是举行群众集会、庆典、音乐会或文艺演出的场所。

4. 赛马场

赛马场内除管理办公室外，还设有诊所、马房、跑道及其他娱乐休闲设施。

第七章

外　交

第一节　利比亚联合王国的外交

1951年12月24日利比亚独立，由于在经济上依赖英国和美国，国王伊德里斯一世采取了亲西方的政策，允许西方大国继续使用它们在利比亚的军事设施和空军基地。当时，英国在的黎波里、班加西和托卜鲁克等地都驻有军队，在埃尔·阿德姆有大型空军基地，在的黎波里附近的伊德里斯机场也有重要的军事设施。美国则在1948年初从英国手中取得了的黎波里附近的麦拉哈机场，后来将它扩建为美国在非洲最大的轰炸机基地——惠勒斯空军基地。因此，利比亚独立后，美、英、法三国的军队仍然得以驻扎在利比亚国土上。1953年7月29日，利比亚同英国签订了为期20年的友好同盟条约和军事及财政援助协定，英国以每年向利比亚提供300多万英镑的财政援助为代价换取了继续使用军事基地的权利。1954年9月9日，利比亚又同美国签订协定，规定美国有使用地中海惠勒斯空军基地的权利，期限为20年；美国司令部有权在利比亚领土上自由调动军队和进行空中摄影；美国军事人员享有治外法权。美国则向利比亚每年支付租金400万美元（后来双方商定，1960~1964年间每年租金为1000万美元）。1954年8月10日，利比亚同法国也签订了为期20年的友好条约。根据这项条约，法国应在1956年年底前撤走它在费赞的驻军，但法国仍保留继续使用费赞机场的权利。

1957年1月，美国提出加紧在中东推行侵略政策的艾森豪威尔主义后，利比亚政府代表和美国总统特使发表联合公报，双方同意在推行艾森豪威尔主义方面进行合作，美国则承诺向利比亚提供额外的经济援助。

1963年5月，利比亚同其他30个非洲独立国家的元首、政府首脑以及他们的代表在亚的斯亚贝巴举行会议，通过《非洲统一组织宪章》，成立了非洲统一组织。利比亚还是1945年3月成立的阿拉伯国家联盟的成员国。1964年1月和9月，利比亚先后参加了在开罗和亚历山大港举行的阿拉伯国家首脑会议。

利比亚在经济上长期依赖西方国家，但进入20世纪60年代后，利比亚重视维护民族独立和国家主权。1964年3月16日，利比亚众议院通过决议，要求撤除美、英两国在利比亚的军事基地，撤走它们的全部驻军，废除同美、英签订的关于两国继续使用军事基地的协定，责成政府就这一问题同美、英两国政府举行谈判。决议指出，如果谈判失败，众议院将通过法律废除利比亚同美、英政府缔结的协定和关闭美、英的军事基地。3天之后，利比亚王国首相蒙塔赛尔在参议院发表演说表示："利比亚政府的国内外政策的目的是为了巩固利比亚在阿拉伯世界、非洲和国际范围内的地位"，"利比亚将履行对阿拉伯国家联盟、联合国和非洲统一组织所承担的义务"。他又说："国际形势的改变和兄弟国家对利比亚采取的立场，使我们有责任去消除外国基地和不再重订或延长同联合王国和美国签订的两个条约"。根据众议院的决议，利比亚政府于1964年4月20日开始在贝达同英国政府代表就撤除英国军事基地和撤退英军问题进行谈判。同年4月

29日，利比亚政府又同美国代表团就撤除美国军事基地问题举行谈判。但是，这些谈判都未能把美、英的军事力量逐出利比亚。

第二节 “九一”革命后的外交政策

“九一”革命后，卡扎菲和利比亚政府长期奉行维护民族独立和国家主权，反对帝国主义、反对霸权主义、反对种族歧视，奉行不结盟和积极中立的政策，主张阿拉伯统一和与其他非洲国家、伊斯兰国家合作，支持巴勒斯坦人民反对以色列侵略扩张的斗争和各国民族解放运动，主张在公正、平等、尊重国家主权和互不干涉内政等国际关系准则的基础上建立国际新秩序，反对大国操纵国际事务。

卡扎菲自青年时代开始就深受埃及总统纳赛尔的民族主义思想影响。虽然利比亚自20世纪50年代末发现石油之后，由于石油的勘探开采、提炼和运销都要依靠美国的资本和技术，石油产品也大量销往美国，两国之间的经济关系十分密切。但卡扎菲执政之后，出于维护民族独立和国家主权的需要，随即收回了美国在利比亚的空军基地，废除了利比亚同美国签订的军事和经济技术协定，迫使美国撤走了它在利比亚的军事人员，给了美国沉重打击。此后，为了进一步摆脱帝国主义对利比亚经济的控制，利比亚政府又采取将美英等西方国家的企业收回国有等措施。特别是在卡扎菲宣布支持巴勒斯坦人民的武装斗争，反对以色列侵略阿拉伯领土和美国的中东政策后，利比亚与美国的矛盾日益加深。美国政府指责利比亚搞全球性的恐怖和颠覆活动，对利比亚采取了军事打击和经济制裁等强硬措施，两国关系严重恶化。利比亚是最早对美国持强硬态度和公开对抗而长期不愿妥协的阿拉伯国家之一。

卡扎菲认为，70年代初的苏联也是“帝国主义”，两国关系冷淡。后来，在共同反对美国中东政策的基础上，利比亚同苏联的关系有所改善，利比亚成为苏联进行军事渗透的对象之一。

以利比亚为中心实现阿拉伯世界的统一，一直是卡扎菲追求的目标。他认为，实现阿拉伯国家的全面统一是利比亚的“历史责任”，统一的目标如果不能和平实现则可以以武力来实现。“九一”革命后，卡扎菲为了同邻国联合或合并而进行了不懈的努力，但终未成功。卡扎菲还积极主张非洲国家结成联盟，团结一致共谋发展。

卡扎菲和利比亚政府坚决反对以色列侵占阿拉伯国家的领土和美国的中东政策，反对同以色列谈判，主张消灭以色列，支持巴勒斯坦和阿拉伯国家人民为恢复民族权利、收复失地而进行的斗争，认为巴勒斯坦人民有权在巴勒斯坦建立以耶路撒冷为首都的独立国家。

利比亚是不结盟运动的成员国。不结盟运动奉行独立、自主和非集团的宗旨和原则；支持各国人民维护民族独立、捍卫国家主权、发展民族经济和民族文化的斗争，坚持反对帝国主义、新老殖民主义、种族主义和一切形式的外来统治和霸权主义，呼吁发展中国家加强团结；主张国际关系民主化和建立国际政治经济新秩序。世界两极格局终结后，利比亚主张，在新的历史条件下，不结盟运动的宗旨和原则应该继续维护，但不结盟运动可以改名为第三世界运动，为发展中国家服务。

利比亚在国际交往中重视和强调发展民间交往。

利比亚同英、美等西方大国的关系长期处于紧张状态，同其他一些非洲国家和阿拉伯国家之间也有利益冲突和矛盾。随着国际形势的变化，21世纪初卡扎菲采取灵活的态度和果断的措施修正了他的对外政策，主动与美、英、法等国家改善关系，开创了利比亚对外关系的新局面。

第三节　同美国的关系

一　"九一"革命后对美采取强硬态度

利比亚同美国经济关系十分密切。利比亚是美国石油的主要供应国之一，利比亚石油的勘探、开采、提炼和运销都要依靠美国的资金和技术。两国之间形成的相互依赖的关系，使独立后的利比亚伊德里斯王朝实行亲美的外交政策。"九一"革命卡扎菲成为利比亚国家领导人之后，特别是在70年代卡扎菲宣布支持巴勒斯坦人民的武装斗争，反对以色列侵占阿拉伯领土和美国的中东政策之后，两国关系发生了根本性变化。利比亚同美国之间的矛盾日益加深，利比亚同叙利亚等国家成为阿拉伯世界中对美国采取强硬态度，不断对抗美国的国家。

"九一"革命胜利后不久，1970年6月，利比亚宣布收回美国在利比亚的惠勒斯空军基地，给了美国以重大打击。这是因为，惠勒斯空军基地是当时美国在北非地区最大的空军基地，在美国的全球战略中占有重要地位。失去了这个空军基地，美国便丧失了在地中海地区同苏联争夺的前哨阵地。两年之后，1972年利比亚又废除了伊德里斯王朝同美国签订的一系列军事和经济技术合作协定，使美国军事人员全部撤离了利比亚。利比亚政府采取的石油国有化措施也损害了美国石油公司的利益。1972年，两国的外交关系降格为代办级。

1973年5月，卡扎菲公开谴责美国对利比亚的挑衅行为。他指出："美国航空母舰威胁着我们的领海，这使我们感到吃惊"，"有几十架飞机从航空母舰起飞，向我们炫耀武力，进行恫吓"。随后，利比亚政府在的黎波里附近海域设立两个布雷区，其中一个是为了保护的黎波里港口的入海通道，另一个设在通往奥克巴·伊本·纳费的空军基地（即原惠勒斯美国空军基地）的航道上。卡扎菲在这个空军基地发表演说时指出："现在是阿拉伯人勇敢地对付美国的时候了，是用直接严峻的手段打击美国在阿拉伯地区利益的时刻到了。是时候了，让我们对准美国那张冷漠、傲慢的脸给他狠狠的一记耳光"。

1973 年 8 月 11 日，利比亚政府决定将美国在利比亚的石油公司 51% 的股权收归国有。1974 年 2 月 11 日，在利比亚开采石油的三家美国石油公司的全部资产被利比亚政府收归国有。美国政府即以拒绝向利比亚提供武器作为报复，停止交付利比亚订购的 8 架 C—130 军用运输机。

利比亚反对美国的中东政策，以美国为头号敌人，但为了维护自身的经济利益，仍表示希望同美国改善关系。1979 年初，利比亚派出人民代表团访问美国，美国方面反应冷淡。

1979 年 3 月 26 日，美国总统卡特促成埃及总统萨达特和以色列总理贝京在华盛顿签署和平条约。卡扎菲指责美国是"世界帝国主义"头子，表示要用"石油武器制裁美国"。同年 12 月 2 日和 3 日，利比亚首都 2000 多名穆斯林为了支持新建立的伊朗穆斯林政权扣留美国驻伊朗大使馆人员为人质的行动举行反美示威游行，冲击和破坏了美国大使馆，并焚烧了卡特和伊朗巴列维国王的模拟像。

1980 年，对利比亚采取强硬态度的里根入主白宫。他指责利比亚支持国际恐怖主义搞全球性的恐怖和颠覆活动，下令关闭利比亚驻美人民办事处，宣布对利比亚实行全面制裁。卡扎菲随即下令驱逐 25 名美国外交官作为报复。美国便召回了驻利比亚大使和全体外交人员。两国外交关系中断。

1981 年 8 月 19 日，利比亚同美国在苏尔特湾发生军事冲突，两国的矛盾激化为直接对抗。苏尔特湾位于利比亚北部地中海南岸，西起米苏拉塔直至班加西，水域长达 300 海里，总面积约24.1万平方公里。由于它深入利比亚北疆，卡扎菲曾声称其为利比亚领海，但美国和其他一些国家不予承认。1981年8月，卡扎菲再次强调整个苏尔特湾是利比亚神圣不可侵犯的领海，因而对苏尔特湾拥有不容置疑的航行管辖权。当时，美国获悉利比亚正在从事核武器和火箭的研制，里根总统决定派遣美国舰队进入苏尔特湾。8月19日上午7点钟左右，美国海军的两架F—14战斗机闯入利比亚宣称的领海内30海里，与迎战的利比亚苏—22型战斗机激战。利比亚飞机被美机击落。在这次空战之后，美国又获得情报，称卡扎菲正在策划暗杀里根，利比亚还计划对停泊在地中海的美国航空母舰“尼米兹”号进行攻击，美国驻法国和意大利的大使馆也将成为利比亚袭击的目标。12月10日，美国政府要求在利比亚的1500名美国侨民离开利比亚回国，并且宣布禁止公民持美国护照到利比亚旅游。里根还通过比利时政府向卡扎菲送去一封信，警告他说：有情报表明利比亚已经制定了包括暗杀美国政府官员和攻击美国国内外设施在内的计划，利比亚“如果对美国官员进行任何形式的暴力行为，都将被美国政府视为对美国的武装进攻。我们将根据联合国宪章采取一切可能的手段来保卫自己的国家”。卡扎菲针对美国的行动反驳说，是美国“在世界上实行最大的恐怖主义”，美国想“把别国人民降为奴隶”。对于美国削减从利比亚进口石油的数量，卡扎菲说，“我们宁可掌握在手上而不是廉价出售”。

1982年1月30日，利比亚的民航客机在希腊上空遭到美国军用飞机拦截。3月11日，美国宣布禁止进口利比亚石油和向利比亚出口石油技术和设备。两国经济关系由此中断。9月2日，利比亚防空部队在班加西击落一架美国侦察机。

1983年2月17日，美国政府命令第六舰队的4艘军舰驶向利比亚水域，并向埃及派去4架预警飞机。3月，美国政府下令禁止利比亚学生在美国大学里学习航空和核物理等课程。7月，美国谴责利比亚对乍得进行公开侵略，下令核动力航空母舰“艾森豪威尔”号驶往地中海待命。

1984 年 7 月 26 日，利比亚政府宣称美国第六舰队有 164 架飞机在利比亚沿海进行挑衅活动。

1985 年 6 月 14 日，两名黎巴嫩人劫持了从雅典飞往罗马的美国环球航空公司的一架客机，强迫它到贝鲁特降落，然后又飞到阿尔及尔，机上人员被扣为人质。虽然劫机事件后来得到解决，除了一名美国水兵被杀害外其余乘客均平安获释。美国中央情报局估计这一事件仍然同卡扎菲有关，因而认为如果美国听任卡扎菲为所欲为而不采取行动，或者卡扎菲认为美国对他的生命构成直接威胁或是企图推翻他的政权，那么卡扎菲很可能对美国的人员和设施发动直接攻击；美国必须提高对卡扎菲活动的警觉。1985 年 9 月 16 日，美国政府宣布对利比亚等国在联合国工作的雇员的活动进行限制，未经许可他们不得进入距离联合国总部超过 25 英里的地区。圣诞节后的 12 月 27 日，恐怖分子联合袭击了罗马和维也纳机场，包括 5 名美国人在内的 19 人饮弹殒命，120 多人受伤。恐怖分子中 3 人被当场击毙。虽然恐怖分子的身份未能确认，利比亚外交官也声称这起事件同利比亚无关，但他却表示“支持这一崇高的革命行动”。尽管利比亚方面随即收回了这句话，但美国却抓住不放。里根宣称，要对肇事者进行最严厉的惩罚，要迫使利比亚“付出高昂的代价”。

12 月 30 日，美国指控利比亚在 3 天前策划了同时在罗马和维也纳机场进行袭击的恶性事件，扬言将对利比亚进行军事报复。

1986 年利比亚同美国的冲突全面升级，两国关系急剧恶化。1986 年 1 月，美国中央情报局又得到了一次机会。1 月 26 日，卡扎菲乘巡逻艇从米苏拉塔驶向班加西，并宣布北纬 32°30′为“死亡线”，美国的军用飞机和舰只如果越过此线进入苏尔特湾，利比亚将予以反击。中央情报局向里根总统建议，可以有意让美国军舰和飞机越过“死亡线”，在利比亚开火之后以“自卫反击”的名义采取军事行动。里根同意了这一计划。

当时，美国第六舰队所属的“珊瑚海”号航空母舰、驻印度洋的“萨拉托加”号航空母舰和美国东海岸的“美国”号航空母舰及其他舰只30多艘，以及作战飞机250架向苏尔特湾附近集结，对利比亚形成了兵临城下的局面。3月22日，美国宣布它将从3月23日至4月1日在苏尔特湾附近举行军事演习，并声称美国有权进入苏尔特湾。23日下午，美国第六舰队开进苏尔特湾。从航空母舰起飞的飞机越过了卡扎菲宣布的“死亡线”。翌日下午，美国又派出F—14“雄猫”式舰载战斗机沿着利比亚海岸飞行。被激怒的卡扎菲命令利比亚防空部队发射导弹予以还击，并向第六舰队司令凯尔索中将发出警告电报，要求美军停止侵略行动。但利比亚发出的数枚导弹均未命中目标。凯尔索对利比亚发出的警告不予置理。在经过6小时左右之后，3月24日晚9点半左右，美军开始对利比亚的目标进行攻击。利比亚的“战士”号巡逻艇被美军的导弹和集束炸弹炸沉，导弹基地被摧毁，从班加西驶出的导弹巡逻艇又被击沉。这场导弹战时间不长，但美国的军舰和飞机在“死亡线”内共停留了75小时。美军方面无一伤亡，利比亚则有5艘导弹巡逻艇被击沉或击伤，防空导弹阵地的主要设施被摧毁，伤亡人员约150人。里根认为此役已经达到预期目的，而且担心苏联和叙利亚等国家有可能进行干预，北约成员国又没有明确表示支持美国的行动，因而宣布军事演习结束。3月27日上午，美军全部撤离苏尔特湾。

利比亚认为自己是胜利者。卡扎菲在的黎波里举行的庆祝大会上宣称：“我们已经把美国第六舰队赶出了苏尔特湾，我们胜利了！”“我们不屈从于任何压力，我们将奉陪到底！我们要在全世界与美国进行这场战争。”美国中央情报局在他们破译的利比亚情报总部发出的电报中获悉，利比亚当局在3月25日即已指示它的驻外人民办事处处于待命状态，做好打击美国的目标和执行“计划”的准备。4月4日，利比亚驻东柏林人民办事处发往的黎波里情报总部的一份电报又被截获，电报称“当你们看到明天的新闻大标题时将会感到高兴”。几小时后截获的另一份电报称：“行动现在已经开始，这件事不会查到东柏林的利比亚人身上。”10分钟后，即凌晨1点49分，西柏林的“美女”迪斯科舞厅发生爆炸。

“美女”迪斯科舞厅是美国军人经常光顾的地方。美国士兵尼思·福特和一名土耳其女青年在爆炸中丧生，受伤的230人中有50名美国军人。美国情报当局断定，爆炸事件是利比亚策划的恐怖行动。里根总统宣称：“美国的忍耐是有限度的。对这样的恐怖主义暴行，我们绝不能无动于衷，否则就是对恐怖主义的屈服，就会破坏国际秩序的基础。我们要让那些制造恐怖的疯狂分子不得安宁!”根据里根总统的指示，美国参谋长联席会议的军事专家会同中央情报局局长迅速制定了夜间空袭利比亚的计划，决心给卡扎菲以更沉重的打击。

1986年4月15日利比亚时间凌晨2点，美国出动57架轰炸机扑向的黎波里和班加西的预定目标进行大规模空袭。利比亚防空部队以导弹和高射炮构成大范围的火力网进行封锁。从停泊在苏尔特湾的“美国”号航空母舰上发回的电报承认：“这似乎是越战后我方遇到的最猛烈的反击”。空袭只进行了十几分钟。美方声称，它击中了利比亚米格—23飞机库，摧毁了5~12架战斗机和3~5架伊尔—79运输机；5个预定目标全部被摧毁。利比亚人死亡37人，伤93人。利比亚则宣布它击落3架美机，并用炮艇轰击了设在意大利兰佩杜萨岛上的美军雷达站。执行此次空袭任务的美国飞机是从英国基地起飞的，由于法国和西班牙拒绝开放领空，美国轰炸机不得不在空中加油。据说，这是世界战争史上的第一次。

毫无疑问，美国是想通过轰炸消灭卡扎菲。美方派出了8架F—111战斗机各携带4枚2000磅的激光制导炸弹对卡扎菲居住和办公的阿齐齐亚兵营实行地毯式轰炸。如果当晚卡扎菲是在兵营过夜，肯定难逃厄运。但是，出乎美国人意料的是，卡扎菲并未受到伤害，只是他一岁半的养女汉娜遭到不幸，他的两个儿子受伤。

在这次空袭发生前，里根总统于1986年1月7日宣布全面停止同利比亚的贸易来往，命令美国5家石油公司撤出利比亚，违反禁令去利比亚旅游的美国公民将被课以5万美元以上的罚金。8日，里根又下令冻结利比亚在美国的约5亿美元资产。十几分钟的空袭更使两国关系降到了最低点。

4月16日晚上，卡扎菲在利比亚电视台发表演说，“优越的军事力量不能战胜民族意志和准备牺牲的精神。贝都因式帐篷比美国的摩天大楼更坚固!”他坚定地表示：“我们将在更广阔的战场上与美国交战。这个战场就是整个世界!”

美国在短短的20天时间里连续两次袭击利比亚，虽然它标榜的是制止和打击恐怖活动，但还是遭到许多国家的谴责和反对。许多国家发表声明，对美国使用武力对付一个主权国家进行指责。卡扎菲没有被吓倒。他在空袭发生前的4月9日接受记者采访时表示：“如果美国侵略我们，我们就用更高一级的暴力行动来袭击美国在世界各地的军事和非军事目标。”5月5日，在东京举行的7国首脑会议指称利比亚为恐怖主义国家。11月20日，联合国大会以79票赞成，28票反对，33票弃权，19国缺席或未参加投票，通过决议对美国袭击利比亚进行谴责。

二 洛克比空难事件

1988年12月发生的震惊世界的洛克比空难事件使利比亚同美国等西方国家的关系更加恶化。利比亚经受了

长达11年半的国际制裁，经济和社会发展受到严重影响。2003年，利比亚主动采取措施了结这起空难事件，它同西方国家的关系得以改善，也摆脱了孤立于国际社会的不利处境。

1988年12月21日，美国泛美航空公司一架波音747客机从联邦德国法兰克福飞往纽约，在途经英国苏格兰洛克比小镇上空时突然发生爆炸坠毁。机上259人（其中大多数是回国休假的美国军人）全部罹难，爆炸的碎片还使地面上的11人丧生。英国和美国经过3年调查认定，爆炸是由于该机在德国机场停留时，曾有一名利比亚高级情报人员和利比亚航空公司驻马耳他代表将装在“东芝牌”收音机里的3枚微型塑料炸弹随行李送上了飞机造成的。因此可以断定，这一事件系利比亚特工所为。1991年11月，英、美两国公布了调查结果。11月14日，英、美分别在本国对这两名嫌疑犯提出指控。

在洛克比空难发生后不到一年，1989年9月19日，法国联合航空公司772航班客机在飞到尼日尔上空时也发生爆炸，机上170人丧生。法国认为事件也与利比亚有关。因此，法国于1991年11月27日与英、美一起发表联合声明，要求利比亚交出嫌疑犯并承担责任，交出所有证据并对受害者家属进行赔偿。

利比亚政府否认同炸机事件有关。1990年，利比亚曾多次通过第三国表示愿意与美国改善关系，美国未作出回应。对于1991年11月27日英美法三国在联合声明里提出的指控和引渡嫌疑犯的要求，利比亚加以拒绝，表示它将自行审理这一案件。

在英、美推动下，联合国安全理事会于1992年1月21日通过第731号决议，要求利比亚配合国际调查，并对美、英、法三国要求交出嫌疑犯一事作出答复。利比亚同意配合国际调查，但拒绝引渡嫌疑犯。利比亚表示不能接受这项决议，理由是《联合国宪章》第33条第1款规定，“任何争端之当事国，于争端之继续存在足以危及国际和平与安全之维持时，应尽先以谈判、调查、调停、和解、公断、司法解决、区域机关或区域办法之利用，或各该国自行选择之其他和平方法，求得解决。”731号决议的通过不符合《联合国宪章》的规定，而且该决议在表决时并未获得包括5个常任理事国在内的赞成票。3月3日，利比亚就由于洛克比空难引起的它同英、美之间在解释和适用1971年蒙特利尔《禁止危害民用航空安全公约》方面的争议向国际法院分别对英、美提起诉讼，要求国际法院作出裁决，确认利比亚遵守了蒙特利尔公约而英、美违反了而且仍在违反公约的有关规定；要求英、美立即停止违约行为并尊重利比亚主权和领土完整以及政治独立。利比亚要求国际法院立即采取临时措施。4月14日，国际法院驳回了利比亚的请求。国际法院认为，由于联合国安全理事会已就本案作出决议，本院不必采取临时措施。

根据英、美要求，安全理事会于1992年3月31日又通过第748号决议，要求利比亚在15天内交出两名嫌疑犯，终止恐怖活动，否则将对其实行空中封锁、武器禁运、削减其驻外使团人数和关闭利比亚航空公司等范围广泛的制裁措施。利比亚再次拒绝执行这项决议，表示两次空难均与利比亚政府无关，利比亚没有从事恐怖活动并谴责一切恐怖主义活动，两名涉嫌犯罪的利比亚人是无辜的，拒绝将他们引渡。但利比亚政府表示愿意同国际调查合作和改善同美国的关系。15天期限届满后，第748号决议所规定的制裁措施于4月15日开始实施。1993年后，安全理事会每隔4个月对该决议执行情况进行一次审议，并研究可能采取的措施。

中国政府原则上不赞成对利比亚采取制裁行动。在安理会表决时，中国代表指出，恐怖主义行为应该受到惩罚，但必须有确凿的证据；国际争端应该通过协商解决，制裁无助于问题的解决，反而会加剧地区紧张局势。中国代表对决议投了弃权票。

为了解决洛克比空难事件，利比亚进行了大量的外交活动，

也通过各种渠道提出过许多解决办法。根据国际法和1971年蒙特利尔《禁止危害民用航空安全公约》的规定，此类炸机案件可以由当事国自行审理，或者将犯罪嫌疑人引渡到别国审理。利比亚同英、美之间没有签订引渡条约，作为主权国家的利比亚可以决定将犯罪嫌疑人引渡，也可以决定不引渡。就通过司法程序使问题得到解决，利比亚先后提出多种建议，如由利比亚自行审理，英、美派法官参加；把案件提交国际法院裁决；把两名嫌疑犯交给任何一个阿拉伯或伊斯兰国家或者交给中立国或第三国，或由联合国秘书长委托某个第三国审理；由苏格兰法官在英国以外适用苏格兰法律进行审理；由利比亚、英国、美国和其他国家的法官组成专门法庭审理等。这些建议均遭美、英拒绝。利比亚的外交活动收效甚微。国际社会特别是阿拉伯国家为了寻求问题得到公正解决也做了巨大努力，但未能奏效。由于安理会决议均以利比亚从事恐怖主义活动作为实施制裁的原因，否认自己从事或支持恐怖主义活动的利比亚虽然想改善同美国的关系以摆脱困境，但不能全部接受安理会决议。

1993年11月11日，安理会又通过第883号决议，在维持第748号决议的基础上，将制裁的范围扩大到冻结利比亚在海外的资产（石油、天然气和农产品出口所得的资金除外）、加强对利比亚的空中禁运、禁止各国向利比亚出口石油工业所需要的设备等，使制裁进一步升级。

在联合国安全理事会外，利比亚同美国的关系进一步恶化。1989年1月，美国军队再次在利比亚海域外集结，扬言要对位于的黎波里以南的化学武器工厂进行袭击，并在托卜鲁克附近击落两架利比亚米格—23军用飞机。地中海沿岸的形势骤然紧张。1990年1月4日，美国乔治·布什总统以利比亚“继续利用和支持国际恐怖活动”为由，宣布对利比亚经济制裁延长一年。1991年，英、美两国司法部门联合发出起诉书和通缉令，要求利比亚逮捕并引渡爆炸案嫌疑犯费希列和迈格拉希。1996 年 7 月，美国为了进一步制裁利比亚和伊朗，通过《达马托法》（又称《伊朗—利比亚制裁法》）规定凡是违反联合国安理会对利比亚实施禁运的决议，在这两国投资 2000 万美元以上的外国公司都将受到美国政府的惩罚。

为了推动空难案的解决，利比亚继续进行外交活动。除了尽量设法同英美公开或私下接触外，利比亚还积极争取其他国家的支持。1997 年 2 月 28 日，非洲统一组织和阿拉伯国家联盟提出新建议：由安理会指定中立国，在该国审讯两名犯罪嫌疑人；在海牙国际法院由苏格兰法官用苏格兰法律进行审判；由安理会授权建立临时法庭，在海牙开庭审判。利比亚表示接受在国际法院由苏格兰法官按照苏格兰法律审判犯罪嫌疑人的方案，但由于英、美仍坚持原来立场，案件的解决没有进展。1997 年 3 月、7 月和 11 月，安理会 3 次审查对利比亚制裁执行情况，由于英、美坚持，安理仍然决定继续制裁。但是，一些阿拉伯和非洲国家继续为解除制裁而努力。利比亚的和解姿态和对外政策的调整也使法、意、德等国家的立场有所变化。洛克比空难受害者家属对于案件久拖不决的不满情绪日益高涨，他们不断敦促英、美政府接受利比亚的建议，早日了结此案。在国际社会要求解除对利比亚制裁的呼声日渐高涨的情况下，1997 年 1 月和 3 月，利比亚分别提供飞机运送官员和朝觐者赴加纳和沙特阿拉伯。5 月，卡扎菲冲破安理会的禁令，乘飞机赴尼日尔和尼日利亚。9 月，阿拉伯国家联盟作出决定，允许利比亚飞机在其成员国的机场降落。利比亚争取国际社会同情和支持的外交努力取得了一定的成效。

英、美一直坚持认为国际法院对洛克比空难案没有管辖权，反对通过司法程序解决问题。1998 年 2 月，国际法院针对利比亚于 1993 年 3 月以英、美违反蒙特利尔《禁止危害民用航空安全公约》为由提出起诉要求法院受理并作出裁决，认定国际法院对洛克比案有管辖权。这一裁定得到阿拉伯国家联盟、非洲统一组织、马格里布联盟、伊斯兰会议组织和不结盟运动等组织以及许多国家的欢迎，预示了洛克比事件的解决可能出现转机。

1998 年，要求尽早结束洛克比空难案的呼声不断高涨。1998 年 3 月 21 日，中国、俄罗斯等国在安理会辩论中要求立即解除对利比亚的制裁，在中立国对嫌疑犯进行审判。4 月，一些意大利人向安理会的禁飞决议公开挑战，乘飞机到达利比亚。6 月，非洲统一组织作出决定，为了履行宗教和人道主义救援义务，将不再遵守安理会有关对利比亚实行飞行限制的决议。与此同时，洛克比案遇难者家属由于案件久拖不决，对坚持强硬立场的英、美越来越不满，英、美政府在国内受到的压力增大。在这种情况下，1998 年 7 月 9 日，埃及总统穆巴拉克不顾安理会的禁令乘飞机去利比亚探望不慎受伤的卡扎非并同他会谈。7 月 22 日，英、美的态度终于有一些松动，英国布莱尔首相和美国克林顿总统表示可以考虑在第三国进行审判。8 月 24 日，英、美正式同意在荷兰由苏格兰法官按照苏格兰法律审判两名犯罪嫌疑人；如果判决有罪，罪犯应在苏格兰服刑；一俟利比亚交出嫌疑犯制裁即可中止。27 日，安理会通过第 1192 号决议，赞同在荷兰进行审判，要求利比亚按照安理会有关决议的规定交出犯罪嫌疑人和所有有关证据。安理会的决议指出，第 748 号及 883 号决议仍然有效，但在联合国秘书长向安理会报告两名嫌疑犯已经抵达荷兰或者英、美，以及利比亚已经满足了法国就其联合航空运输公司班机爆炸案提出的要求后，制裁即可中止。决议还警告利比亚，如果拒绝执行决议的规定仍不肯交出嫌疑犯，安理会将考虑实施额外制裁措施。28 日，利比亚政府发表声明，表示原则上接受英、美的立场，但提出应该就下列 3 个问题进行谈判：在利比亚交出犯罪嫌疑人后，应该解除而不是中止制裁；两名嫌疑犯如果确认有罪，应在利比亚或第三国而不是在苏格兰服刑；两名嫌疑犯的人身安全和宗教信仰应该得到保障。此后，利比亚同英、美进行了多次谈判。

尽管制裁尚未中止，安理会对利比亚的飞行禁令一再被打破。苏丹代表团、尼日尔总统、刚果民主共和国总统和乌干达总统都在9月间先后乘飞机抵达利比亚。10月，冈比亚总统访问利比亚。

由于利比亚同英、美之间在若干问题上存在着较大分歧，协调双方矛盾又经历了半年时间。1998年12月21日，卡扎菲表示此案应该由利比亚和英、美等国的法官组成国际法庭进行审判。英、美立即作出反应，警告利比亚必须在1999年2月底安理会复审对利比亚制裁问题前交出嫌疑犯，否则英、美将推动安理会对利比亚实行更严厉的制裁。两天后，利比亚外长拒绝了英、美的威胁，强调利比亚希望通过联合国机制解决危机。1999年2月26日，安理会对制裁问题进行复审，由于有关方面正在进行磋商，安理会只表示将继续审议制裁问题，未就是否需要改变制裁机制作出决定。

经过南非总统曼德拉和沙特阿拉伯国王特使班达尔的斡旋，3月19日卡扎菲宣布，由于利比亚已经获得所需要的保证，同意在4月6日前将犯罪嫌疑人交给联合国秘书长在荷兰接受审判。同日，利比亚外长致函联合国秘书长，重申利比亚反对恐怖主义的立场，表示愿意就该案的处理进行合作并对遇难者家属作出赔偿，还提出审判过程应由联合国秘书长和南非及沙特阿拉伯协商确定的观察员旁听；如果判决有罪，罪犯可以在苏格兰服刑但应由联合国进行监督，利比亚有权在苏格兰设立领事馆与之联系；一俟嫌疑犯抵达荷兰，对利比亚的制裁即应中止，联合国秘书长应于90天内向安理会提交报告确认利比亚已经执行了安理会有关决议，制裁应该撤销。利比亚在函中并未表示对空难事件

承担责任。美国也未对解除制裁作出承诺。

1999年4月5日，两名涉嫌制造洛克比空难的利比亚人阿明·哈利法·费希列和阿卜杜拉·巴塞特·阿里·迈格拉希在阿拉伯国家联盟秘书长、意大利外交部长、沙特阿拉伯驻美大使、南非总统特使等人的见证下，在的黎波里被移交给联合国助理秘书长汉斯·柯瑞尔，随即乘飞机到达荷兰海牙，进入郊区扎斯特军营，接受设在那里的苏格兰法庭的审判。此次审判是苏格兰第一次将法庭设在国外，在没有陪审团的情况下按照苏格兰法律进行的审判。为了便于庭审的进行，根据英国和荷兰政府的协议，法庭所在地在审判期间将被视为英国的领地。

2001年1月31日，由3名苏格兰法官组成的特别法庭作出判决。主审法官萨瑟兰宣布：被告迈格拉希策划炸毁美国泛美航空公司103航班，犯有杀人罪，判处终身监禁，20年内不得假释。被告费希列无罪，当场释放。迈格拉希否认有罪，根据苏格兰法律，他可以在14天内提起上诉。2002年1月23日，由5名上诉法官组成的特别法庭开庭审理迈格拉希的上诉案。3月14日，特别法庭作出终审判决，驳回上诉，维持原判。迈格拉希被送往英国苏格兰中部的格拉斯哥市的巴林涅监狱，在联合国监督下服刑。

利比亚政府发言人表示尊重法庭判决。利比亚常驻联合国代表奥马尔·杜尔达表示，两名被告是作为个人接受法庭审判的，他们的行为与利比亚政府无关。利比亚政府交出这两人便是履行了义务，联合国应该解除对利比亚的制裁。但英、美两国政府力图找到证据证明利比亚政府是洛克比空难事件的参与者，要求利比亚政府承担责任，向遇难者家属作出赔偿。西方国家媒体普遍认为，利比亚航空公司不仅是一家运送客货的运输公司，实际上是利比亚武装部队掌握的为利比亚情报局服务的空运机构。航空公司的管理人员和飞行人员差不多都是卡扎菲的情报人员。迈格拉希的公开身份是利比亚航空公司驻马耳他办事处的工作人员，但可以相信他实际上也是利比亚情报机构的官员。因此，英、美两国认为他的行为不可能是个人行为，不能排除他有特殊的背景和有利比亚高层领导参与这次事件。虽然卡扎菲在欢迎费希列回到的黎波里后表示："我有确凿的证据证明他（指迈格拉希）是无辜的。我会在星期一宣布这一证据。"事实上他事后没有提出他所说的证据。

1999年6月，在利比亚交出两名犯罪嫌疑人之后安全理事会宣布暂停对利比亚的制裁，但同时暗示在必要时制裁将会恢复。美国虽然仍坚持对利比亚实行石油禁运，但两国关系已有所缓和。同月，利比亚和美国两国驻联合国大使举行了两国中止外交关系以来政府代表的首次会晤。7月，美国财政部宣布，将不再把粮食、药品和医疗器械列为对利比亚制裁的项目。2000年3月25日，美国国务卿帮办率领美国领事代表团访问利比亚，这是1981年两国关系恶化以来美国官方代表团首次访问利比亚。

联合国安全理事会对利比亚实行制裁长达11年，美国单边对利比亚制裁时间更长。在这双重制裁的压力下，利比亚的经济建设和发展处于非常困难的境地，在国际社会中也进一步孤立，对外活动受到很大限制。由于实行制裁，作为利比亚经济主要支柱的石油业受到极大影响，石油出口市场严重萎缩，石油收入锐减。石油生产所需的技术、设备和零配件很难从国外得到，吸引外国投资和发展高科技也是困难重重。国民经济的另一项重要产业旅游业由于禁运制裁和美国的旅行禁令使游客大大减少，丰富的旅游资源得不到有效的开发和利用，每年经济损失高达30亿美元。国民经济发展滞后使物价上涨，市场萧条，医药品奇缺，人民生活水平持续下降，失业率和通货膨胀率逐年升高，群众的不满引发刑事犯罪案件不断发生，直接影响了社会稳定。此外，利比亚军队的武器装备不但因为制裁而得不到更新，甚至正常的维护保养也有困难，军队战斗力因此受到损害。面对这种困难的境况，利比亚领导人决定调整对外政策，改善国际环境，争取解除制裁。为此，利比亚表示愿意同美国改善关系并作出了不少努力，与英、美两国一直保持着私下接触，但没有明显的效果。

三 “9·11”后利美关系开始缓和

2001年美国“9·11事件”的发生为利比亚改善同美国等西方国家的关系提供了契机。爆炸事件的次日，卡扎菲出人意料地及时向布什总统表示哀悼，并强烈谴责恐怖活动，声称美国有正当理由采取报复行动，对于美国发动反恐战争表示理解和支持。卡扎菲成为最早谴责恐怖主义并向美国表示哀悼的阿拉伯国家领导人之一。此后，利比亚取缔了国内同本·拉登有联系的伊斯兰激进组织，还向美、英等国提供了有关“基地”组织的情报。卡扎菲表示愿与国际反恐斗争合作的态度受到了美国当局的欢迎和鼓励。美国国务院在《2001年度全球恐怖主义形势报告》中说，“利比亚虽然可能仍同一些恐怖主义组织保持着残存的关系，但似已减少了对国际恐怖主义的支持。”

利比亚采取这些措施的目的是要表明自己已经不再支持恐怖主义，以改善同西方国家的关系，争取国际社会的谅解。卡扎菲的努力产生了一定的效果。布什出任总统后，他在指责朝鲜、伊拉克等是“邪恶轴心”国家时，并没有把利比亚同这些国家等量齐观。但利比亚仍被列名为支持恐怖主义的国家。据卡扎菲2003年向意大利《共和国报》透露，利比亚同美国情报部门在联合打击伊斯兰极端分子方面早就进行合作。这种合作打击的对象不但包括活跃在利比亚的极端分子，也包括支持阿富汗塔利班武装以及“基地”组织的恐怖分子，特别是打击那些在阿富汗为恐怖分子卖命的利比亚人。

要国际社会解除制裁的关键在于美国的态度，而利比亚同国际反恐斗争合作的努力尚不能使美国满意。卡扎菲明白，改善利、美关系的最大障碍在于洛克比空难事件。

卡扎菲和利比亚政府权衡利弊之后决定采取措施彻底了结空难事件。2002 年 8 月，利比亚政府就明确表示它原则上同意向洛克比空难遇难者家属作出赔偿。2003 年 1 月，卡扎菲首次公开表示愿意提供赔偿的态度。经过艰难的谈判，3 月 11 日利比亚与美、英两国代表在伦敦达成协议，利比亚表示愿意对洛克比空难案承担民事责任，向遇难者家属支付总额为 27 亿美元的赔偿金。8 月 13 日，利比亚政府同遇难者家属委托的律师在伦敦签署赔偿协议。协议规定，利比亚将 27 亿美元打入它在国际清算银行设立的代管账户，分 3 期支付给每名遇难者家属最高 1000 万美元的赔偿金。具体安排是：第一，在联合国安理会彻底解除对利比亚制裁后的 1 个月内，利比亚向每位遇难者家属赔付 400 万美元；第二，在美国解除制裁后利比亚再赔付 400 万美元；第三，当美国将利比亚从支持恐怖主义的国家名单上删除后，利比亚便付清最后的 200 万美元。如果美国未能在 8 个月内解除制裁，利比亚在支付第一笔 400 万美元之后只对每位遇难者家属再赔付 100 万美元，即把对每一位遇难者家属的赔偿金减少为 500 万美元。协议达成后，2003 年 8 月 15 日利比亚政府致函安理会主席，正式承认对洛克比空难负有责任，并宣布利比亚已经履行了安理会有关洛克比空难案决议的所有要求，并已就赔偿问题同遇难者家属达成了协议，要求安理会立即解除对它的制裁。当天，美、英两国也分别致信安理会主席，说明利比亚已经符合了取消对其制裁的条件。9 月 12 日，安理会以 13 票赞成 2 票弃权通过了英国提出的取消对利比亚制裁的提案。

联合国解除对利比亚长达 11 年的制裁，利比亚举国欢腾。由于在反恐、能源等领域需要利比亚提供合作，一些西方国家希望早日解除对利比亚的制裁和武器禁运。美国代表在安理会表决时表示，美国对利比亚的单方面制裁仍不能解除。法国因先前利比亚对1989年法国联合航空运输公司在尼日尔上空空难事件的赔偿金额与此次支付给洛克比空难遇难者家属的赔款额相比显然过低而不满意，要求同利比亚重开谈判。美国和法国代表在9月12日安理会表决时弃权。

利比亚同意为洛克比空难支付巨额赔偿，开创了国际民航赔偿史的先例。8月18日，利比亚对外联络与国际合作秘书沙勒格姆在接受卡塔尔半岛电视台采访时表示，这实际上是一种"花钱买解禁"的行为。他解释说："每年国际社会和美国对我们的制裁给我们造成了数十亿美元的损失，因此我们决定向遇难者家属赔偿27亿美元以彻底了结此案。这种做法是明智的和有勇气的，符合我们的国家利益。""从利比亚方面来说，这不是赔偿的问题，而是花钱购买联合国解除对利比亚的制裁。"同日，卡扎菲打电话给欧盟委员会主席普罗迪，表示利比亚愿意同欧盟实现关系正常化。卡扎菲的儿子赛义夫·卡扎菲当天接受记者采访时也表示，利比亚希望与美国改善关系并开展对话。

2003年12月19日，利比亚政府正式宣布放弃研制大规模杀伤性武器计划，并无条件接受国际社会的武器核查。12月21日，利比亚发表《放弃武器声明》。《声明》称：

有鉴于冷战和中东局势紧张期间出现的国际形势，大阿拉伯利比亚人民社会主义民众国曾促请在中东和非洲地区内的国家使中东和非洲成为没有大规模杀伤性武器的地区。

有鉴于大阿拉伯利比亚人民社会主义民众国的呼吁没有得到认真的回应，因此利比亚寻求发展自己的防御能力。

根据大阿拉伯利比亚人民社会主义民众国与美英之间举行的会谈，利比亚出于自主作出决定，放弃可用于制造国际违禁武器的物料、设备和计划，成为完全没有违禁武器的国家。

利比亚更决定限制其导弹的射程，符合国际导弹及其技术控制制度的标准。

利比亚将以透明的方式采取所有这些措施，包括立刻接受国际核查。利比亚带头这样做，也希望所有国家仿效，从中东开始，没有任何例外或双重标准。

利比亚宣布放弃大规模杀伤性武器计划引起国际社会广泛关注，被认为是利比亚在彻底了结洛克比空难案后为了改善同西方大国关系而作出的又一重大决策。

长期以来，美、英等国多次指责利比亚积极谋求发展弹道导弹和生化武器等大规模杀伤性武器，但利比亚政府断然否认。事实上，利比亚境内确实拥有甚至使用过某些大规模杀伤性武器，并且有开发核武器的计划。根据利比亚政府通报给美国政府的资料，利比亚拥有的大规模杀伤性武器有核武器、生化武器等。

1. 核武器

利比亚虽在1975年加入《不扩散核武器条约》（NPT），并根据条约规定将其核设施置于国际原子能机构的保障监督之下，但自20世纪70年代初期利比亚就开始开发核武器，并建有一座来自苏联的10兆瓦核研究反应堆。利比亚政府承认，它拥有正在进行的核燃料工程，包括加工核燃料的离心分离机和用来浓缩铀的离心分离机零件。虽然利比亚尚不具备制造和拥有核武器的能力，但它有发展核武器的计划。

2. 化学武器

1987年，利比亚在同乍得的军事冲突中使用过由伊朗提供的装有芥子毒剂的炸弹。芥子毒剂是第一次世界大战期间发明的化学武器。利比亚能够制造芥子气、神经性毒剂、光气、失能剂等多种化学毒剂。在国际社会的压力之下，利比亚曾表示不再生产化学武器并将有关设施转为民用。事实上，利比亚并未停止化学武器的生产，也未加入《禁止化学武器公约》（CWC）。

3. 生物武器

1971年12月，利比亚加入《日内瓦议定书》，1982年1月又加入《禁止生物武器公约》（BWC），承诺不发展生物武器。据估计，利比亚并没有打生物战的计划，但它承认有一定的研制生物武器的能力并有意获得用于生产生物武器的设备和技术。

4. 导弹

利比亚承认曾从苏联购得飞毛腿—B型导弹，还在德国等国的帮助下生产出射程较近的AL—FATHA型导弹。据估计，利比亚有能力制造射程达到950公里的AL—FATHA改进型导弹。此外，朝鲜于20世纪90年代末期曾向利比亚提供过劳动—1型导弹和相关发射技术，并有朝鲜科学家协助该项目的运作。利比亚不是《导弹及其技术控制制度》（MTCR）的参加国。

出于同美、英等国实现关系正常化的考虑，利比亚政府曾同美国官员举行秘密会谈。在解决了洛克比空难事件联合国解除了制裁之后，利比亚政府明白，要争取美国撤销对它的制裁必须进一步消除美国的忧虑，特别是在大规模杀伤性武器方面的担忧。2003年3月中旬，卡扎菲派出代表同英国磋商，希望英国充当中间人安排利比亚与美国进行谈判，商讨能否以同样合作的方式解决大规模杀伤性武器问题。利比亚政府表示愿意主动放弃大规模杀伤性武器计划，并向美、英两国提供有关利比亚的化学、生物、核武器及弹道导弹的研发计划和相关活动的文件。此后，美、英政府同利比亚进行了长达9个月的谈判。伊拉克战争开始后，卡扎菲的态度更加积极。英国首相布莱尔也多次与卡扎菲互通信函或派遣特使，以推动卡扎菲“放弃部分危险的利益，换取部分实惠的好处”。10月和12月，美、英专家两次秘密访问利比亚近20天。利比亚向他们公开展示了多年来有关其发展违禁武器的秘密。美、英专家察看了利比亚境内十多处武器研制场所，包括正在进行的铀提纯项目和导弹研制机构，还看了利比亚十多年前生产的芥子毒剂，以及可以填装芥子毒剂的炮弹。利比亚政府还向美英专家出示了20世纪90年代朝鲜向其提供的导弹。2003年12月19日，卡扎菲宣布利比亚将停止发展杀伤性武器，完全销毁化学武器和核武器，并无条件同意国际原子能机构和美英等国的核查人员立即进入利比亚实行监督。卡扎菲说，这是利比亚采取的“勇敢的步骤”，它将使利比亚成为世界各国特别是中东地区和非洲国家中放弃大规模杀伤性武器的先驱。

卡扎菲的声明立即得到美、英领导人的欢迎。布什总统许诺说，利比亚的诚意将“得到回报”。布莱尔首相说，“如果利比亚履行诺言公布所有的核活动，接受国际核查并销毁射程超过300公里可携带500公斤弹头的弹道导弹的话，那么这一切将为解除对利比亚的制裁铺平道路。”12月23日，卡扎菲在接受美国有线新闻网（CNN）的采访时说，他希望利比亚放弃违禁武器的举动能够推进美国和利比亚的关系进入一个新的时代，并称利比亚不是“支持恐怖主义的国家”。此后，2004年1月，卡扎菲证实利比亚正在和美国分享有关“基地”组织的情报。同时，卡扎菲还将一位到利比亚参加选美比赛的美国小姐任命为利比亚驻美国名誉领事。

除美、英两国外，国际社会对利比亚主动放弃研制大规模杀伤性武器计划表示欢迎。法国、俄罗斯、埃及、伊朗以及阿拉伯国家联盟、联合国安全理事会、北大西洋公约组织等国际组织都表示赞赏利比亚的这一决定。2月20日，中国外交部发言人答记者问时表示，中国欢迎利比亚的决定。他说，防止大规模杀伤性武器及其运载工具的扩散是国际社会的共识，政治和外交手段是解决核扩散问题的有效方式。中国支持在这一方面加强国际对

话和合作。

2003 年 12 月 28 日，由国际原子能机构总干事巴拉迪率领的专家组开始对利比亚的核设施进行核查。巴拉迪在核查后表示，利比亚采取了积极的合作态度，他不认为利比亚已经拥有核武器。与此同时，利比亚开始销毁大规模杀伤性武器。在把一些与核计划有关的文件资料运送到美国之后，2004 年 1 月 27 日，利比亚又把总重量约为 2.5 万公斤的核设施和导弹部件由美国运输机运往美国田纳西州的奥克里季国家实验室接受检查并销毁。这些设施包括用来浓缩铀的离心分离机部件以及用于远程导弹的制导设备。2004 年 3 月 4 日，国际禁止化学武器组织（OPCW）宣布，利比亚已于 3 月 3 日主动销毁了第一批公布的 3300 枚可以用来携带化学制剂的未填充炸弹。3 月 5 日，利比亚向该组织通报了它在的黎波里附近的一家武器生产工厂存有 2.3 吨芥子气。此前的 1 月 14 日，联合国官员证实，利比亚已经批准了《不扩散核武器条约》的附加议定书。2004 年 5 月 13 日，利比亚对外联络和国际合作总秘书处声明，为了促进世界和平与稳定，利比亚决定绝不与非《导弹及其技术控制制度》成员国进行任何军火交易。《导弹及其技术控制制度》是在美国的倡议和推动下制定的集团性出口控制制度，旨在防止导弹及其技术向发展中国家扩散，参加该制度的只有 33 个国家。利比亚声明所说的非《导弹及其技术控制制度》成员国只是一个一般性的概念而没有明确指出特定的国家，但美国立即表示欢迎。美国负责武器控制和国际安全事务的副国务卿约翰·博尔顿甚至表示，利比亚的声明意味着它将与朝鲜、叙利亚、伊朗等国“冻结军事交往”。

利比亚采取这些重大措施，表现出愿意同美国等西方国家改善关系之后，它同美国长期对立的关系开始缓和。2004 年 1 月 25 日，由美国共和党众议员韦尔登任团长的美国国会代表团抵达的黎波里对利比亚进行访问。这是利比亚 1969 年“九一”革命以来美国军用飞机首次在利比亚降落，也是卡扎菲执政后第一次来访的美国国会代表团。美国国会代表团的6名成员参观了1986年4月15日毁于美军轰炸的卡扎菲的住所和位于的黎波里以东的一座核设施。在1月26日双方会见时，美国国会代表团对18年前的轰炸表示遗憾并对卡扎菲的养女被炸死表示哀悼。卡扎菲对于20多年来利比亚被孤立于国际社会之外表示深深的遗憾。代表团团长韦尔登在会见后对路透社记者说，在这次热烈的会谈中双方谈到了大规模杀伤性武器问题，利比亚采取的“一系列举动将使美国最终同利比亚建立起正常的关系，并帮助利比亚民众过上质量更高的生活”。

2004年，美国政府也采取措施使它同利比亚的关系逐步走向正常化。2月，美国取消了长达23年的旅游禁令，允许美国公民赴利比亚旅行以及在利比亚境内消费。3月23日，美国助理国务卿伯恩斯乘飞机抵达的黎波里。这是三十多年来访问利比亚的最高级别的美国政府官员。据美国国务院发布的声明，伯恩斯与利比亚官员的会谈涉及双边“贸易和投资正常化以及利比亚在美国设立利益代表处”问题。由此可见，伯恩斯的访问标志着美国已经决定与利比亚全面恢复关系。

2004年4月，布什政府宣布解除对利比亚的大部分制裁，允许多数美国公司到利比亚经商、投资，利比亚学生可以到美国留学。此外，美国决定在利比亚首都设立联络处，两国将恢复部分官方联系。

2004年6月28日，美国助理国务卿伯恩斯在的黎波里发表声明称，他已经为美国设在利比亚首都的新联络办公室主持了落成典礼，两国外交关系自此时起正式恢复。伯恩斯在发表声明前会晤了卡扎菲，向他转交了布什总统的一封信。布什在信中对美国和利比亚专家合作销毁利比亚的大规模杀伤性武器予以赞扬。他在信中表示，“这种持续的合作将使两国关系加速恢复到预期

的水平，两国在政治、经济、贸易和文化领域的关系将正常化。”布什在信中指出，只要利比亚今后继续有好的表现，美国“将努力实现与利比亚关系的完全正常化”。当时，美国虽然宣布与利比亚恢复外交关系，但它对利比亚的制裁并未完全解除。美国也还没有把利比亚从“支持恐怖主义的国家”名单上除去。6月10日有媒体报道说，利比亚情报机关曾在得到卡扎菲批准后下令暗杀沙特阿拉伯王储阿卜杜拉。因此，就在宣布复交的当天，美国国务院发言人明确表示，如果卡扎菲确实参与了暗杀计划，“将影响美国同利比亚继续发展外交关系”。伯恩斯还说，美国政府希望利比亚制定更有效的国内改革措施，实现民主和民权。在这种情况下，“美国准备帮助利比亚建立一个更加自由和繁荣的国家”。可见，美国与利比亚外交关系的恢复并不表明两国关系已经实现正常化。

2004年9月20日，美国虽然仍未把利比亚从“支持恐怖主义的国家”名单上除去，布什总统签署命令完全解除对利比亚的经济制裁，为两国间的直航和利比亚在美资产的解冻铺平了道路。

2004年12月15日，利比亚中央银行宣布，1986年由里根总统下令冻结的利比亚在美国的资产，已在过去两周内撤走，总额为10亿美元。

利比亚同美国关系的正常化需要双方作出努力，妥善地解决一些历史遗留问题。2005年2月17日，利比亚表示拒绝继续向洛克比空难遇难者家属支付赔偿金。这是因为，根据利比亚政府同遇难者家属委托的律师达成的协议，在安理会和美国解除制裁后利比亚政府应向每位遇难者家属支付800万美元赔偿金。余下的200万美元则在美国将利比亚从支持恐怖主义的国家名单上删除后付清。利比亚为了维护改善之中的利、美关系，已经对支付最后一笔赔偿金的期限多次顺延。但是美国迟迟不肯将利比亚从支持恐怖主义的国家名单上删除，深感失望的利比亚政府决定拒绝继续支付赔偿金。4 月 21 日，美国轰炸利比亚受害者联盟秘书长穆尼尔·沙尔梅特向联合国秘书长安南递交信函，正式要求国际社会提供协助迫使美国对在 1986 年 4 月 15 日空袭利比亚行动中对利比亚公民造成的损失提供“公正赔偿”。

利比亚自“九一”革命胜利卡扎菲执政以来，同美国的关系长期处于紧张状态。在阿拉伯世界中，利比亚是较早同美国对峙和对抗的国家。经历了三十余年风雨之后，利比亚对外政策发生重大转变，是国际国内各种因素作用的结果。

多年的制裁使利比亚经济蒙受巨大损失，政治上处境孤立。急于摆脱这种困难处境无疑是促使卡扎菲改弦更张谋求同西方国家改善关系的主要原因。联合国安理会对利比亚制裁长达 11 年，美国单边制裁时间更长，对利比亚实施旅行禁令 22 年。长期制裁使利比亚经济，特别是作为国民经济重要支柱的石油业和旅游业深受其害。经济发展滞后和市场萧条使人民生活水平下降，引发治安恶化和社会不稳定因素增加。原来，卡扎菲对外政策的突然性和随意性使他同马格里布各国、同阿拉伯联盟国家、同非洲邻国难以建立真诚可靠的友好关系。国际制裁使利比亚参与国际事务的机会大大减少，外交活动受到很大限制，政治上孤立的状况更加严重。在经济全球化成为不可抗拒的潮流的今天，游离在国际社会之外的境况不但是艰难的，从长远来说更是危险的。因此，卡扎菲下决心采取果断措施不但表明利比亚不是支持恐怖主义的国家，还愿意同国际社会合作反对恐怖活动；下决心不惜支付巨额赔偿金主动了结洛克比空难案，以争取早日结束给利比亚造成的损失要比 27 亿美元多得多的国际制裁；下决心放弃大规模杀伤性武器的研制计划，以免像伊拉克萨达姆那样遭受美国毁灭性打击。卡扎菲为了国家和人民的利益，审时度势，放弃了一些不合时宜的观念和政策，采取灵活的外交手段为利比亚争取到了有利的生存和发展空间。

形势的发展使卡扎菲感悟到，长期坚持泛阿拉伯民族主义，对西方国家采取强硬政策，与美国处于敌对状态甚至发生武装冲突，事实上并没有给利比亚带来实际好处，反而使自己经济处于困境外交日益孤立。2004 年 3 月 2 日，卡扎菲在利比亚总人民大会庆祝民众国成立 27 周年大会的开幕式上发表讲话，对他推行多年的对外政策作了回顾。他说，我们过去所做的一切，都是为了别人，而不是为我们自己。利比亚曾长期投身于支持民族解放运动，因而成为企图永远实行殖民主义和种族主义的国家的眼中钉。但是，令我们不解的是，我们曾因帮助一些人而被世界孤立，而那些人却绕过我们同孤立和反对我们的国家或力量媾和，使我们陷于尴尬和被动的境地。卡扎菲在讲话中还说，亚洲、非洲和拉丁美洲等国的一些激进组织，其中有些是我们参与的，有些是我们支持的。现在，斗争结束了。曾经互相杀戮的人们正在握手言欢。那么，曾经为他们而被孤立的我们，又何必为他们继续与人为敌呢？

卡扎菲在讲话中宣称，大规模杀伤性武器现在已经不再需要。他说，利比亚在革命胜利后，在冷战和对抗时期，在世界民族解放运动和社会主义革命高潮时期，曾热衷于拥有原子弹。冷战结束后，我们开始重新审视自己的政策。如果我们有了原子弹，把它扔在哪里？去炸谁？去对美国投原子弹吗？有谁会疯狂到了对拥有数千枚原子弹的美国投原子弹？而且，人们担心，一旦这些危险武器落到激进组织和恐怖主义分子手中，那对人类将是一场劫难。他呼吁，世界各国都应该放弃研制核武器的计划。现在我们保障利比亚的和平与安全不是用原子弹，而是各国人民和国际社会的支持。现在，我们应该考虑自己的利益了。我们应该把自己同发达进步的世界连接在一起。

国际形势的变化，特别是国际社会联合反对恐怖主义的新格局，中东地区伊拉克战争的结束和萨达姆政权的倒台以及巴勒斯坦和以色列关系的新发展，使卡扎菲在认真思考之后作出了重要抉择。在美国方面，由于伊拉克战后重建工作举步维艰，巴格达局势难以稳定，使它无意也没有精力同卡扎菲的对立升级。既然卡扎菲一再表示愿意改善关系，并且逐步满足了美国的愿望和条件，美国可以作出正面回应，使两国关系逐步走向正常。

利比亚同美国和解使双方都得到好处。从美国方面说，利比亚以巨额赔偿金了结洛克比空难案，比较理想地解决了这一久拖不决的悬案。与利比亚这个长期同自己对抗的国家和解，有助于缓和美国同阿拉伯世界的紧张关系，也是美国政府外交政策的一项新成果。美国对利比亚制裁的解除，美国的资金和技术重新进入利比亚的石油领域，有利于美国争夺和控制北非的石油资源。利比亚为了避免遭受打击而要求美国将它从“支持恐怖主义国家”的名单上除名，也为美国继续要利比亚作出让步提供了空间。

利比亚从两国关系改善之后得到的好处是，制裁解除后，西方国家大量的资金和技术的重新引进可以大幅度增加石油产量，从而提升利比亚的经济实力。摆脱经济困境有助于消除各种可能引发危机的消极因素，巩固卡扎菲政权的地位。放弃大规模杀伤性武器的研制，不再支持恐怖主义，不但可以大大减轻利比亚的财政负担，也可以改变利比亚的国际形象。在国际上摆脱孤立处境，使利比亚融入国际社会，有利于加强利比亚在非洲、阿拉伯世界和不结盟运动中的地位，有利于利比亚争取友好国家的支持和合作。卡扎菲采取同美国缓和紧张关系的策略，是有利于利比亚发展的明智的抉择。

第四节 同苏联和俄罗斯的关系

第二次世界大战末期，在波茨坦会议讨论如何处理战败国意大利的问题时，苏联要求对原来由意大利占领的的黎波里塔尼亚实行托管，遭到西方国家反对。1946 年 4 月，苏、美、英、法 4 国外长在巴黎举行会议时，苏联外长莫洛托夫提出的对利比亚实行联合托管、由苏联和意大利共同管理的黎波里塔尼亚的建议，又遭到拒绝。1951 年 12 月 24 日利比亚独立，1955 年 9 月与苏联建立外交关系。亲西方的伊德里斯王朝多次拒绝苏联向它提供经济援助的建议，两国关系长期处于冷淡状态。1969 年“九一”革命后，苏联积极主动地改善两国关系。1970 年，苏联通过民主德国向利比亚提供安全帮助。1971 年 6 月，苏联授予卡扎菲“列宁金质奖章”。1972 年 7 月，苏联在埃及的 1.7 万名军事顾问和专家被驱逐导致两国关系恶化后，利比亚更成为它竭力拉拢的对象。

1972 的 2 月，利比亚政府副总理兼经济部长贾卢德少校访问苏联。这是利比亚领导人首次访苏。3 月 4 日，利比亚同苏联签订经济和技术合作协定，规定两国在利比亚的石油勘探、开采和加工，发展电力，勘查固体矿物和天然气，培养利比亚干部以及其他经济活动中进行合作。这个协定的签订为利比亚日后接收西方石油公司的部分资产铺平了道路。同年，苏联同意利比亚以现金购买苏制武器，向利比亚提供地对地导弹和先进的米格—23 歼击机。在阿拉伯国家同以色列之间爆发战争时，这些武器即可运去投入战斗。尽管苏联态度积极，但是，卡扎菲从他反对帝国主义、霸权主义和实行不结盟政策的立场出发，对苏联一直存有戒心，两国关系并无重大改善。1973 年 1 月，卡扎菲透露，利比亚将要拆除原来美国在利比亚的基地。苏联闻讯后要求利比亚允许它的军舰使用其港口，遭到拒绝。虽然苏联因此施加压力，卡扎菲仍不为所动。1973 年 2 月，利比亚新闻和文化部长阿布·赛义德指责苏联在埃及煽动反萨达特总统的阴谋活动。苏联则公开批评利比亚的“极端主义”、“冒险主义”和“反苏主义”。1973 年 9 月，卡扎菲在阿尔及尔举行的第 4 次不结盟国家首脑会议上对苏联进行了猛烈的抨击。他说，苏联和美国是世界上的“两个帝国主义”，“我们既不站在美国一边，也不站在苏联一边。”

1973 年中东十月战争以后，利比亚同苏联的关系有较大发展。1974 年 1 月，埃及同以色列第一次达成脱离接触协议，利比亚对苏联的态度开始发生变化。当时，西方国家停止向利比亚出售武器，苏联乘虚而入。利比亚政府决定搁置意识形态的分歧以石油换取苏联的军火和技术援助。同年 5 月，副总理贾卢德访问莫斯科，双方签署了交易额达 23 亿美元的军售合同，为苏联武器和军事人员进入利比亚打开了大门。1975 年，苏联部长会议主席柯西金访问利比亚。1976 年 12 月，卡扎菲访问苏联，赞扬苏联对阿拉伯事业的立场是正确的，强调要把在阿拉伯世界与苏联之间架起友好的桥梁作为利比亚的一个战略步骤。与此同时，利比亚总人民大会通过决议，表示要“加强利比亚同社会主义国家特别是同苏联的联系”，强调这种友谊应该得到战略上的重视。

1975 年以后，利比亚根据协议从苏联得到了大量苏制先进武器，有些甚至是华沙条约组织成员国都不曾得到过的，如米格—25 狐幅式飞机，利比亚空军因此拥有了在非洲首屈一指的优良装备。卡扎菲成了苏联军火最大的买家之一。根据斯德哥尔摩国际和平研究所提供的资料，利比亚 1974 ~ 1983 年间的军火开支约为 209 亿美元。1981 ~ 1985 年间，在第三世界 20 个主要武器进口国中，利比亚居第 5 位。

随着军火的输入，苏联的军事力量也渗入利比亚。1977 年，苏军总参谋长奥加尔科夫访问利比亚。但是，利比亚同苏联之间仍保持一定距离。1979 年 11 月，卡扎菲获悉苏联特务企图谋害他，便要求苏联政府立即召回参与阴谋活动的苏方人员，否则就要下令驱逐他们出境。他说：“我没有注意到他们满足我对武器的要求这件事情后面隐藏的东西。”苏联政府曾经提出，希望在托卜鲁克有一个深水码头，卡扎菲不但予以拒绝，甚至不同意苏联军舰可以在那里进行再补给，以免陷入受制于人的境地。卡扎菲还反对苏联参加中东和平会议，并对苏联在向伊朗提供武器的同时又向伊拉克提供物资的做法感到恼火。

80 年代，利比亚与苏联以反对美国的中东政策作为共同点，从各自的需要出发，双方的关系有所改善。1981 年 4 月，卡扎菲第二次访问苏联，两国签署了当年的文化合作计划。6 月，贾卢德再次访苏，签署两国在钢铁、石油、电子、海水淡化和铺设天然气管道方面进行合作的经济技术合作协定，同时签订了价值 10 亿美元的军火合同。

1984 年，苏联又要求利比亚提供苏尔特海军基地，利比亚再次予以拒绝。当时，在利比亚各部门已有苏联人员 1 万多名，其中从事军事训练、供应等工作的地面勤务人员和飞行员总共有 6000 名左右。

1985 年，卡扎菲第三次访苏。两国领导人对美国在地中海苏尔特湾和利比亚东部地区进行挑衅性军事行动进行谴责。两国政府还签署了经济、科学技术、贸易长期合作发展计划以及政治协商议定书和领事协定。苏方同意向利比亚提供 640 辆 T—72 型坦克和地对空萨姆导弹，但利比亚希望得到米格—29 飞机的要求被苏方拒绝。

1986 年 4 月 15 日，美机低空轰炸的黎波里和班加西的事件对利比亚和苏联关系的发展产生了影响。出于避免同美国发生冲突的考虑，苏联政府不敢明确地表示支持利比亚。这次空袭事件发生前，苏联政府未向利比亚通报有关情况，空袭时苏联政府撤走了其驻在地中海的舰艇，操纵萨姆导弹的苏方技术人员和苏联军事专家都离开了岗位。事后，虽然苏联领导人致函卡扎菲表示支持利比亚反对美国的侵略行径，但当卡扎菲要求苏联提供紧急军事援助，并表示利比亚要求加入华沙条约组织时，苏联表示拒绝。卡扎菲气愤地指责苏联对美国的侵略是“袖手旁观”。5月，贾卢德第6次访问苏联。9月初，苏联最高苏维埃第一副主席杰米契夫访问利比亚并参加了“九一”革命庆典。

1987年，苏联共产党政治局候补委员、列宁格勒州委第一书记索洛维约夫、苏联对外经济联络委员会主席卡图谢夫和苏联第一副外长沃龙佐夫先后访问利比亚；利比亚对外联络秘书塔勒希访问了苏联。同年5月，利比亚同苏联签署1987～1990年文化合作执行计划和经济、科学、技术合作协定。根据合作协定，双方将在兴建石油化工企业、成衣厂和制鞋厂等方面进行合作，苏联继续向利比亚派遣核电专家，利比亚欠苏联约50亿美元的债务应在5年内以石油和现汇分期偿还。

1988年1月，苏联武装部队总司令孔达库夫上将访问利比亚。3月，苏联最高苏维埃主席团副主席、土库曼苏维埃社会主义加盟共和国主席杨库里耶夫访问利比亚并参加民众国建国11周年庆典。

1989年5月，利比亚石油秘书谢克修克访苏。8月，苏联对外经济联络部部长卡图谢夫访问利比亚，并出席两国混合委员会会议。9月，俄罗斯苏维埃联邦社会主义共和国部长会议主席伏拉索夫出席利比亚“九一”革命20周年庆祝典礼。

1990年6月，苏联对外经济联络部部长卡图谢夫访问利比亚并参加庆祝美国从利比亚撤军20周年活动。

1991年8月19日，苏联发生政变，戈尔巴乔夫被停止履行总统职责，由副总统亚纳耶夫等人组成的“国家紧急状态委员会”声称已经接管了国家权力。卡扎菲致电祝贺政变成功。随后，苏联局势急转直下。22日，戈尔巴乔夫从克里米亚休养地返回莫斯科重新控制了局势。利比亚与苏联的关系跌入低谷。9月30日，利比亚决定将“九一”革命勋章授予列宁、斯大林、

赫鲁晓夫和勃列日涅夫4人。在8月至12月间，苏联各加盟共和国先后宣布独立，并建立了“独立国家联合体”。12月21日，除格鲁吉亚和波罗的海3国外的11个前苏联加盟共和国发表《阿拉木图宣言》指出，随着独立国家联合体的建立，苏维埃社会主义共和国联盟将停止存在。独联体参加国决定，由俄罗斯取代苏联在联合国的席位，包括安理会常任理事国席位。在此之后，当联合国安理会于1992年1月和3月通过谴责和制裁利比亚的第731号和第748号决议时，俄罗斯代表都投了赞成票。利比亚因此对俄罗斯十分不满。4月2日，的黎波里的大批群众前往俄罗斯驻利比亚使馆示威，并砸坏使馆的汽车以示抗议。安理会第748号决议生效后，俄罗斯和利比亚互相驱逐了对方的6名外交官。在利比亚的大约2500名军事人员随后也分批撤回俄罗斯。两国关系趋于冷淡。

苏联解体后利比亚承认前苏联各加盟共和国取得独立地位。1992年，利比亚同哈萨克斯坦、阿塞拜疆、乌克兰和土库曼斯坦等国先后建立外交关系，表示愿意同这些国家继续保持友好合作关系。

1993年，利比亚—俄罗斯经济合作混合委员会在利比亚举行会议，就发展两国间的经济贸易合作问题进行讨论。

1995年3月，由俄罗斯自由民主党领袖日诺夫斯基率领的代表团访问利比亚，同利比亚签署了合作议定书，规定双方将在政治、文化等领域加强合作，并在国际事务中协调立场。同年7月，利比亚总人民委员会能源秘书巴德里访问俄罗斯，同俄国副总理兼对外经济联络部部长达维多夫会谈并签署两国经贸合作协定和建立两国经贸与科技合作政府间委员会的协议。根据协议，利比亚与俄罗斯将在经贸、新闻、艺术等方面进行合作，俄罗斯公司将参加在利比亚境内的石油和天然气管道铺设以及热电站和输电网建设等工程，投资总额为15亿美元。

1996 年 3 月，俄罗斯副总理兼对外经贸部长伊格内坚科率领代表团访问利比亚并参加两国经济合作混合委员会会议，双方签署了在利比亚建造铁路、发电站及天然气管道等工程的合作议定书。伊格内坚科还向卡扎菲转交了叶利钦总统的信件。叶利钦在信中强调要发展俄罗斯—利比亚双边关系以及俄罗斯反对制裁利比亚的立场。

1999 年 1 月，俄罗斯联盟党主席吉罗诺夫斯基访问利比亚。1 月 3 日晚卡扎菲在会见他时强调利比亚重视与俄罗斯在一切领域加强合作。吉罗诺夫斯基重申，俄罗斯支持利比亚解决洛克比空难事件的立场，支持利比亚反对“帝国主义与霸权主义”的长期斗争。

第五节　同欧洲国家的关系

一　同英国的关系

第二次世界大战期间，英国于 1943 年同法国一起占领了利比亚。英国在的黎波里塔尼亚和昔兰尼加成立了军政府。大战结束后，英国由于实际上已经占领和控制了利比亚的大部分领土，所以在 1945 年 9、10 月间举行的伦敦外长会议上，它只提出意大利应该放弃殖民地而未对这些殖民地的归属问题提出意见，其意图是想继续留在利比亚。但其他国家均不同意而主张意大利在非洲的殖民地应该置于某种形式的托管之下，只是外长会议并未就如何托管达成协议。在 1946 年春夏举行的美、英、苏、法 4 国巴黎外长会议上，英国外交大臣坚决反对意大利享有托管的权利，建议由英国来托管昔兰尼加，但未得到其他 3 国的支持。由于 4 国之间的矛盾无法解决，外长会议决定在最终协议达成之前，意属殖民地暂由目前的行政当局管理。根据

1947年2月10日签订的对意和约，美、英、法、苏4国如在和约生效后一年内仍未就如何处置意大利原殖民地问题达成一致，便应将这个问题提交联合国大会，由联大作出对4国有约束力的建议。1949年，英国又建议由3国分别托管利比亚：由英国管理以班加西为中心的昔兰尼加，意大利管理的黎波里塔尼亚，法国管理费赞。这一建议也遭到反对。在矛盾长期无法解决的情况下，联合国大会于1949年11月21日通过决议，决议指出利比亚应不迟于1952年元旦成立独立国家。

“九一”革命后，利比亚采取了摆脱帝国主义控制，维护和发展民族经济的措施，把英国和其他西方国家石油公司的股份收归国有，没收了外国银行和保险公司。利比亚同英国的关系紧张。

1984年4月17日上午，约70名利比亚人在位于伦敦圣姆斯广场的利比亚人民办事处前示威，高呼反对卡扎菲的口号。10时20分，有人从人民办事处大楼一层向外开枪，正在维持秩序的英国女警察伊冯娜·弗莱彻被子弹击中身亡。英国公众舆论被激怒。利比亚驻英人民办事处被群众包围了10天。22日，英国宣布与利比亚中断外交关系并指责利比亚支持爱尔兰共和军进行恐怖分裂活动。利比亚则攻击英国对北爱尔兰实行殖民统治，也宣布断绝与英国的外交关系。1985年3月，两国政府代表在罗马举行复交谈判，未有结果。1986年4月，美国空袭利比亚，英国表示支持。利比亚指责英国是美国“不沉的航空母舰”。1988年，洛克比空难事件发生，两国关系更加恶化。1989年，利比亚通过第三国斡旋使英国解冻了利比亚在英国的5亿美元存款。利比亚为了改善同英国的关系继续作出努力。1990年11月，利比亚邀请英国保守党议员马歇尔和工党议员马丁访问利比亚，利比亚政府官员同他们探讨了两国关系等问题。1991年5月，英国保守党议员泰勒访问利比亚，利比亚官员向他表示不再支持爱尔兰共和军，并对1984年英国女警察被枪杀事件表示遗憾。利比亚政府还向英国被害女警察家属基金会捐赠25万英镑。尽管利比亚政府作出了这些表示，但英国政府在当年11月欧洲共同体外长布鲁塞尔会议上仍表示不同意取消对利比亚的制裁。

在英、美两国经过调查认定两名利比亚人涉嫌洛克比空难事件，要求利比亚政府交出这两名嫌疑犯而遭到拒绝后，英国便同美国一起促使安理会于1992年1月和3月通过决议，对利比亚实行严厉制裁。此后英国又多次抵制了利比亚和其他国家要求解除制裁的努力。5月11日，利比亚对外联络秘书在致联合国秘书长的函件中表示，利比亚根据英国政府的要求将向它提供利比亚与爱尔兰共和军关系的资料，其中包括利比亚提供的资金和武器、人员培训以及联络地点等情况。在随后的6月9日和7月9日，利比亚驻突尼斯人民办事处秘书先后在日内瓦和开罗向英国外交使节提交了80年代利比亚同爱尔兰共和军接触情况的资料。虽然利比亚多次表示了愿意同英国和解的意愿，英国政府在洛克比空难事件上一直持强硬立场，拒不接受利比亚政府提出的改善关系的建议，并于1993年支持安理会通过对利比亚加重制裁的第883号决议。

英国与利比亚断绝外交关系后，在沙特阿拉伯驻英国使馆中设有一个3人小组来代表和维护利比亚在英国的利益。1995年12月11日，英政府以3人小组的成员哈利法·艾哈迈德·巴泽利亚从事“与外交官身份不相称的活动”为由，通知沙特阿拉伯驻英使馆，将巴泽利亚驱逐出境。同日，利比亚外交部通知意大利驻利比亚大使，一名英国资深外交官必须在两周内离开利比亚。当时，意大利使馆负责照管英国在利比亚的利益。

1998年8月，一名因涉嫌泄露国家机密被法国警方拘捕并关押在巴黎桑德监狱的前英国军情五处（即英国对内情报局，M15）官员大卫·谢勒透露，在利比亚政府拒绝交出洛克比空难事件的嫌疑犯后，英国军情六处（即英国对外情报局，M16）曾于1996年向利比亚的反政府组织“伊斯兰武装联盟”提供10万英镑资金，要求该联盟在当年1月底实施刺杀卡扎菲的“CX计划”。后来，由于安排失误，暗杀计划失败。3名伊斯兰武装联盟成员在与国家安全部队交火中丧生。随后，伊斯兰武装联盟发表声明，声称他们曾经组织了暗杀行动，由于卡扎菲未到达预定的地点而幸免于难。他们在撤离时与安全部队交了火，有3名成员被打死。声明虽然没有承认英国军情六处是其支持者，但大卫·谢勒所述的暗杀事件因此得到了印证。消息传出后，英国外交大臣库克立即在电视上作出反应，称英国秘密情报机关从来没有此类暗杀计划，有关这一事件的报道毫无根据。英国内政大臣洛德·威廉姆斯对这一消息也断然否认，并要求新闻界不要传播谣言。8月17日，利比亚对外联络和国际合作人民委员会通过国家广播电台发表声明，谴责英国情报机构涉嫌暗杀利比亚国家领导人是制造国际恐怖主义的违反国际法的行为。声明称，英国政府应尽快成立独立调查团，对事情真相进行调查，以便澄清英国人是否卷入这次恐怖事件。同日，利比亚外交部照会法国驻利比亚使馆，要求法国把大卫·谢勒移交给利比亚或者允许利比亚派遣法官去法国审问。8月29日，卡扎菲严厉谴责了这起未遂暗杀事件。他宣布，如果英国拒绝承担事件的责任，利比亚将向联合国安理会控告英国政府。

1999年4月5日，两名被指控制造洛克比空难事件的利比亚人被移交给联合国助理秘书长汉斯·柯瑞尔，然后去海牙受审，洛克比空难事件的解决有了进展。利比亚与英国之间恢复正常关系的障碍逐渐消除，两国关系开始升温，双方都希望尽快恢复外交关系。利比亚一直试图争取解除制裁重返国际社会，为此作出了不少努力。但由于美国方面的掣肘，制裁始终不能解除。在这种情况下，利比亚如果能全面恢复同英国的关系可以产生孤立美国，对美国形成压力的作用。在英国方面，由于利比亚已经宣布将修订石油投资法以吸引外国公司到利比亚投资，英国企业家强烈要求政府恢复与利比亚的外交关系，为他们参与对利比亚市场的争夺创造条件。在共同愿望的基础上，双方官员先在日内瓦举行试探性秘密会谈，然后由英国外交部负责中东事务的官员同利比亚驻埃及大使举行会谈，讨论实现两国关系正常化问题。7月7日，英国和利比亚发表恢复外交关系联合声明。英国外交大臣库克在议会众议院称，鉴于利比亚答应了英方提出的条件，同意参加和配合英国警方对1984年枪击英国女警察事件继续调查，同时表示对这一事件负总责任并进行赔偿，“利比亚接受这两点为我们与利比亚复交铺平了道路”。同日，英国驻的黎波里的外交机构立即恢复大使馆地位。与此同时，利比亚政府也发表声明，对1984年遇害的英国女警察的家属道歉，并表示愿与国际社会合作打击恐怖活动。

2003年3月，利比亚派对外安全局局长穆萨·库萨为首席谈判代表同美、英政府代表开始了长达9个月的秘密谈判。8月12日，双方就解决洛克比空难案达成协议。此后，在取消安理会对利比亚制裁的问题上英国采取了与美、法两国有所不同的态度。英国代表向联合国安理会提交了解除对利比亚制裁的提案，并在9月12日表决时投了赞成票。12月19日，卡扎菲又宣布利比亚决定销毁大规模杀伤性武器，放弃大规模杀伤性武器发展计划，并且欢迎国际社会进行检查，受到英、美两国领导人的欢迎。据报道，在卡扎菲下决心作出这两项重大决定的过程中，英国首相布莱尔曾经多次派遣特使和致送信函，这对卡扎菲起了促进作用。

2004年2月9日至10日，利比亚对外联络和国际合作秘书沙勒格姆对英国进行了工作访问。这是利比亚“九一”革命和卡扎菲执政以来利比亚外交部长首次访问英国。沙勒格姆在伦敦与布莱尔首相和斯特劳外交大臣分别会谈并达成了一些共识。斯特劳宣称，英国同利比亚的关系正在不断改善，布莱尔首相已经收到了访问利比亚的邀请。沙勒格姆此次英国之行是利比亚与英国双边关系进一步改善的“里程碑”。

2004 年 3 月 25 日，英国首相布莱尔抵达的黎波里。这是自从第二次世界大战期间丘吉尔访问利比亚之后英国首相再度踏上利比亚领土。布莱尔在与卡扎菲会晤后举行的新闻发布会上再次对利比亚为消除大规模杀伤性武器所作出的努力给予充分肯定。他说，利比亚目前与国际社会的合作是充分与透明的。英国将在反恐、军事、经济和文化等方面与利比亚进行全面合作，两国关系将揭开新的一页。

二　同法国的关系

第二次世界大战期间，盟军发动北非攻势，在利比亚同德军激战，最后将德军击溃。1943 年初，英、法军队占领利比亚。法国控制了费赞并在当地成立了军政府。战争结束后，在盟国讨论如何处置意大利的殖民地问题时发生激烈争执。在 1945 年 9、10 月间的伦敦外长会议上，英国想继续留在利比亚的意图遭到法国和其他国家的反对。法国担心英国将会通过对利比亚的占领增强自己在地中海地区的控制能力，但又反对美国提出的由联合国对利比亚实行国际托管 10 年的建议。法国担心的是，如果利比亚在托管结束后获得独立，将会对邻近利比亚的突尼斯和阿尔及利亚等法国殖民地产生影响而引起连锁反应，所以主张仍由意大利对它的前殖民地实行托管。但是，伦敦外长会议最后达成的协议是意大利不能继续对其非洲殖民地保留主权，这些殖民地必须实行某种形式的托管。半年以后，4 国外长会议于 1946 年春夏在巴黎举行会议，根据外长们此前已经达成的协议，继续讨论对意大利前殖民地实行托管应该采取何种方式的问题。法国在会上主张，可以授权意大利托管它原有的一些非洲殖民地。苏联支持法国的建议但英国坚决反对。外长会议的争论没有结果。后来，利比亚根据联合国大会于 1949 年 11 月通过的决议取得独立。

独立后的利比亚，特别是在“九一”革命后，同法国保持了较好的经济关系，但政治关系常有波折。1967 年 6 月第三次中东战争后，法国从原来支持以色列并同以色列一起对埃及采取军事行动的立场逐渐转变为同以色列拉开距离，利比亚同法国开始建立密切的关系。1973 年底，卡扎菲应邀访问法国，利比亚从法国购买了幻影式战斗机、响尾蛇导弹和巡逻艇等武器装备，法国则从利比亚进口石油。但卡扎菲批评法国是军火商。1976 年，双方签署了经济合作、海运等 4 个协定。1977 年，利比亚又从法国订购了 10 艘导弹巡逻快艇。法国虽然需要从中东大量进口石油，因而在中东问题上倾向阿拉伯国家，但它仍然维护以色列生存的权利。卡扎菲于 1978 年批评法国政府恢复了已经被戴高乐放弃了的殖民政策。

80 年代，利比亚同法国由于在乍得等问题上产生矛盾而关系恶化。乍得于 1960 年独立后不久即爆发内战。1969 年法国出兵乍得进行干预。70 年代末，乍得形成以古库尼、哈布雷和卡穆格三大派为主的武装割据局面。80 年代初乍得再度陷入全面内战，利比亚在冲突中支持古库尼，哈布雷则得到法国支持。利比亚同法国关系因此趋于紧张。1980 年 2 月 4 日，利比亚示威群众烧毁了法国大使馆，法国随即召回大使。5 月，法国被迫从乍得撤军，利比亚表示愿意同法国改善关系。法国大使于 8 月初返任。11 月，利比亚军队开进乍得支持古库尼，法国向利比亚提出警告并中止执行同利比亚签订的购买武器和石油勘探合同。1986 年底，乍得反对政府的古库尼派军队同政府军达成停战协议。1987 年初，在法国支持下的古库尼军队同政府军在乍得北

部联合起来同利比亚军队作战，并从利比亚军队手中收回了绝大部分北方领土。利比亚强烈地谴责法国是存在于非洲的殖民主义者。1988年5月25日，卡扎菲发表关于和平解决乍得问题的讲话，法国政府表示欢迎。1989年，两国关系进一步缓和。6月，法国决定部分放松对利比亚的军事禁运。9月，法国外交部长迪马应邀参加了利比亚“九一”革命20周年庆典。1989年12月，伊德里斯·代比率领反政府武装力量推翻哈布雷政权并出任乍得临时政府主席和国家元首。利比亚和法国对代比政权均表示支持，两国因乍得问题而产生的紧张关系因此得以缓解。1990年4月，在卡扎菲的帮助下，被黎巴嫩扣押的法国人质获释，法国总统密特朗致电卡扎菲表示感谢。11月，利比亚对外联络和国际合作秘书布夏里访问法国。1991年4月，法国外交部长迪马到利比亚访问。但不久之后，两国关系又因为法国指控利比亚官员策划炸毁法航飞机而再度陷于紧张。

1991年11月14日，美、英公布调查报告，确认1988年12月的洛克比空难事件系利比亚情报人员所为，要求利比亚政府将两名涉嫌的利比亚人引渡给美、英司法部门。11月21日，法国总统密特朗提出指控：1989年9月19日，经利比亚情报部门精心策划，安排携带有定时炸弹的人上了一架法国联合航空公司DC—10航班。该机从刚果的布拉柴维尔飞往巴黎途中在尼日尔上空爆炸，170人遇难。利比亚情报人员应对这一事件负责。密特朗还说，法国正与美、英两国磋商准备对利比亚进行报复。此后，法国司法部门发出了通缉令追捕嫌疑犯，其中包括将缉捕利比亚情报机关事实上的首脑、卡扎菲的妹夫阿卜杜拉·塞努西。法国同利比亚的关系顿时紧张。12月31日，法国致函联合国秘书长，要求利比亚允许法国司法人员当面询问涉嫌的4名特工人员。

1992年2月13日，利比亚表示同意法国的要求，允许让这

4 名特工人员到法国法庭受审，同时呼吁法国同利比亚进行司法合作，包括由法国法官来利比亚按照他们认为合适的方式对案件进行调查和向法国法官提供利比亚法官的调查纪要。利比亚还建议，在联合国秘书长主持下举行利、法两国法官会议以启动司法合作程序。3 月 31 日，法国同美、英采取共同行动推动安理会通过了制裁利比亚的第 748 号决议。在联合国和埃及的斡旋下，法国接受了利比亚的要求，同意在利比亚境内对炸机嫌疑犯进行调查。10 月 27 日，法国法官布吕吉耶乘坐法国军舰抵达的黎波里，但利比亚方面以该舰装有导弹、大炮和反潜艇武器为由拒绝他入境，并称这是一种"挑衅行为"。此后，在安理会审议利比亚执行安理会有关决议的情况时，法国坚持继续对利比亚实行甚至加重制裁。但两国一直保持大使级外交关系。

严重影响利比亚与法国关系的 1989 年法航飞机爆炸事件最终由利比亚同意向死难者家属赔偿 3500 万美元而了结。两国关系逐步恢复正常，法国并且成为利比亚在欧洲的重要贸易伙伴之一。然而，在 2003 年 8 月利比亚同意为洛克比空难事件支付 27 亿美元赔偿金后，两国关系又起波澜。正当安理会讨论解除对利比亚制裁的关键时刻，法国政府提出要求利比亚政府追加它对 1989 年法航班机空难事件的赔偿金额，理由是这两次空难的赔偿金额相差过分悬殊。法国政府表示，问题如果不能圆满解决，它将阻挠安理会解除对利比亚的制裁，甚至不惜动用否决权。卡扎菲经过考虑，于 9 月 11 日，同意追加法航遇难者的赔偿金。翌日，安理会对解除对利比亚制裁的提案进行表决，法国代表投了弃权票，使提案得以通过。在此后两国政府就赔偿金额进行谈判的过程中，法国政府一度采取中断与利比亚正常通航的办法继续对利比亚施加压力。利比亚政府为了争取重返国际社会继续作出让步。2004 年 1 月 19 日，利比亚政府同法国联合航空公司航班遇难者家属代表在巴黎签署协议，同意再追加 1.7 亿美元赔偿金。法国总统府发言人事后表示，这一协议的达成为两国关系继续发展打下了基础。

2004 年 11 月 24 日下午，法国总统希拉克抵达的黎波里对利比亚进行 24 小时的正式访问。这是半个世纪以来法国总统第一次访问利比亚，也是继英国首相布莱尔和德国总理施罗德之后又一位西方大国领袖来访。希拉克同卡扎菲举行了两轮会谈。双方在会谈中重点讨论了加强两国在经济、能源和军事技术等方面合作的问题。希拉克在访问期间指出，法国和利比亚两国关系进入了积极发展的新阶段，双方都愿意重新恢复对话。法国希望加强与利比亚的经济关系，更多地参与利比亚能源、基础设施、环境等领域的建设。

三　同意大利的关系

意大利于 1911 年入侵利比亚直到 1934 年利比亚成为意大利的殖民地。1947 年 2 月 10 日盟国对意和约规定，“意大利对于它在非洲的利比亚、厄立特里亚和意大利索马里各属地放弃一切权利”。利比亚独立后，特别是在 1969 年“九一”革命后，一再要求意大利提供战争赔偿，并负责清除遗留在利比亚领土上的地雷。意大利政府则指责利比亚参与恐怖活动。两国关系冷淡。

1973 年，一架利比亚飞机扫射了一艘正在地中海航行的意大利军舰，两国关系发生摩擦。第二年，利比亚领导人贾卢德访问意大利，两国签署了贸易和技术合作协议。利比亚同意对于“九一”革命后回国的意大利人被没收的财产给予补偿。两国经济关系逐渐密切。70 年代后期，意大利已成为利比亚主要贸易伙伴之一。但是，两国之间的摩擦仍不时发生。1975 年 12 月，意大利渔船多次在利比亚海域遭到袭击。据英国媒体报道，利比亚还对意大利的激进政治组织提供资助。

1976年12月，利比亚购买了意大利最大的私有企业菲亚特公司9.5%的股份，成为该公司的第二大股东。菲亚特的董事会中有利比亚的两名代表。1980年，两国贸易额达到56亿美元，其中利比亚从意大利进口商品价值23亿美元。1989年，利比亚从意大利进口商品13亿美元，占利比亚当年进口总额的22.2%。利比亚也是意大利重要的石油供应国。1980年，意大利从利比亚进口1221.5万吨原油，占利比亚原油供应量的16%。1989年，意大利从利比亚购进原油价值28亿美元，占利比亚原油出口总额的37%。意大利在利比亚有几十家公司承包各项建设工程。1979~1980年意大利公司同利比亚签订合同金额达41亿美元。

1986年4月15日，美国飞机轰炸的黎波里和班加西，利比亚指责意大利领土上的美国军事基地威胁到自己的安全，并立即向意大利的兰佩杜萨岛发射导弹。两国关系骤然紧张。1986年，利比亚在菲亚特公司中的股份已增至15.2%。在意大利政府的压力下，利比亚外国投资公司于当年9月同意把利比亚在菲亚特公司的股权转让给西方国家的股东。

1988年11月24日至12月3日，贾卢德再次访问意大利，要求意大利对其在殖民统治期间给利比亚造成的损失作出赔偿，并负责清除其在利比亚埋设的17万颗地雷和支付战争赔偿金。意大利政府予以拒绝，理由是赔偿问题在1956年意大利根据条约向利比亚提供275万利比亚镑用于恢复经济后已经解决。

1989年9月，意大利外交部长德米歇利斯访问利比亚并参加"九一"革命20周年庆典。同年10月25日，利比亚总人民委员会发布决定，规定每年10月26日为正式哀悼日，以悼念1911年10月26日意大利殖民者入侵时被流放后失踪的5000名利比亚人。

1991 年 6 月，意大利总理安德里奥蒂访问利比亚。

1992 年 1 月，贾卢德访问意大利。在洛克比空难事件上，意大利政府的立场比较温和，不同意对利比亚实行石油禁运。但在安理会于 1992 年 3 月 31 日通过的第 748 号决议于 4 月 15 日开始生效后，意大利政府命令空军将一架飞越其领空的利比亚飞机逐出意大利，并驱逐了 6 名利比亚驻意大利大使馆的官员。利比亚政府随即驱逐 6 名意大利外交官离境。

1993 年和 1995 年，意大利议会外交委员会代表团和文化教育代表团先后访问利比亚。

1996 年 4 月，卡扎菲表示愿意加强同意大利的关系。

1998 年 7 月，意大利对其在利比亚的殖民统治作出道歉，并承诺解决部分遗留问题。7 月 4 日，意大利外交部长迪尼同利比亚对外联络和国际合作秘书穆斯塔法·蒙塔赛尔在罗马签署两国实现关系正常化的《联合公报》。《联合公报》称，双方应努力同一切形式的恐怖活动进行斗争，保证不扩散大规模杀伤性武器，减少地区的不稳定因素。意大利对过去殖民统治给利比亚造成的损失表示痛心，愿意努力消除其后果。意大利表示将清除战时在利比亚埋设的所有地雷，并将寻找战时被掠到意大利的利比亚人和一些艺术品的下落。双方将建立一家公司负责在利比亚建设各种基础设施。

1999 年 4 月，联合国中止对利比亚的制裁后，翌日意大利外交部长迪尼率先访问利比亚。8 月 5 日，迪尼再次访问利比亚。利比亚政府方面表示同意对其没收的意大利人的财产进行赔偿。双方表示将各自作出努力，加强合作，开创两国关系的“新时代”。12 月，意大利总理达莱马作为 15 年来第一位访问利比亚的西方国家政府首脑率领政府代表团访问利比亚。

2004 年 2 月 10 日，意大利总理贝卢斯科尼抵达利比亚海滨城市苏尔特，并与卡扎菲举行会谈。贝卢斯科尼是 2003 年 12 月利比亚宣布放弃大规模杀伤性武器计划以来首位访问利比亚的西方国家领导人。

四 同德国的关系

德国同其他西方国家类似，也因为利比亚有支持恐怖主义和发展大规模杀伤性武器的嫌疑，特别是由于1986年西柏林的一起爆炸案而同利比亚的关系长期处于“冰冻”时期。

1986年4月5日，位于西柏林的“美女舞厅”发生爆炸，两名美军士兵和1名土耳其裔德国妇女被炸死，200多人被炸伤。联邦德国政府调查后认定，此次事件的幕后策划是利比亚情报机构，因此要求利比亚对爆炸中的死伤者进行赔偿。虽然这一事件一直没有解决，但德国政府对于制裁利比亚态度消极，甚至批评美国制定制裁利比亚的1996年《达马托法》“走错了路”。1996年7月，德国巴斯考克公司同利比亚签署了总额为1.3亿美元的合同，帮助利比亚重建和改造沿海地带的5个发电站和海水淡化工厂。

西柏林爆炸案发生后4年，原民主德国和联邦德国于1990年实现统一，使一些秘密档案得以公开，舞厅爆炸案的内幕随之被揭开。根据秘密档案提供的线索，德国检察机关找到1名利比亚人，由他向德国当局提供了一些证据。这些证据中有一条是截获的的黎波里与利比亚驻民主德国大使馆之间的无线电通话记录，的黎波里方面要求实施一次造成“尽可能多伤亡”的袭击事件。以这些情报档案为基础，德国法庭于2001年裁定，利比亚秘密情报机构在利比亚驻民主德国大使馆协助下组织策划并实施了这次舞厅爆炸案。法庭据此判处包括1名原利比亚驻德国的外交官在内的4名被告12~14年监禁。

利比亚官方不接受德国法庭的裁决，不承认利比亚“有罪”。但卡扎菲的儿子赛义夫·伊斯兰·卡扎菲领导的“卡扎菲慈善基金会”于2003年8月表示，应该对爆炸案的受害者作出赔偿。

2004年8月9日~10日，“卡扎菲慈善基金会”的代表和爆炸案受害者的律师在柏林举行秘密谈判，最后达成的协议是利比亚同意向其中的将近170名非美国籍受害者赔付3500万美元。协议达成后，利比亚驻德国大使赛义德·阿卜杜拉宣称：尽管达成了赔偿协议，利比亚并不承认自己“有罪”。“我们把这样做视为一种人道主义姿态”。他说，赔偿的范围是受伤的德国人和1名遇难的土耳其女子的家属，包括2名丧生的美国士兵在内的美国籍受害者不在获赔之列。土耳其女子的家属将获得100万美元赔偿金。

德国方面曾要求利比亚向伤势最严重的每名受害者赔偿60万欧元（约合73.55万美元），向其他伤者每人赔偿40万欧元（约合49万美元）。根据最后达成的协议，11名重伤者每人将获得赔偿金35万美元，152名轻伤者每人将获赔18.8万美元，另外70万美元将赔偿给歌舞厅老板。这些赔偿金将在6个月内分3次支付。

赔偿协议达成后，德国政府发表声明说，德国政府和德国公司准备帮助利比亚实现经济现代化，德国总理格哈德·施罗德收到并接受了来自卡扎菲的访问利比亚的邀请。声明认为“加强双边关系现在成为可能，这将通过高层政治互访来实现”。

2004年10月14~15日，德国总理施罗德访问利比亚。这是德国总理历史上第一次访问利比亚，标志着两国关系“全面正常化”。在访问期间，德国与利比亚签署了投资发展和保护协定。施罗德在访问结束后说，他在利比亚看到了“巨大的增长潜力”，德国企业在利比亚的能源、交通和建筑行业有很好的发展机会。德国支持利比亚加入世界贸易组织，以便加强两国贸易。

五 同东欧国家的关系

利比亚同东欧各国长期保持良好的关系。利比亚同波兰、捷克斯洛伐克、匈牙利、民主德国、南斯拉夫、罗马尼亚、保加利亚等国签订有多项经济贸易和文化协定，其内容主要是利比亚向这些国家输出石油以换取对方提供技术援助和装备。南斯拉夫、保加利亚等国还根据协议在利比亚承建农业工程和建筑项目。捷克斯洛伐克在利比亚有军事技术人员。波兰派有1000余名医务人员在利比亚。利比亚同南斯拉夫还签有军事合作协定。

双方领导人互访频繁，关系密切。卡扎菲曾出访南斯拉夫、罗马尼亚、民主德国、保加利亚、波兰、捷克斯洛伐克和匈牙利。铁托、齐奥塞斯库、昂纳克、日夫科夫、卢·什特劳加尔、胡萨克等人访问过利比亚。其中铁托曾3次访问利比亚，卡扎菲4次访问南斯拉夫。铁托是不结盟运动的创始人。利比亚同南斯拉夫关系密切。

1989年苏联解体后东欧各国政局发生剧变。卡扎菲对这些国家发生的群众示威游行以及政权更迭表示支持，认为这是他在《绿皮书》中主张进行的人民革命，所以继续同这些国家的新政权保持外交关系。

六 同欧盟的关系

利比亚同欧盟的关系取决于它同英、法、德等欧洲大国关系的发展和变化。早在1986年4月，由于确认利比亚与西柏林舞厅爆炸案有牵连，欧洲共同体12国外长紧急会议决定对利比亚实行特别外交限制措施。1992年安理会决定对利比亚实行制裁后，欧盟与利比亚的关系降到冰点。1999年6月，安理会宣布中止对利比亚的制裁，欧盟便开始积极恢复和发展同利比亚在各个领域的合作。2003 年，安理会对利比亚的制裁解除后，欧盟与利比亚的关系得到进一步发展。2003 年 8 月，卡扎菲向欧盟委员会主席普罗迪表示，利比亚希望尽快实现同欧盟关系正常化。2004 年元旦，普罗迪在同卡扎菲通电话时表示，利比亚应该进一步发展同欧盟的合作，并邀请利比亚尽早加入“欧盟—地中海伙伴计划”。①

在国际环境对利比亚越来越有利的情况下，为了在最短的时间内实现利比亚与欧盟国家关系正常化，加入到欧盟与地中海国家的伙伴关系行列中，以加快国内经济发展，进一步改善本国的国际地位，特别是要争取欧盟解除对利比亚的武器禁运，2004 年 4 月 27 日卡扎菲开始对位于比利时首都布鲁塞尔的欧盟总部进行为期两天的访问。这次访问是卡扎菲 15 年来首次出访非洲和中东以外的地区，是他为了打破利比亚因为多年国际封锁而造成的孤立状态，加快重返国际社会而采取的重大步骤。

4 月 27 日上午，卡扎菲抵达布鲁塞尔的扎文特姆机场。普罗迪亲自到机场迎接。随后，卡扎菲与普罗迪举行了 3 小时的会谈。当天下午，为了表示欧盟对卡扎菲来访的高度重视，欧盟委员会的全体委员与卡扎菲会晤。晚上，比利时首相伏思达在埃格蒙宫为卡扎菲举行隆重的欢迎仪式。28 日，卡扎菲同比利时的商界人士会面，并访问比利时议会。

在同普罗迪的会谈结束后举行的新闻发布会上，卡扎菲向各国记者表明了利比亚推动世界和平，开创欧非合作新时代的诚意。但他同时也含蓄地威胁说，如果西方世界拒绝他的和平善意，利比亚将准备继续资助那些被西方国家视为恐怖分子的

---

① “欧盟—地中海伙伴计划”即“巴塞罗那进程”，是欧盟联系富裕的欧洲集团和包括以色列在内的地中海南部及东部十余个国家，促进双方的贸易、援助和文化往来的项目。

“自由战士”，并为他们提供庇护。

卡扎菲说，自己和欧盟领导人举行的会谈不是什么“具有历史性意义的会晤”。在过去的岁月中，利比亚的确帮助过那些反殖民主义的“自由战士”。在用枪战斗的那段岁月里，利比亚国内到处是来自世界各地的解放战士的营地，为此我们背上了支持恐怖主义的罪名。但如果按照这种逻辑推理，那么纳尔逊·曼德拉就应该是世界头号恐怖分子了。卡扎菲接着说，现在的国际形势与过去完全不一样了，利比亚支持各国民族解放斗争的时代已经成为过去了。“利比亚和美国进行过战斗，曾经击落过美军战斗机和飞行员。但现在该是我们收获武装斗争成果——和平、稳定和发展的时候了。殖民时代到今天已然终结。因此，曾经领导这第三世界国家民族解放运动的利比亚，如今决心领导世界争取和平的斗争。”“为了证明我们的诚意，我们决定自愿放弃我们的大规模杀伤性武器项目。我们呼吁美国和其他一些国家都销毁大规模杀伤性武器。”

卡扎菲随后隐晦地向西方国家发出警告。他说，“我希望我们不再受到西方邪恶势力的挑衅。我希望我们不会在未来的某一天被迫回到过去的岁月，再去干那些引爆汽车，或是将自杀腰带绑在妇女身上的事，就像今天的伊拉克或巴勒斯坦那样”。“我们不想回到过去，不想回到我们不得不反抗的那段岁月”。

卡扎菲还说，利比亚必须加入“巴塞罗那进程”，因为没有利比亚参与的“欧盟—地中海伙伴计划”是不完整的。[①] 欧洲应该吸引更多的非洲移民。卡扎菲在结束欧洲之行前，又批评欧洲不应该“站在中东和平进程门外”，“面对伊拉克今天的惨状，欧洲也应该发出自己的声音”。

卡扎菲此次欧洲之行虽然没有签署实质性协议，但它使利比

① 利比亚是地中海沿岸国家中唯一没有加入该计划的国家。

亚进一步融入国际社会，也使利比亚与欧盟的关系进一步发展。

2004 年 10 月 11 日，欧盟决定结束对利比亚持续 12 年的制裁，同时批准了意大利关于放宽欧盟对利比亚武器禁运的要求，取消持续 18 年的武器禁运。这一决定使欧盟各国同利比亚的关系迅速升温。欧盟各国不但可以从利比亚储量丰富的石油和天然气资源中得到更多益处，还可以因为利比亚恢复能源出口而提高的购买力使它们得到更多的销售市场。对利比亚来说，欧洲解除武器禁运和结束制裁，既可以得到西方的资金和技术支持更新已经老化的石油生产设施，从而为经济复兴打下坚实的基础，还可以推动美国政府完全取消对自己的制裁。利比亚在打破西方封锁、摆脱孤立处境方面又取得了新的成果。

第六节　同地中海地区国家的关系

地中海地区对于利比亚有十分重要的军事和政治意义。1965 年 6 月 11 日，利比亚同马耳他建立外交关系。“九一”革命后，卡扎菲要求一切外国海军舰队和军事设施，特别是北大西洋公约组织成员国的军事基地撤出这一地区，使地中海成为“和平之海”。在 1973 年 9 月举行的不结盟运动阿尔及尔首脑会议上，卡扎菲再次提出这一主张，得到突尼斯、阿尔及利亚等邻国和其他一些国家的支持。

马耳他在利比亚对地中海地区的政策中居于关键地位。1972 年马耳他同英国缔结了新的防御协定，规定英国每年支付租金 1400 万英镑以继续使用它在马耳他的军事基地。利比亚政府提出，如果马耳他政府保证这些军事基地不再被用来支援以色列，利比亚可以向马耳他提供经济援助。马耳他政府同利比亚政府经过谈判达成协议，两国经济关系开始发展。利比亚鼓励马耳他劳工入境工作，马耳他则为利比亚人进行技术培训。

20 世纪 80 年代，在马耳他工党执政期间，利比亚同马耳他的关系总的来说是良好的。1989 年 11 月，两国续签了友好条约。1994 年 9 月，利比亚国家海运公司在马耳他设立办事处负责两国间的货运和客运业务。1995 年 10 月 26 日，巴勒斯坦"伊斯兰圣战者组织"领导人沙卡基在马耳他被暗杀，利比亚以"安全原因"中断了同马耳他的海上交通。经过两国政府的紧急磋商和会谈，1996 年 1 月 2 日两国间的轮渡恢复运营。

利比亚同马耳他之间曾在海上疆界划分问题上存在争执，这是妨碍两国关系发展的障碍。1985 年，联合国国际法院就"利比亚和马耳他关于在地中海划界案"作出判决，明确指出两国海岸线长度的比例是一个应予考虑的重要因素，从而使判决结果有利于利比亚，马耳他同利比亚两国间的距离因此缩短了 18 海里。

第七节　同埃及的关系

埃及是同利比亚毗邻的中东地区大国，两国在历史上就有十分密切的关系。埃及总统纳赛尔又是卡扎菲青年时代就十分崇拜的阿拉伯英雄。"九一"革命后，纳赛尔即派遣《金字塔报》主编海卡尔去利比亚了解情况，并对卡扎菲领导的革命政权给予支持。利比亚同埃及保持着良好的关系。

纳赛尔的民族主义思想对卡扎菲有很深的影响。卡扎菲以纳赛尔为榜样，以实现阿拉伯统一作为自己追求的目标。"九一"革命成功后 3 个月，1969 年 12 月 7 日，卡扎菲同埃及总统纳赛尔和苏丹总统尼迈里签署《的黎波里宪章》，准备建立松散的联邦。但联邦并未正式成立。1970 年纳赛尔逝世，萨达特继任总统后利比亚与埃及两国关系进入曲折发展的新时期。

1971 年 4 月 17 日，利比亚、埃及和叙利亚三国宣布将建立阿拉伯共和国联邦，并推举萨达特为总统，确定开罗为联邦首都。但卡扎菲对这样的安排并不满意，因此建议利比亚与埃及两国实行“全面联合”。1972 年 8 月 2 日，卡扎菲同萨达特商定，利比亚与埃及于 1973 年 9 月 1 日前完全合并为统一的国家并成立统一的政治指挥部，以便分阶段实行两国的合并，并计划举行公民投票。但这些计划因为两国领导人之间意见分歧而被搁置。1973 年 7 月 18 日，卡扎菲为了促成利比亚同埃及合并而发动对开罗的“人民进军”。参加这次进军的数以万计的利比亚人准备到达开罗后立即采取暴力行动捣毁通向金字塔的公路两旁所有的酒吧和餐馆。萨达特获悉这一情况后致电卡扎菲，要求他“采取坚决和明智的态度”。但卡扎菲说他无能为力。埃及当局封锁了边界，阻止了进军队伍进入埃及。经过卡扎菲同萨达特多次磋商，两国统一政治指挥部于 8 月间提出了一系列实现统一的措施。但在同年 10 月爆发了第 4 次中东战争。战争结束后，萨达特开始了谋求中东实现和平的努力，企图改变阿拉伯国家同以色列长期对抗不相接触的局面。卡扎菲对埃及领导人的态度非常不满意，于 12 月 1 日临时召回了利比亚驻埃及的外交使节。1974 年 2 月 18 日，埃及宣布中止对利比亚的军事援助，并于 6 月 4 日下令禁止所有埃及的文职人员前去利比亚。利比亚则禁止发行以阿以战争为内容的埃及书籍和电视片，关闭埃及设在班加西的文化中心。利比亚同埃及之间在中东问题上因立场不同而矛盾公开化，两国关系急剧恶化。并未成为现实的利比亚与埃及“全面联合”也于 8 月间彻底解体。卡扎菲和萨达特就事态的恶化相互指责。卡扎菲认为萨达特并未真正继承纳赛尔的传统革命精神，萨达特称卡扎菲可能是思想失去平衡的“疯子”。

1977 年 5 月 17 日，埃及政府同意利比亚王国时期的首相巴库什在埃及避难。7 月，利比亚—埃及边境发生大规模武装冲突。两国政府关闭了边界。11 月 19 ~ 20 日，萨达特访问以色列。这是阿拉伯国家元首第一次踏上以色列领土。12 月初，卡扎菲在的黎波里主持召开了“拒绝阵线”国家首脑会议，宣布“冻结”与埃及的外交关系。但利比亚于12月5日即宣布同埃及“断绝”外交关系。

萨达特继续寻求在中东实现和平的途径。自1978年9月6日起，在美国总统卡特的参与下，萨达特同以色列总理贝京进行谈判。9月17日，双方在白宫签署了“戴维营协议”，并于1979年3月26日由两国政府正式签署《埃及以色列和平条约》，结束了两国间存在已有30多年的战争状态。3天之后，1979年3月29日，在巴格达举行的阿拉伯国家联盟外交经济部长会议上，利比亚代表团书面建议各国断绝与埃及的政治关系，停止双方领导人互访，开除埃及的阿拉伯国家联盟盟籍，停止向埃及提供军事援助，对埃及进行经济制裁。萨达特再度遭到卡扎菲猛烈攻击。1980年6月，利、埃边境形势又趋于紧张。埃及宣布边境地区进入紧急状态。1981年10月6日萨达特总统在阅兵时遇刺逝世。卡扎菲发表《告埃及人民书》，呼吁埃及军民起来结束“叛逆政权”。

1981年10月13日，穆巴拉克当选埃及总统。卡扎菲主动作出同埃及改善关系的姿态。1984年3月28日，卡扎菲宣布利比亚单方面开放利比亚—埃及边界，他还将率领“人民队伍”向埃及进军以实现利、埃统一。9月，卡扎菲致函穆巴拉克，提出利比亚愿意援助埃及50亿美元，条件是埃及宣布准备废除戴维营协议。穆巴拉克拒绝。10月2日，埃及议会决定退出埃及于1971年同利比亚、叙利亚组成的阿拉伯共和国联邦，谴责利比亚干涉乍得内政和空袭苏丹。此后，埃及多次谴责利比亚在埃及搞恐怖暗杀活动，利比亚则指责埃及在边境地区集结军队制造紧张局势。1982年8月，埃及外交事务国务部长表示，埃及反对在的黎波里举行非洲统一组织第19届首脑会议。

此后，利比亚同埃及双方都表示希望改善关系。1985年9

月初，美国总统里根派遣国家安全事务顾问向埃及提出惩罚利比亚的要求，遭到埃及拒绝。1986 年 1 月 7 日，卡扎菲要求停止对埃及和其他所有阿拉伯国家的新闻攻击，以利于共同反对美国和以色列的威胁。1986 年 4 月 15 日，利比亚遭到美国飞机空袭。1988 年 3 月，埃及同意归还在埃及机场迫降的 4 架利比亚运输机。3 月 28 日，卡扎菲在托卜鲁克发表讲话，宣布全面开放边界，撤销东部军区并从利、埃边境撤军，利比亚不再进行任何针对埃及的军队集结。他在讲话中还表示，利比亚对埃及的原则立场并未改变，只要埃及同美国和以色列保持联系，只要其政策对巴勒斯坦解放事业构成威胁，利比亚就不会考虑同埃及建立任何关系，也不出席有埃及参加的任何首脑会议。如果埃及加入阿拉伯国家联盟，利比亚便自动退出。卡扎菲提出建议，由利比亚出资金，埃及出技术人员和劳工，修建由埃及的努巴利和纳赛尔湖到利比亚的托卜鲁克和萨里尔的水渠。但利比亚开放边界和修建连通两国水利工程的计划都遭到穆巴拉克拒绝。10 月 30 日，埃及政府副总理兼外交部长马吉德表示，埃及政府响应利比亚的呼吁，停止新闻攻击。埃及不反对同利比亚改善关系。

埃及为了改善两国关系作出努力。1988 年 12 月 4 日，埃及宣布向利比亚的民航班机开放领空，允许利比亚客机恢复飞往开罗的航线，还同意其过境飞行和在机场降落。因此，利比亚飞机可以飞越埃及上空去圣地麦加。1989 年 5 月 24 日，在摩洛哥举行阿拉伯国家首脑会议。会议期间卡扎菲与穆巴拉克在两国外交关系中断 22 年之后首次会晤。5 月 26 日，埃及民航代表抵达利比亚，双方举行谈判。5 月 29 日，埃及宣布开放两国陆地边界。8 月 31 日，埃及政府副总理兼农业部长瓦利访问利比亚并出席“九一”革命 20 周年庆典。10 月 16 日，卡扎菲同穆巴拉克在埃及马特鲁会谈。次日，穆巴拉克回访利比亚。两国共达成 15 项合作协议，包括双方人员可以凭身份证过境，接通电力网，建造从埃及的塞卢姆至利比亚的托卜鲁克的铁路，建立农业居民区，成立石油勘探生产公司和海洋捕捞联合公司，实现两国工业合作和一体化等。两国还决定互设外交办事处作为恢复官方关系的变通方式。12 月 12 日，穆巴拉克再访利比亚，同卡扎菲讨论加强两国合作的问题。利比亚同埃及关系进入良好发展的新时期。

1990 年 2 月 18～19 日，卡扎菲同穆巴拉克在埃及阿斯旺会晤，双方同意成立两国混合委员会，并就电力、公路、电讯、科学和农业研究以及埃及公民到利比亚居住等领域的合作达成协议。3 月，穆巴拉克抵达托卜鲁克出席庆祝英军撤出利比亚 20 周年活动，并同利比亚、叙利亚和苏丹等国领导人举行首脑会议。6 月 1 日，卡扎菲从也门回国途中顺访埃及同穆巴拉克会晤。8 月 10 日，在阿拉伯国家首脑开罗紧急会议期间，卡扎菲同埃及和阿尔及利亚两国总统举行三方会谈讨论海湾局势。11 月 13～14 日，卡扎菲同来访的穆巴拉克在苏尔特讨论了海湾问题和双边关系，并安排埃及、利比亚、叙利亚 3 国元首会晤。12 月 2～4 日，利比亚、埃及高级混合委员会在开罗举行首次会议，两国签署了 10 项一体化协议，利比亚国外投资公司还将增加在埃及的投资 2 亿美元。

进入 90 年代以后，利比亚同埃及的关系在加强合作的基础上继续发展。1991 年 1 月 3 日，埃及、叙利亚和苏丹 3 国首脑在利比亚的米苏拉塔同卡扎菲举行 4 国首脑会议，探讨解决海湾危机的途径。2 月 13～17 日，卡扎菲访问埃及，同穆巴拉克继续讨论海湾危机问题和双边关系。17 日，两国在开罗签署交换工业产品和其他必需品的协议和工业合作一体化协议，还决定成立工作组以研究在电子工程、汽车制造等领域加强合作和交换专家及技术工人等问题。3 月 28 日，卡扎菲在庆祝英国从利比亚撤军 21 周年的群众集会上宣布，撤销利比亚—埃及边界上的海

关、检查站等设施，两国人员和车辆将可以不需办理任何手续自由通行。卡扎菲随即驾驶推土机推倒了意大利殖民者建造的界门，挥手让几百辆埃及货车和客车进入利比亚。4月和5月，穆巴拉克两次访问利比亚。除了讨论海湾战争后的阿拉伯局势和双边经济合作等问题外，穆巴拉克还向卡扎菲通报了他访问意大利、法国和土耳其的情况。7月初，卡扎菲访问埃及。利比亚—埃及高级混合委员会随即在班加西举行第二次会议，讨论并决定在交通运输、邮电通信、贸易、农业、工业、卫生医疗、教育科研、新闻等方面进行全面合作。8月初，穆巴拉克访问利比亚。他返回开罗后即指示开放边境，取消交通检查站和海关，免除利比亚公民入出境登记制度。

埃及同利比亚在解决洛克比空难事件方面密切磋商，并在西方国家和利比亚之间进行调解以寻求双方都能接受的解决办法，避免对利比亚实行严厉的制裁。1992年3月28日，穆巴拉克致函美国总统布什，建议利比亚与美国两国外长到开罗会晤，以消除两国之间互不信任的状态。3月31日，安理会通过对利比亚实行航空、军事和外交制裁的第748号决议后，穆巴拉克指示埃及政府继续在利比亚与西方国家之间进行调解，争取以和平方式解决危机。他表示，埃及不希望利比亚受到制裁，更不愿意利比亚遭受军事打击。1992年4月15日，安理会第748号决议生效后，埃及宣布它执行决议规定的制裁措施，停止了往来于开罗和的黎波里的航班，拒绝利比亚客机在开罗国际机场降落，并且否认它已经向联合国提出准许卡扎菲的座机在开罗降落的要求。由于安理会的决议并未规定在陆路上也对利比亚实行禁运，所以照常开放的利、埃边境口岸就成为利比亚通向外部世界的重要通道之一。同时，埃及在经济方面有求于利比亚。因此，在安理会的制裁开始后两国领导人仍然保持频繁的接触。4月21日，卡扎菲乘坐汽车越过边界抵达埃及地中海沿岸城市西迪巴拉尼附近的一个军事基地会晤穆巴拉克。8月12和13日，卡扎菲又同穆巴拉克在的黎波里会谈。经过埃及政府的努力，利比亚政府官员同英国政府官员就利比亚提供它与爱尔兰共和军关系的有关情报问题多次举行会谈，并促成了法国官员去利比亚对法航飞机爆炸案进行调查。埃及政府作为中间人于7月间向美、英两国政府转达了利比亚关于解决洛克比危机的新建议。

1993年，卡扎菲同穆巴拉克继续就解决洛克比空难事件频繁接触。1月17日，卡扎菲开始对埃及进行为期8天的正式访问。他先从陆路到达埃及城市塞卢姆，再驱车200公里到马特鲁港。在访问埃及第二大城市亚历山大港后，卡扎菲抵达开罗会晤穆巴拉克。这次访问是卡扎菲对埃及进行的时间最长的访问。8月17日晚，穆巴拉克突然到达利比亚，随即开始同卡扎菲会谈。除了双边关系和地区问题外，两国领导人主要讨论了洛克比危机。据报道，穆巴拉克向卡扎菲通报了他在利比亚和西方3国间进行斡旋的情况，特别强调了目前局势的严重性，呼吁利比亚政府采取决定性措施以免广大利比亚人民受到伤害。

1993年11月4日，正当美、英、法3国将要求安理会通过新的决议加重对利比亚进行制裁的前夕，卡扎菲又到达埃及同穆巴拉克磋商。穆巴拉克向卡扎菲通报了他不久前访问美国和法国的情况，以及他为解决洛克比空难事件所作出的努力。

在遭受联合国制裁期间，利比亚仍然同埃及保持良好关系。两国领导人除了就如何解决洛克比空难事件经常进行研究外，还对于克服阿拉伯国家之间的分歧和加强阿拉伯世界的团结，以及两国之间的经济合作等问题进行讨论。1996年5月26日，卡扎菲在同穆巴拉克会谈时说，他们之间举行经常性会晤十分必要，符合两国和整个阿拉伯世界的利益。

1999年4月5日，联合国宣布暂停对利比亚的制裁后，2000年7月8日利比亚同埃及恢复了已经中断8年的空中航线。据报道，由于多年的制裁给利比亚航空公司造成了许多技术方面的困难，因而无法在制裁中止后短期内恢复通航。在埃及的帮助下，利比亚重建了利比亚航空公司，才使两国间的航线得以恢复。

第八节　同乍得的关系

20世纪70年代中期至90年代中期，利比亚以它同乍得之间存在边界争端为由多次出兵干预乍得局势，两国关系严重恶化。1994年，联合国国际法院就利比亚—乍得领土争端作出裁决后，两国关系逐步正常化，友好合作关系不断发展。

在西方殖民主义入侵非洲之前，乍得和利比亚都未建立民族国家。它们之间没有国界。19世纪末20世纪初，在殖民国家瓜分非洲争夺势力范围的浪潮中，利比亚—乍得之间的边界多次发生变迁。1899年英、法两国达成协议：包括乍得在内的赤道非洲为法国势力范围，其北界相当于目前提贝斯提地区以北一线，并在协议书的地图上标出了乍得和利比亚之间的边界。当时，占领利比亚的土耳其奥斯曼帝国宣称不承认英、法协议。实际上，处于利比亚和乍得接壤处、面积约为11.4万平方公里的沙漠高原既不在土耳其占领之下，也没有被英、法所控制。但1899年英、法协议所划定的乍得和利比亚的边界后来又得到1902年的法、意协定、1919年9月8日的法、英公约和1919年9月12日的法、意协定等国际协议的确认。1929年，意大利再次占领了费赞，便对利比亚—乍得边界提出异议，认为应该以利比亚西南部的图莫山同苏丹—利比亚边界的交汇点之间的直线作为利比亚—乍得的边界。这一主张实际上是要把提贝斯提地区的盖赞提和翁多划入利比亚版图。但意大利的主张并未成为事实。此后，欧洲的形势日益紧张，法国为了争取意大利支持自己的欧洲政策于1935年1月7日同意大利签订《罗马条约》（《赖伐尔—墨索里尼条约》)，规定对乍得北部边界进行调整：法国把包括奥祖狭长地带在内的、与意属利比亚相接壤的法属赤道非洲殖民地的一部分让给意属利比亚，意大利则把利比亚西部的一块土地划给法属阿尔及利亚。但是，由于法国同意大利在突尼斯问题上发生争端，两国议会均未批准该条约。而且，根据条约规定，罗马条约只有在两国就突尼斯问题签订条约之后才能生效。而关于突尼斯的条约并未签订，所以罗马条约并未生效。事实上，奥祖地区一直在法国军队控制之下，直到乍得于1960年获得独立。

1950年12月15日，第五届联合国大会在第392号决议中规定，利比亚同法国领地的边界，应在利比亚独立后由利比亚政府同法国政府协商划定。1951年利比亚独立后曾就边界问题同法国谈判，未有结果。后来，利比亚曾以进行人口普查和巡回医疗为名派人进入奥祖地区，均被法国当局阻挡而未达到目的。1955年8月10日，法国同利比亚签订睦邻友好条约，在条约的附件中明确规定了利比亚同法属赤道非洲殖民地之间的边界：由图莫直到北回归线与东经16°线的交汇点，再由北回归线与东经16°线的交汇点折向东经24°北纬19°50′的交汇点。

利比亚和乍得先后从殖民统治下取得独立后都根据《非洲统一组织宪章》规定的关于维持边界现状的原则认可殖民国家为它们划定的边界，没有向对方提出改划边界的要求。两国之间不但未因边界问题发生争执，1966年还缔结了友好睦邻条约。

1969年“九一”革命后卡扎菲上台执政，乍得丰富的矿产资源（奥祖地区的铀矿储量丰富）和重要的战略地位对他产生了极强的吸引力。当时乍得正处于内战之中。卡扎菲乘机利用乍得国内错综复杂的宗教、部族、地区和社会矛盾，对各派力量软硬兼施分化瓦解，使乍得局势长期动荡，以达到他吞并乍得的目的。1968年，乍得反政府的民族解放阵线包围了奥祖地区的政府军。在法国军队应乍得政府之请进行了解救并随后撤出这一地

区之后，乍得政府军再未进驻这里。不久，民族解放阵线又在奥祖地区的博尔库—恩内提—提贝斯提省活动。当时，卡扎菲并未向乍得的反政府武装提供实际援助，但在1970年，利比亚官方出版的地图把奥祖地区划入了它的版图。

1971年8月27日，乍得政府宣布在首都破获了一起由利比亚策划的政变，同时宣布断绝与利比亚的外交关系。利比亚则公开指责乍得政府并支持乍得民族解放阵线。两国相互责骂，关系严重恶化。但是，当时乍得政府正面临国内反对派的直接威胁，担心这些反政府武装如果得到利比亚的支持将更加难以对付，所以乍得总统托姆巴巴耶对利比亚采取克制态度，表示不排除同利比亚改善关系的可能。经过尼日尔总统迪奥里从中调解，乍得与利比亚两国政府于1972年4月12日达成和解协议，双方同意恢复外交关系。12月下旬，托姆巴巴耶应邀访问利比亚，两国签订了友好合作互助条约。

两国关系形式上的好转并没有使卡扎菲停止对乍得反政府力量的支持。不但乍得民族解放阵线设在的黎波里的办事处仍然保留，反政府武装力量也继续在班加西附近接受训练。利比亚政府还向乍得的反对派提供武器装备和庇护所。1973年6月，利比亚出兵占领了奥祖，并将它划归利比亚南部城市库夫拉的行政当局管辖。后来利比亚又逐步占领了提贝斯提地区。这是利比亚对乍得领土的公然侵犯。但是，托姆巴巴耶由于需要集中力量对付民族解放阵线，避免两线作战，所以对利比亚的武装入侵并未作出强烈反应，而是采取了默认的态度。

1975年4月13日，乍得发生政变，成立了以马卢姆为首的最高军事委员会。马卢姆对于利比亚占领奥祖态度明朗，但他在掌握政权之初立足未稳仍然对利比亚采取小心谨慎的做法。9月16日，马卢姆提出要求利比亚归还它所占领的乍得领土，通过双边谈判和邻国的调解来解决这一纠纷，但未得到利比亚的回应。利比亚坚持它对所有存在争议的地区有所有权，并继续支持乍得北部的反政府武装，支持由哈布雷和古库尼率领的民族解放阵线第二军进攻乍得北部博尔库—恩内提—提贝斯提省的首府法亚拉若。

1976年9月，利比亚官方出版的地图再一次将奥祖地区划入利比亚版图，而且还把乍得北部位于奥祖以南的巴尔代和阿尔及利亚及尼日尔的一部分领土都划归利比亚，从而再次制造了"地图纠纷"。在双边谈判解决领土争端无望，而利比亚又步步紧逼的情况下，10月中旬乍得政府宣布关闭乍得—利比亚边境。10月21日，卡扎菲自中非共和国返国途中与马卢姆在恩贾梅纳会晤，提出以乍得人信奉伊斯兰教作为两国谈判边界问题的先决条件，遭到马卢姆拒绝。

1977年6月，乍得军政府决定将边界争端提请非洲统一组织解决。7月14日，非洲统一组织首脑会议决定由加蓬、塞内加尔、喀麦隆、阿尔及利亚、尼日尔和莫桑比克6国组成"乍得—利比亚边界争端调解委员会"处理相关问题。但利比亚采取不合作态度，不但不能提供支持其对奥祖地区领土要求的文件材料，甚至拒不参加调解委员会召集的专家会议，使该委员会无法开展工作。在这种情况下，1978年2月5日，乍得宣布断绝与利比亚的外交关系。2月8日，乍得正式向安理会控告利比亚干涉内政和侵占乍得领土，表示将不惜一切代价捍卫主权和领土完整。

在此期间，利比亚不但没有停止对乍得内政的干涉，反而以更大的规模支持民族解放阵线武装向乍得南部推进。在军事上处于劣势的乍得军政府不得不向利比亚作出让步。1978年2月18日，马卢姆同卡扎菲在利比亚的沙巴会晤后同意恢复两国的外交关系，并撤回了对利比亚的控告。

乍得同利比亚的边界纠纷由于乍得政府因国内矛盾加剧无暇

顾及而暂时搁置。利比亚无所顾忌地占领着奥祖地区。“非洲统一组织”虽多次举行有关恢复乍得国内和平的会议，但不涉及两国边界争端。乍得各派领导人中的多数虽然经常提到边界争端，实际上没有力量能够加以解决。

1979 年 8 月 21 日，在非洲统一组织和邻国的斡旋下，乍得内战各方在尼日利亚首都拉各斯签署和解协议，由 11 个派别组成“民族团结过渡政府”。原来都属于乍得民族解放阵线第二军的古库尼和哈布雷已经分裂成为“人民武装部队”和“北方武装部队”领导人，并分别出任民族团结过渡政府的主席和国防部长。但是，这个团结过渡政府缺乏巩固的基础，特别是其中实力最强的古库尼和哈布雷两大派积怨甚深，形同水火。哈布雷有强烈的反利比亚情绪，与苏丹、埃及和法国都有密切关系，是卡扎菲在乍得进行扩张的严重障碍。古库尼出于军事和财政等方面的需要，接受了利比亚提供的支持。1980 年 3 月，古库尼和哈布雷两派在首都恩加梅纳发生火并，酿成全面内战。[①] 利比亚乘机大力支持古库尼，并利用拉各斯协议压法国从乍得撤军。5 月 15 日法国军队撤出乍得。6 月 15 日，利比亚同古库尼签订《利比亚—乍得友好同盟条约》。其中规定，双方保证，一旦任何一方或双方受到外来的直接或间接的侵略时，将共同进行自卫。双方认为对它们任何一方的任何侵略都是对另一方的侵略，因而有责任采取措施来制止上述侵略。根据这项条约，利比亚应古库尼政府的请求，于 10 月 19 日直接出兵介入乍得内战，协助古库尼的部队攻打哈布雷所部。12 月 15 日，哈布雷因战败被迫撤离首都恩贾梅纳，并被迫在停战协议上签字。古库尼部队因此控制了恩贾梅纳及乍得北部和中部的一些城镇。利比亚军队直接参战使

① 冲突发生时，中国驻乍得大使馆正准备撤离，一名中国青年外交官被流弹击中。打入其背部的一颗子弹 23 年后才取出。

乍得局势发生急剧变化。

1981 年 1 月 5 日，《利比亚—乍得友好同盟条约》生效。次日，在军事上得手的卡扎菲同古库尼发表《联合公报》，称利比亚和乍得决定为完全结成一个“民众国”而努力。利比亚同乍得合并的计划在利比亚国内外引起强烈反对。

乍得国内各派政治力量大都反对合并。古库尼的合作者、民族团结过渡政府副主席、“乍得武装部队”领导人卡穆格公开表示“乍得的主权不可能廉价出售”，合并计划是“不可能实现的结合”。他主张利比亚军队应该立即撤出乍得国土。

民族解放阵线原始派领导人西迪克和民族解放阵线基础派领导人哈贾罗·塞努西也表示反对合并计划。哈布雷虽遭败绩“但坚信反对利比亚侵略者的斗争将继续下去”。甚至在古库尼派内部也有人反对合并计划。事实上，古库尼根据经验，对卡扎菲也存有戒心。只是由于需要利比亚的军事和财政援助，他才同意在《联合公报》上签字，但没有接受利比亚提出的两国实行“彻底合并”的方案。

非洲国家领导人担心利比亚—乍得合并计划是卡扎菲加紧向非洲大陆进行扩张的一个步骤，对合并计划表示强烈谴责。1 月 14 日，14 个非洲国家首脑在多哥首都洛美举行会议。会议发表的公报指出，利比亚—乍得合并计划违反 1979 年 8 月签署的拉各斯协议，要求利比亚军队立即撤出乍得，建议乍得在非洲国家派出的和平部队监督下举行选举。由于感到利比亚的扩张对自己构成直接威胁，乍得的周边国家都采取措施加强了防卫力量。苏丹宣布关闭它同乍得之间的 600 英里边界，并在边境增加了兵力。埃及关闭了它驻乍得的使馆，并加强了对哈布雷的援助，以制约利比亚的扩张。中非共和国、摩洛哥、塞内加尔、冈比亚等国先后同利比亚断绝外交关系。利比亚在非洲国家中陷于孤立。法国从维护自身在非洲的利益出发，对利比亚同乍得合并的计划反应强烈。1 月 8 日，法国政府发表公报指出，利比亚—乍得合并是非法的，一旦非洲各国的安全受到威胁法国将给予援助。与此同时，法国还与乍得的邻国紧急磋商，派出军事代表团访问苏丹讨论乍得局势。法国还宣布其地中海舰队处于戒备状态，并派出海军陆战队进驻中非共和国首都班吉，增强当地法国驻军的力量。

在各方强烈反对的压力下，卡扎菲在 1 月 21 日不得不表示“拟议中的联合并不是政治的统一或合并”，在阿拉伯国家达到统一之前，不可能想象乍得和利比亚会联合成为一个国家。而且利比亚军队直接参加乍得内战之后，乍得人民陷入毁灭性的灾难，纷纷起来反抗；北方武装部队还在继续抵抗；乍得的邻国坚决反对并加强了戒备；乍得政府领导人在逐渐察觉利比亚出兵的目的后要求利比亚军队撤走；非洲统一组织也一再表示利比亚军队应该撤出乍得。1981 年 11 月 3 日，古库尼决定要利比亚军队在两三天内“全部撤出乍得”。年底，利比亚被迫从乍得撤军，但仍占据乍得北部提贝斯提地区 15 万平方公里土地。

1982 年 6 月，哈布雷出任乍得总统。利比亚同乍得的关系再度严重恶化。1983 年 6 月，利比亚又出兵支持古库尼打内战。1984 年 9 月，利比亚同法国达成协议，同意从乍得撤军。但是，利比亚并未将军队全部撤走。1986 年 2 月，利比亚军队支持全国团结过渡政府古库尼向南进军，未成功。7 月，非洲统一组织第 22 届首脑会议强调要解决利比亚—乍得冲突，并恢复乍利边界争端调解特别委员会的活动。1987 年初，哈布雷在法国和美国支持下攻占了乍得北部的瓦迪杜姆和法亚拉若。乍得军队收复了除奥祖地区外被利比亚占领的北方领土，甚至深入利比亚境内 300 公里，袭击了利比亚南部的军事基地。9 月 1 日，经过非洲统一组织执行主席、赞比亚总统卡翁达的斡旋，利比亚和乍得双方宣布接受非洲统一组织的停战呼吁，但利比亚仍称奥祖地区过去、将来都是利比亚领土不可分割的一部分。

1988年5月，卡扎菲宣布承认哈布雷政府，并表示愿意以友好方式解决两国之间存在的所有问题。10月3日，两国恢复外交关系并在11月互派大使。在非洲统一组织和一些非洲国家斡旋下，1989年8月31日，利比亚和乍得两国外交部长在阿尔及尔签署了和平解决两国领土争端的原则协议。双方同意两国从争议地区撤军，释放全部战俘，两国继续遵守停火协议保证不再进行任何形式的侵略。双方同意通过包括和解在内的一切政治手段解决领土争端。如果在一年内争端得不到政治解决便交付国际法院仲裁。但在此后的一年间，由于双方坚持原有立场拒不让步，会谈无法进展。1990年8月31日和9月1日，利比亚和乍得分别要求国际法院仲裁。

1990年12月1日，在利比亚支持下，以伊德里斯·代比为首的乍得人民阵线推翻了哈布雷政权。12月4日，代比出任乍得国务委员会主席，1991年3月4日就任总统。代比执政后主动释放了利比亚战俘，推动了两国和解的进程。乍得同利比亚的关系进入了友好合作的新阶段。

1994年2月3日，国际法院裁决奥祖地区归属乍得，利比亚应该按期撤回其驻军，并于5月底将奥祖归还乍得。4月4日，乍得同利比亚在苏尔特市就执行国际法院裁决的具体方式达成协议。5月30日，两国发表联合声明，宣布利比亚军政人员撤出奥祖地区，并举行了该地区领土交接仪式。影响两国关系发展的主要障碍至此彻底消除。

1994年6月3日，代比访问利比亚。两国签署了《睦邻友好合作条约》。7月20日，两国又签署了关于商业、文化、科技等领域的合作协定。此后，两国领导人通过多次互访推动了友好合作关系的发展。1997年1月，利比亚在其新出版的日历和世界穆斯林分布图中仍然将奥祖地区划入利比亚版图。经过乍得政府提出交涉，利比亚重申遵守1994年国际法院关于奥祖归属问

题的裁决。

1998年4月29日至5月5日，卡扎菲访问乍得，并在乍得主持了回历新年首次聚礼仪式。9月，代比总统访问利比亚，参加“九一”革命庆祝活动并与卡扎菲会晤。11月20日，利比亚负责安全事务的秘书马哈茂德·穆罕迈德率团访问乍得，双方交流了对双边合作关系的意见并就开放边界促进人员物资交流等事项签署了协议。1999年，代比总统先后6次访问利比亚。4月和5月，代比两次去利比亚进行工作访问期间与卡扎菲和马里总统科纳雷讨论了非洲统一组织特别首脑会议的准备工作，并就地区团结问题达成共识。9月10日，代比出席了在利比亚举行的非洲统一组织小型首脑会议。11月16日，代比在访问利比亚期间同卡扎菲就两国合作问题举行会谈。11月30日，代比率领代表团再次访问利比亚。

第九节　同阿拉伯和其他非洲国家的关系

卡扎菲一向十分崇拜纳赛尔，赞同纳赛尔关于以两三个主要阿拉伯国家为核心逐步实现阿拉伯世界统一和非洲国家结成联盟的思想。所以，卡扎菲提出以利比亚为中心的泛阿拉伯主义和泛非主义，力图同邻国实行统一、联合或合并，并以实现阿拉伯统一这一目标作为他处理同其他阿拉伯国家关系的中心议题。卡扎菲说，“俾斯麦统一了德国，我这个小小的国家也将统一整个阿拉伯民族”。“为了阿拉伯统一，我们向各个方面活动，只要有门开着，我们就去敲”。

卡扎菲的目标是建立从海湾伸展到大西洋幅员辽阔的联盟，即包括乍得、马里、尼日尔、中非共和国、突尼斯、西撒哈拉、毛里塔尼亚、苏丹、埃及等国在内的“伊斯兰萨赫勒合众国”。这是一种类似美国和苏联的联邦制而不是单一制的国家结构。他说，美国人和苏联人不属于同一个血统，但建成了联邦。阿拉伯人属于相同的民族并有相同的宗教信仰，为什么不能由我们这一代人实现这个目标？他相信，联盟建立起来后，其成员在石油和其他矿产、人力和人口增长的空间等方面可以共享资源。1969年卡扎菲执政以后，利比亚先后7次为同阿拉伯和非洲国家建立联盟而努力，但均未成为现实。

卡扎菲认为，要实现阿拉伯统一首先应该同纳赛尔结成兄弟，同时把苏丹总统尼迈里当做小兄弟。“九一”革命胜利后，1969年12月27日，都宣称坚信“伊斯兰社会”共同原则的纳赛尔、尼迈里和卡扎菲共同签署了《的黎波里宪章》，宣布“为了挫败帝国主义和犹太复国主义的阴谋诡计而建立革命同盟”。1970年纳赛尔去世。11月27日，卡扎菲同埃及新任总统萨达特、苏丹总统尼迈里，以及在接管政权后两周加入《的黎波里宪章》的叙利亚总统阿萨德在开罗举行会议，决定成立阿拉伯共和国联邦。此后，尼迈里因国内的原因宣布退出。

叙利亚、埃及、利比亚3国领导人决定于1972年元旦成立新国家。但是，卡扎菲又改变了主意，向萨达特建议由利比亚同埃及两国实行“全面联合”。两人商定在1973年9月1日前建立统一的国家。两国虽然为实现统一而宣布了一系列准备采取的措施，但在1973年中东十月战争爆发后利比亚同埃及矛盾趋于公开化。1974年8月，两国统一计划正式结束。

1971～1973年间，卡扎菲曾3次去突尼斯访问，要求同突尼斯联合。

1974年1月，卡扎菲与突尼斯总统布尔吉巴签署文件，宣告两国决定合并建立“阿拉伯伊斯兰共和国”。但布尔吉巴事后听取了他的部长们的意见态度开始动摇。他立即解除了这次合并的主要策划者、外交部长马斯穆迪的职务，并宣布推迟举行原定的公民投票，统一方案将有步骤地实施。卡扎菲虽然继续进行努力，终未达到目的。

1980年9月1日，卡扎菲请求利比亚总人民大会同意利比亚同叙利亚结成联盟。但叙利亚总统阿萨德不同意拟建立的联盟受利比亚总人民大会和总人民委员会的制约。利比亚与叙利亚结成联盟的计划再次告吹。

1981年1月，卡扎菲同乍得民族团结过渡政府的古库尼发表联合公报，称利比亚与乍得决定完全结成一个“民众国”。由于国内外各方强烈反对，合并计划以失败而告终。

1984年8月13日，卡扎菲与摩洛哥国王哈桑二世签订关于建立摩洛哥—利比亚国家联盟的条约。两年后，哈桑二世单方面宣布废除该条约。卡扎菲的理想再次破灭。

同埃及联合计划的失败是卡扎菲在实现阿拉伯统一道路上遭到的严重挫折，但他并没有放弃他的追求，而是更多地通过支持别国的反政府力量从事颠覆活动，或者公然干涉别国内政等方式来达到阿拉伯统一的目的。卡扎菲说：“我们的生存是同阿拉伯统一联系在一起的，即使所有的利比亚人都反对统一，我自己也要为之战斗。如果全体利比亚人不做联合主义者，我就离开他们。”卡扎菲很早就提出了“伊斯兰统一”的口号，称“伊斯兰就是革命”，以这种激进的口号来吸引和激励非洲的阿拉伯国家中的穆斯林青年。他又鼓吹“民族主义”和“宗教”是人类历史发展的动力，“如果一个国家有几个民族，那么每个民族最终必将在民族主义的旗帜下争取各自的独立”。根据这种理论，卡扎菲不但支持许多国家的“解放斗争”和“独立运动”，还收容各国反政府势力组成一支5000人的伊斯兰军团从事恐怖和颠覆活动，以“解放非洲和第三世界”。1979年3月，卡扎菲宣布他放弃行政职务，专心致力于“把‘九一’革命传播到全世界”的事业。1980年，利比亚建立“革命输出局”，负责制定名为输出革命，实际上是向外扩张的计划和措施。20世纪70年代末至

80 年代中期，利比亚多次卷入干预别国内政的事件，同许多阿拉伯国家和非洲国家关系严重恶化。

利比亚支持居住在的黎波里的马里人迪迪·当巴·梅迪纳·苏姆布努组成反对马里特拉奥雷政府的“马里共和民主联盟”，致使马里北部大部分信仰伊斯兰教的居民都背离政府而支持卡扎菲。1980 年 10 月，卡扎菲煽动马里的图阿雷格族人同他一起进行“圣战”。

利比亚容许被塞内加尔政府取缔的“真主党”头目谢赫·艾哈迈德·尼亚在利比亚活动，诱骗青年接受军训后在西非进行颠覆活动。塞内加尔政府指责利比亚招募雇佣军进行颠覆活动。1980 年 7 月 1 日，塞内加尔宣布与利比亚断绝外交关系。

曾在加纳发动政变的罗林斯接受利比亚的财政资助从事反政府活动。数百名加纳人在利比亚接受训练。1980 年 11 月 17 日，加纳政府宣布驱逐利比亚驻加纳使馆的全体人员。

利比亚以重金收买尼日尔的反政府分子，资助原尼日尔总理吉博·巴卡里和被军事政变推翻的总统迪奥里·阿马尼的追随者。1980 年 12 月 1 日，尼日尔首都尼亚美数千群众举行示威游行声讨利比亚。

利比亚与摩洛哥关系长期冷淡。1971 年摩洛哥指责利比亚支持其国内未遂政变，两国各自召回大使。1980 年 4 月，利比亚承认西撒哈拉国，摩洛哥宣布与利比亚断绝外交关系。

从 70 年代末到 80 年代中期，利比亚先后同 14 个阿拉伯国家和非洲国家断绝外交关系。70 年代至 80 年代初，利比亚同中非共和国、布隆迪、喀麦隆、冈比亚、乍得、莫桑比克等 6 国缔结了友好条约，同布隆迪、几内亚、卢旺达、多哥、中非共和国、尼日尔和乍得等 7 国签订了共同防御条约。

80 年代中期，为了摆脱自己在阿拉伯世界和非洲国家中孤立的处境，利比亚先后停止了对苏丹、索马里、尼日尔和塞内加尔等国反政府力量的支持，并调整了对外政策，改善与阿拉伯和非洲国家的关系。1985 年，利比亚同苏丹、索马里和毛里塔尼亚等国实现关系正常化。1986 年，卡扎菲与沙德利总统会晤后，利比亚同阿尔及利亚关系逐渐改善。1987 年，利比亚与突尼斯恢复外交关系。两国元首频频会晤，双方签署了一系列经济合作协定。

从 1987 年 5 月开始，利比亚主动改善同巴勒斯坦解放组织主流派的关系，同意该组织在利比亚重新设立办事处，还积极在巴勒斯坦解放组织各派之间进行调解。

1987 年 9 月，利比亚同伊拉克恢复了自 1985 年中断的外交关系。①

1988 年 5 月 25 日，在非洲统一组织成立 25 周年之际，卡扎菲宣布利比亚愿意同肯尼亚、加蓬、扎伊尔、科特迪瓦、利比里亚、毛里求斯、塞内加尔和冈比亚等 8 国恢复外交关系，作为向非洲统一组织的献礼。此后，塞内加尔、加蓬和扎伊尔等国先后同利比亚复交，利比亚同这些国家的关系逐步改善，马里、索马里、吉布提、博茨瓦纳、莫桑比克等 14 位黑非洲国家元首先后访问利比亚。

1989 年 2 月 17 日，卡扎菲同阿尔及利亚、毛里塔尼亚、摩洛哥、突尼斯 4 国领导人签署条约，成立阿拉伯马格里布联盟。5 月，卡扎菲同穆巴拉克总统在卡萨布兰卡会晤后，利比亚同埃及的关系迅速改善，两国边界重新开放，并决定在两国首都互设办事处，元首进行互访。9 月 1 日，9 位阿拉伯国家元首、8 位

---

① 2003 年 5 月 28 日，驻伊拉克美军闯入巴勒斯坦国在巴格达的大使馆，拘捕了临时代办并搜查了办公室。6 月 1 日，利比亚宣布中断同伊拉克的外交关系。

非洲国家元首参加了利比亚“九一”革命20周年庆典，其中有摩洛哥国王哈桑二世、阿尔及利亚总统沙德利、突尼斯总统本·阿里、叙利亚总统阿萨德以及巴勒斯坦解放组织主席阿拉法特等贵宾。“九一”革命20周年庆典的隆重举行体现了利比亚调整对外关系，特别是改善和发展同阿拉伯和非洲国家关系的政策已经初见成效。10月，利比亚同埃及恢复外交关系。

1990年1月和7月，卡扎菲先后出席了马格里布联盟国家元首委员会会议。4月，利比亚同约旦恢复外交关系。5月，利比亚同纳米比亚建立外交关系。90年代初，利比亚同乍得改善关系后，对其他非洲国家也采取睦邻政策，同时对黑非洲各国加强经济援助，同阿拉伯和非洲国家继续保持良好关系。

1991年3月，马格里布联盟国家元首委员会举行第三次会议，卡扎菲与北非其他4国领导人出席。在利比亚同埃及关系改善的基础上，1991年3月，两国宣布撤销边境关卡。两国元首频频互访。1992年4月和8月、1994年6月、1998年7月、1999年5月，穆巴拉克多次访问利比亚。卡扎菲也于1992年4月、1993年1月、1996年4月和1999年3月、8月和9月访问埃及。

1991年8月28日，利比亚在班加西以南40公里的苏卢格举行人工河第一期工程竣工典礼。世界70多个国家的90个代表团参加了庆典。在参加典礼的25位国家元首和政府首脑中，来自阿拉伯和非洲国家的有19位。除马格里布联盟4国的国家元首外，埃及、苏丹、吉布提等国元首都大驾光临。黎巴嫩总理、约旦首相、阿曼副首相、伊拉克副总统、卡塔尔高等教育部长、巴林住房部长等都是多年来首次来到利比亚的贵宾。

利比亚同苏丹的关系在90年代初开始改善。1991年6月，卡扎菲访问苏丹。8月中旬和下旬，苏丹救国革命指挥委员会主席巴希尔连续三次访问利比亚。1993年4月和5月，巴希尔

和苏丹救国革命指挥委员会副主席祖贝尔分别访问利比亚。1994 年 8 月和 11 月，苏丹总统巴希尔和副总统祖贝尔访问利比亚。

1992 年，巴勒斯坦总统阿拉法特多次访问利比亚。利比亚支持巴勒斯坦建国。1998 年 2 月、1999 年 4 月，阿拉法特访问利比亚。1992 年 3 月，利比亚同利比里亚恢复外交关系。

1993 年，尼日尔和加纳总统访问利比亚。

1994 年，利比亚多次派出高级官员遍访阿拉伯各国，就美、法客机被炸事件的解决寻求这些国家领导人的支持。1994 年 5 月 16 日，利比亚同南非正式建立外交关系。

1997 年 8 月，由利比亚倡议，利比亚、苏丹、乍得、尼日尔、马里和布基纳法索共同组成萨赫勒—撒哈拉国家联合体。10 月，南非总统曼德拉在出席英联邦国家首脑会议时两次访问利比亚会晤卡扎菲。非洲统一组织主席、乌干达总统穆塞韦尼两次访问利比亚，卡扎菲也回访了乌干达。

1998 年 2 月，萨赫勒—撒哈拉国家联合体成员国元首在利比亚举行联合体第二次会议。5 月，利比亚同肯尼亚恢复外交关系。1998 年内，刚果（金）、刚果（布）、厄立特里亚、塞拉利昂、冈比亚、塞内加尔等国元首先后访问利比亚。

1999 年 4 月，联合国中止对利比亚的制裁后，卡扎菲于 6 月间访问了赞比亚、南非共和国和苏丹。7 月，卡扎菲亲自出席了在阿尔及利亚举行的非洲统一组织第 35 届首脑会议。9 月 9 日，在利比亚的苏尔特市举行了第 4 次非洲统一组织特别会议。当年，利比亚同沙特阿拉伯、约旦等国家的关系也有改善。约旦国王阿卜杜拉两次访问了利比亚。

事实表明，在卡扎菲调整了他的观点和利比亚政府对阿拉伯和非洲国家的政策之后，利比亚逐步摆脱了在非洲国家中的孤立处境，与多数非洲国家建立了良好的关系。

第十节　同非洲统一组织和非洲联盟的关系

利比亚是非洲统一组织的成员国。非洲统一组织成立于1963年5月，其宗旨是促进非洲国家的统一和团结，协调并加强非洲国家之间政治、外交、经济、文教、卫生、科技、防务和安全等方面的合作，努力改善非洲各国人民的生活，保卫他们的主权、领土完整和独立，从非洲根除一切形式的殖民主义，在尊重《联合国宪章》的条件下促进国际合作。根据当时非洲最通行的解释，“非洲统一”意味着非洲各国就一般政治问题进行商讨，和在经济、社会和文化领域里进行合作。而在非洲统一组织成立之初，所有新独立的非洲国家对外政策的首要原则是反对殖民主义，不仅要使非洲大陆挣脱殖民主义和种族主义的枷锁，还要清除殖民主义的残余，使非洲人民有确定其政治地位和选择其社会、经济和文化发展道路的自由。因此，非洲统一组织被非洲国家认为是增强非洲国家从殖民主义枷锁下解放整个非洲和反对新殖民主义斗争力量的国际组织。非洲统一组织所要实现的“非洲统一”是非洲国家间在不干涉内政和发展多边合作基础上的和平共处，并不是卡扎菲所追求的国家间的合并或联合成一个“非洲合众国”。

许多非洲国家经济不发达，独立后内乱、局部战争和冲突频频发生，使非洲局势长期动荡。非洲的许多政治领袖都认识到，只有实现一体化联合自强才是非洲在国际竞争中摆脱不利地位和谋求发展的唯一出路。非洲统一组织成立后，除了同殖民主义和南非的种族主义作斗争，维护各国的政治团结和平息地区冲突外，也为促进非洲国家经济社会一体化

作出了许多努力。虽然这种促进团结和协调发展的努力屡遭西方国家的阻挠和破坏，但是，非洲从政治团结走向政治、经济、社会一体化发展的必要性已经成为非洲国家和人民的共同愿望。特别是在20世纪90年代经济全球化的冲击下，这种愿望更加强烈。

面对这种国际形势和经济全球化浪潮，1999年9月在利比亚苏尔特市举行的非洲统一组织第4次特别会议上，卡扎菲提出成立非洲联盟取代非洲统一组织的建议。会议通过《苏尔特宣言》宣布成立非洲联盟，并建立非洲中央银行、非洲货币联盟、非洲法院和泛非议会等机构。2001年3月，非洲统一组织再次在苏尔特市举行成员国首脑第5次特别会议，宣告非洲联盟成立。2002年7月9日，非洲联盟第一次首脑会议在南非海滨城市德班举行。作为非洲最大和最具影响力的组织，非洲联盟正式启动。

卡扎菲对非洲联盟寄托了极大的希望。他在2001年7月11日举行的非洲统一组织卡萨布兰卡首脑会议上说，建立非洲联盟实现了他一生的梦想，“有了非洲联盟，我们成为一个统一的组织，而不再是一个个的国家。我们希望建立一个团结一致的非洲。这才是我们所要求的。”当时大部分非洲国家领导人倾向于非洲联盟采用欧洲联盟模式，先从经济入手建立连接各国的道路、降低关税、建立市场，再实现政治领域的联合。卡扎菲警告说，非洲人不应该盲目地模仿欧洲联盟或美国的做法。他说，欧洲和美国实行殖民统治压迫和分裂非洲，是有罪的。我们与他们之间没有共同标准，我们为什么要模仿他们呢？卡扎菲说，他厌恶一些非洲人模仿欧洲或美国的做法。

卡扎菲希望非洲国家开展合作，成立非洲中央银行，并在合适的时候使用非洲统一货币。2004年3月29日，卡扎菲出席非洲国家中央银行行长会议时说，世界格局正经历着巨大的变化，区域合作趋势越来越明显，欧洲、拉美和东南亚地区的区域性组织正呈现出勃勃生机。“非洲各国如果想在未来的世界里占有一席之地，就必须加快前进的步伐。”卡扎菲还希望非洲国家废除各自的武装力量，并考虑建立一支联合武装力量以抵抗外来侵略。他认为，“如果不是每个国家都拥有军队，我们本来就不会有这么多的冲突。这些军队把许多资源都消耗掉了。非洲的部落一直是共同相处的，是外国的影响给我们的人民带来了越来越多的冲突与苦难”。

除了非洲联盟之外，利比亚参加的国际组织还有：阿拉伯发展非洲经济银行（ABEDA）、非洲开发银行（AFDB）、阿拉伯经济和社会发展基金会（AFESD）、阿拉伯议会联盟（AL）、阿拉伯货币基金组织（AMF）、阿拉伯经济统一体理事会（CAEU）、关税合作理事会（CCC）、非洲经济委员会（ECA）、联合国粮农组织（FAO）、77国集团（G—77）、国际原子能机构（IAEA）、国际复兴开发银行（世界银行，IBRD）、国际民用航空组织（ICAO）、国际开发协会（IDA）、泛美开发银行（IDB）、国际农业发展基金会（IFAD）、国际金融公司（IFC）、国际劳工组织（ILD）、国际货币基金组织（IMF）、国际海事组织（IMO）、国际通信卫星机构（INTELSAT）、国际刑警组织（INTERPOL）、国际奥委会（IOC）、国际标准化组织（ISO）、国际电信联盟（ITU）、不结盟运动（NAM）、阿拉伯石油输出国组织（OAPEC）、伊斯兰会议组织（OTC）、石油输出国组织（OPEC）、阿拉伯马格里布联盟（UMA）、联合国（UN）、联合国贸易与发展会议（UNCTAD）、联合国教科文组织（UNESCO）、联合国工业发展组织（UNIDO）、联合国训练研究所（UNITAR）、万国邮政联盟（UPU）、世界劳工组织（WFTU）、世界卫生组织（WHO）、世界知识产权组织（WIPO）、世界气象组织（WMO）、世界旅游组织（WTO）。

第十一节　同中国的关系

一　两国外交关系的建立

中国同北部非洲各国人民有长期存在的传统友谊。在1955年4月举行的万隆亚非会议期间，周恩来总理同出席会议的利比亚政府代表第一次会面，彼此之间增进了相互了解。利比亚“九一”革命后，在两国尚未建立外交关系的情况下，利比亚国家领导成员贾卢德少校于1970年3月访问中国。1978年8月，贾卢德第二次来华访问，访问期间中国和利比亚两国代表签署了建立外交关系的联合公报。8月9日两国正式建立外交关系。

中华人民共和国和阿拉伯利比亚人民社会主义民众国建交公报称：“两国同意在互相尊重国家主权和领土完整、互不侵犯、互不干涉内政、平等互利和和平共处五项原则的基础上发展两国之间的友好和合作关系。中华人民共和国尊重阿拉伯利比亚人民社会主义民众国奉行中立、不结盟政策，赞赏利比亚人民在政治、经济、文化方面所取得的成就和它为巩固自己的独立、建设自己的国家而进行的斗争。”

二　相互访问和友好合作关系的发展

建立外交关系后，两国领导人通过互相访问加强了联系，增进了相互信任和理解，推动了两国之间友好合作关系的发展。1982年10月，卡扎菲访问中国，邓小平会见了他。卡扎菲表示，中国是第三世界中的一支巨大力量，利比亚为与中国同属第三世界感到自豪，利比亚重视同中国的关系，利、中关系将不断发展。他对利、中关系的繁荣兴旺持乐观态度，利比亚期望中国在加强第三世界政治、经济力量方面发挥积极作用。邓小平表示，中、利两国都是第三世界国家，双方都是坚决维护本国的独立和主权，拒绝外来势力的干涉和侵犯，绝不屈服于任何一个大国的压力，绝不容忍自己国家的民族尊严和国家利益受到侵犯。相信经过双方的共同努力，两国友好合作关系将得到进一步发展。卡扎菲访华期间，双方签署了《关于成立中国—利比亚经济贸易和科学技术混合委员会的协定》和《中国—利比亚相互合作计划》。

两国元首、政府首脑、政府部门领导人、议会领导人以及政党之间和民间团体之间互相往来，促进了两国关系平稳发展。中国政府特使、国务院副总理李鹏于 1984 年 5 月，国务院副总理田纪云于 1985 年 9 月访问了利比亚。1996 年 1 月，国务院副总理兼外交部长钱其琛在他为期 10 天的非洲之行中对利比亚进行了正式友好访问。2002 年 4 月 13 ~ 14 日，中国国家主席江泽民率高级代表团对利比亚进行了国事访问。

江泽民主席在访问期间与卡扎菲举行了正式会谈。双方就加强双边关系及共同关心的国际和地区问题深入交换了看法。双方回顾了两国在各个领域的友好合作关系，对这一关系业已达到的水平表示满意，认为建立在平等互利基础上的两国经贸与技术合作具有广阔的发展前景，两国将继续支持和鼓励双方有关部门和企业在石油、投资、基础设施建设、旅游等领域开展合作，并不断拓展合作的新方式和新途径。江泽民还重申了中国反对任何形式恐怖主义的立场。他指出，打击恐怖主义必须做到目标明确，证据确凿，避免伤及无辜。同时，反对恐怖主义还应着力消除滋生恐怖主义的根源，反对将恐怖主义与特定的民族或宗教挂钩。江泽民表示，中国政府对中东局势持续紧张深感忧虑。中国愿同包括利比亚在内的阿拉伯国家保持经常性的沟通和磋商，继续为推动中东问题的早日解决作出贡献。卡扎菲高度评价中国奉行的和平外交政策。他说，广大发展中国家特别是非洲国家都愿意与中国发展互利友好关系。希望中国加强与非盟国家的联系，促进共同发展。会谈后，两国领导人出席了两国《投资合作谅解备忘录》、《中国石油天然气集团公司与利比亚国家石油公司开展合作的协议》和《中国—利比亚关于铁路合作合同实施协议》的签字仪式。

除了两国领导人互访外，中国全国人民代表大会常务委员会副委员长、全国政协副主席、中联部部长、卫生部部长、外交部部长和副部长、国家经贸委副主任等先后访问利比亚。利比亚领导成员贾卢德于1992年1月第三次来华访问，1986年5月、1990年9月、1991年8月、1992年8月、1999年8月，卡扎菲特使或政府特使多次来华向中国领导人通报情况进行磋商。利比亚总人民大会人民委员会事务秘书（副议长）、政府秘书长、外交部长和副部长、经济贸易总人民委员会秘书（部长）等人都先后访问中国。

三　相互支持与合作

中国和利比亚外交关系建立后，利比亚领导人一再声明坚持一个中国的原则，坚决支持中国的统一大业。利比亚反对台湾当局的任何分裂活动，不同台湾发展任何官方关系。中国政府支持利比亚同其他国家成立阿拉伯马格里布联盟，支持联盟各国为发展区域合作所进行的努力。1986年3月和4月，美国以打击恐怖主义为由对利比亚进行袭击。中国政府对美国侵犯利比亚领土和主权的行为表示谴责，支持利比亚人民维护国家独立和主权的斗争。1992年4月，在安理会表决制裁利比亚的第748号决议时，中国代表投了弃权票。中国政府领导人表示，中国反对任何形式的恐怖主义，同时主张和平解决国际争端，主张有关各方通过协商谈判解决洛克比空难事件，不赞成制裁利比亚，更不赞成加重对利比亚制裁。中国愿意在和平共处五项原则基础上发展同利比亚的友好合作关系。

在国际事务中，利比亚重视中国的联合国安理会常任理事国的地位和作用。1997 年 1 月 3 日，两国外交部签署了《定期磋商协定》，使中国和利比亚外交活动的协调与合作制度化。

1982 年 10 月卡扎菲访问中国时，两国政府签订了《关于成立中国—利比亚经济贸易和科学技术合作混合委员会协定》和《中国—利比亚相互合作计划》。两国混合委员会于 1983 年 11 月、1985 年 3 月、1988 年 1 月、1992 年 2 月、1994 年 6 月和 1999 年 8 月分别在北京和的黎波里举行会议。

根据两国政府的协议，中国和利比亚在卫生、文化和科技等领域进行了友好合作。1982 年两国签署《关于中国派遣医疗队赴利比亚工作的协定》，中国医疗队于 1983 ~ 1994 年间在利比亚工作。1994 年底中国医疗队工作合同期满，未再续签。1985 年，两国签署文化合作协定。1990 年，两国签署《科技合作纪要》。1992 年开始，中国接受利比亚公费留学生，2003 年在中国留学的利比亚学生有 43 人。2001 年，中国和利比亚签署《2001 ~ 2004 年文化、新闻合作执行计划》。

四 双边经贸关系

中国同利比亚自 1951 年开始就有贸易来往。但在 70 年代前两国贸易额不大。两国经济贸易科学技术合作混合委员会建立后，中、利贸易进入稳定发展时期。从 1983 ~ 1991 年间，两国贸易额一直保持在 4000 万 ~ 7000 万美元之间。1992 年，联合国实施制裁后，利比亚为增加储备而大量进口粮食和生活必需品，同中国的贸易额大幅度增加。据海关统计，1992 年两国贸易额达 17643 万美元，其中中国出口的纺织品和服装、茶叶、大米和轻工产品等价值 8663 万美元。大米出口约 9 万吨，价值 2900 万美元；番茄酱价值 1200 万美元；茶叶价值 2600 万美元；纺织品和服装价值 1100 万美元；轻工产品价值约

300万美元。中国从利比亚进口的尿素和石油价值8980万美元，其中尿素27万吨，价值4200万美元；石油30万吨，价值4800万美元。

表7－1 1987～1992年中国—利比亚贸易情况

单位：万美元

年份	出口	进口	总额	差额
1987	7295	1055	8351	6240
1988	5610	3563	9174	2047
1989	3851	2708	6560	1143
1990	3639	324	3963	3315
1991	6528	4577	11105	1951
1992	8663	8980	17643	－317

表7－2 中国向利比亚出口主要商品情况

单位：万美元

商品	1988年	1989年	1990年	1991年	1992年
大米	570	642	0	1488	2900
纺织品	1520	922	599	907	840
服装	2020	251	503	70	320
茶叶	1328	1267	1500	1260	2600
轻工产品	180	99	113	412	300
蚕丝	0	0	547	544	0

1993年双边贸易额达到1.66亿美元，创历史最高记录。其中中国进口商品价值1.2亿美元，出口价值4524万美元。

1994年以后，主要是由于国际市场石油价格下跌，利比亚外汇收入减少影响商品进口，与中国贸易额下降。当年两国贸易额仅3247万美元，其中我国出口2990万美元，进口257万美元。1996年情况有所好转，两国贸易额回升，达到11271万美元，进出口基本持平。1998年，双边贸易额为9314万美元，其中我国出口商品价值7160万美元，进口价值2154万美元。当年中国向利比亚出口的主要商品是大米7万吨，价值2568万美元；纺织品价值1292万美元，以及服装、茶叶和轻工产品。由于1998年中国停止尿素进口，自利比亚进口的商品是石油14万吨，价值2137万美元，以及化肥，价值17万美元。1999年，中国向利比亚出口商品价值6475万美元，进口商品价值1687万美元。

从80年代末至90年代末，中国对利比亚出口的主要是大米、豆类、茶叶、纺织品、服装、鞋类等技术含量少、附加值低的初级产品和粗加工的半成品、制成品。后来，出口商品中增加了一些机电类产品的零配件。但是，利比亚向中国出口的商品品种单一，只有石油和尿素，每年的数量又不稳定。因此，90年代除1992、1993和1995年外，中国对利比亚贸易均处于顺差地位。双边贸易处于不平衡状态。2004年，双边贸易额达到6.72亿美元，其中中国出口商品2.55亿美元，进口商品价值4.17亿美元。贸易总额和进出口额都有极大的增长。中国出口商品主要是汽车、纺织品和服装、电信和机电产品等，进口商品主要是石油、钢铁。

利比亚是重要的石油生产和输出国。除石油工业外的其他产业基础薄弱，发展经济和满足人民生活需要的物品基本依赖进口。因此，中国对利比亚的出口市场有很大的发展空间。

从80年代初期起，中国同利比亚开始进行经济技术合作。我国先后有18家国际公司进入利比亚承包劳务市场，从事建筑、冶炼、卫生、养殖等项目的合作。联合国制裁开始实施后，由于利比亚经济困难承包市场萎缩，以及利比亚方面拖欠外国承包商工程款等原因，这些公司中的大部分陆续撤出，但“中建”等公司通过与第三国公司合作的形式仍在利比亚分包了一些项目。

联合国对利比亚的制裁中止后，90 年代后期我国同利比亚又就铁路建设、冶炼工程技术、港口建设、住宅建设、石油勘探开发等方面的合作进行商谈并达成协议。截至 1999 年底，中国在利比亚共签订承包劳务合同 400 项，合同金额累计达 78995 万美元，完成营业额 36616 万美元。其中承包合同 193 项，合同金额 48992 万美元，完成营业额 18766 万美元；劳务合同 206 项，合同金额 29999 万美元，完成营业额 17846 万美元；设计咨询合同 1 份，合同额 4 万美元，完成营业额 4 万美元。至 1999 年底，我国在利比亚的工程技术人员有 862 人。

两国间的科技交流与合作项目不多，主要是利比亚政府每年派遣技术人员到中国接受农业气象、蔬菜种植、农作物病虫害防治、环境保护、沙漠治理等项目的培训。中国在利比亚的科技人员不多。

1998 年 8 月 8 日，在中国和利比亚建立外交关系 20 周年前夕，两国外交部长互致贺电。中国外长在贺电中指出，20 年来，在两国领导人的直接关怀和两国政府的共同努力下，中国和利比亚两国在各个领域的友好合作关系不断发展，两国在国际和地区许多重大问题上一直相互理解和支持。中国政府愿在相互尊重、平等互利的基础上与利比亚政府一道为发展两国的友好合作关系继续作出不懈努力。利比亚对外联络与国际合作人民委员会秘书在贺电中对 20 年来两国政府及民间进行的友好合作与磋商表示满意。他高度评价 1982 年利比亚领导人卡扎菲同已故中国领导人邓小平的会晤，认为这一历史性的会晤有力地推动了两国关系的发展。他表示，愿与中方共同努力使两国友好关系最大程度地造福于两国人民。

后记

中国社会科学院编辑出版《列国志》大型丛书，目的是为广大读者了解和认识当代世界各国的情况，了解世界发展趋势，把握时代发展脉络提供帮助。这是一项极有意义的巨大工程，是需要付出艰苦努力才能完成的重大课题。

利比亚是位于非洲北部的重要国家。它不但有悠久的历史和灿烂的文化，更因为盛产石油而举世闻名。“九一”革命以后，利比亚的历史揭开了新的一页。国家贫穷落后的面貌迅速得到改变，经济和社会发展取得显著成绩。利比亚领导人所采取的国内外政策也经常为外界所关注。1978 年 8 月，中国与利比亚建立外交关系以来，两国领导人和民间人士通过相互往来增进了信任和理解，促进了两国在各个领域的友好合作关系不断发展。对利比亚的各方面情况作一些研究和介绍，也许能对读者进一步认识这个国家有所帮助。

本书在撰写过程中得到中国社会科学院西亚非洲研究所研究员赵国忠先生的大力协助，承蒙西亚非洲所袁武先生、法国巴黎政治学院李凤云女士、美国休斯敦大学李坚强先生提供多种书籍和资料。书稿完成后秦鸿国大使、王京烈研究员仔细审读，并提出了许多修改意见。对于他们的帮助，在此表示衷心的感谢。

主要参考文献

Subhi M. Gannous：Libya：*The Revolution In Twenty-five Years. 1969－1994*.

Anthony Ham：*Libya*. Lonely Planet Publications.

Moncef DJAZIRI：*Etat et société en Libye*. Editions L'Harmattan. 1996.

Francois Burgat. Andre Laronde：*La Libye*，Presses Universitaire de France，1996.

Helen chapin Metz：*Libya. A Country Study*. 4th Edition. 1989.

Blunsum Terrenee：*Libya*：*The Country and Its People*. Queen Anne Press. 1968.

Abu-Nasr. Jamil M. *A History of the Maghrib*. Cambridge University Press，1971.

Anderson，Lisa. *The State and Social Transformation in Tunisia and Libya. 1830－1980* Princeton University press，1986.

Askew. William C. *Europe and Italy's Acquisition of Libya，1911－1912*. Duke University Press，1942.

Bianco，Mirella. Cadafi：*Voice From the Desert*. Longman，1970.

Copeland，Paul W. *The Land and People of Libya* Lippincott，1967.

Deeb, Marius K., and Mary Jane Deed. *Libya Since the Revolution: Aspects of Social and Political Development*. Praeger, 1982.

Harris Lillian Craig. Libya: *Qadhafi's Revolution and the Modern State*. Westview Press. 1986.

Roumani, Jacques. "From Republic to Jamahiriya: Libya's Search for Political Community," *Middle East Journal*, 37, No. 2, Spring 1983, 151 ~ 168.

Sabki, Hisham M. *The United Nations and the Pacific Settlement of Disputes: A Case Study of Libya*. International Publications Service, 1973.

Wright, John. *Libya: A Modern History*. John Hopkins University Press, 1982.

Allan, J. A (ed.). *Libya Since Independence*. St. Martin's Press, 1982.

First. Ruth, *Libya: The Elusive Revolution*. Africana Publishing, 1975.

Bearman, Jonathan. *Qadhafi's Libya*. Zed Books, 1986.

Blundy, David and Andrew Lycett. *Qaddafi and the Libyan Revo-lution*. Brown, 1987.

El-Khawas. Mohamed A. *Qaddafi: His Ideology in Theory and Pra-ctice*. Amana books, 1986.

Haley, P. Edward. *Qaddafi and the United States Since 1969*. Praeger, 1984.

《列国志》已出书书目

2003 年度

吴国庆编著《法国》
张健雄编著《荷兰》
孙士海、葛维钧主编《印度》
杨鲁萍、林庆春编著《突尼斯》
王振华编著《英国》
黄振编著《阿拉伯联合酋长国》
沈永兴、张秋生、高国荣编著《澳大利亚》
李兴汉编著《波罗的海三国》
徐世澄编著《古巴》
马贵友主编《乌克兰》
卢国学编著《国际刑警组织》

2004 年度

顾志红编著《摩尔多瓦》

赵常庆编著《哈萨克斯坦》
张林初、于平安、王瑞华编著《科特迪瓦》
鲁虎编著《新加坡》
王宏纬主编《尼泊尔》
王兰编著《斯里兰卡》
孙壮志、苏畅、吴宏伟编著《乌兹别克斯坦》
徐宝华编著《哥伦比亚》
高晋元编著《肯尼亚》
王晓燕编著《智利》
王景祺编著《科威特》
吕银春、周俊南编著《巴西》
张宏明编著《贝宁》
杨会军编著《美国》
王德迅、张金杰编著《国际货币基金组织》
何曼青、马仁真编著《世界银行集团》
马细谱、郑恩波编著《阿尔巴尼亚》
朱在明主编《马尔代夫》
马树洪、方芸编著《老挝》
马胜利编著《比利时》
朱在明、唐明超、宋旭如编著《不丹》
李智彪编著《刚果民主共和国》
杨翠柏、刘成琼编著《巴基斯坦》
施玉宇编著《土库曼斯坦》
陈广嗣、姜琍编著《捷克》

2005 年度

田禾、周方冶编著《泰国》

高德平编著《波兰》

刘军编著《加拿大》

张象、车效梅编著《刚果》

徐绍丽、利国、张训常编著《越南》

刘庚岑、徐小云编著《吉尔吉斯斯坦》

刘新生、潘正秀编著《文莱》

孙壮志、赵会荣、包毅、靳芳编著《阿塞拜疆》

孙叔林、韩铁英主编《日本》

吴清和编著《几内亚》

李允华、农雪梅编著《白俄罗斯》

潘德礼主编《俄罗斯》

郑羽主编《独联体（1991～2002）》

安春英编著《加蓬》

苏畅主编《格鲁吉亚》

曾昭耀编著《玻利维亚》

杨建民编著《巴拉圭》

贺双荣编著《乌拉圭》

李晨阳、瞿健文、卢光盛、韦德星编著《柬埔寨》

焦震衡编著《委内瑞拉》

彭姝祎编著《卢森堡》

宋晓平编著《阿根廷》

张铁伟编著《伊朗》
贺圣达、李晨阳编著《缅甸》
施玉宇、高歌、王鸣野编著《亚美尼亚》
董向荣编著《韩国》

2006 年度

章永勇编著《塞尔维亚和黑山》
李东燕编著《联合国》
杨灏城、许林根编著《埃及》
李文刚编著《利比里亚》
李秀环编著《罗马尼亚》
任丁秋、杨解朴等编著《瑞士》
王受业、梁敏和、刘新生编著《印度尼西亚》
李靖堃编著《葡萄牙》
钟伟云编著《埃塞俄比亚　厄立特里亚》
赵慧杰编著《阿尔及利亚》
王章辉编著《新西兰》
张颖编著《保加利亚》
刘启芸编著《塔吉克斯坦》
陈晓红编著《莱索托　斯威士兰》
汪丽敏编著《斯洛文尼亚》
张健雄编著《欧洲联盟》

图书在版编目（CIP）数据

利比亚/潘蓓英编著. —北京：社会科学文献出版社，2007.2

（列国志）

ISBN 978-7-80230-450-5

Ⅰ. 利… Ⅱ. 潘… Ⅲ. 利比亚-概况 Ⅳ. K941.3

中国版本图书馆 CIP 数据核字（2006）第 160592 号

利比亚（Libya） **·列国志·**

编 著 者／潘蓓英
审 定 人／秦鸿国 王京烈 温伯友

出 版 人／谢寿光
出 版 者／社会科学文献出版社
地 址／北京市东城区先晓胡同 10 号
邮政编码／100005
网 址／http：//www.ssap.com.cn
网站支持／（010）65269967
责任部门／《列国志》工作室 （010）65232637
电子信箱／bianjibu@ssap.cn
项目经理／宋月华
责任编辑／孙 诚
责任校对／申 辰
责任印制／盖永东

总 经 销／社会科学文献出版社发行部
（010）65139961 65139963
经 销／各地书店
读者服务／市场部（010）65285539
法律顾问／北京建元律师事务所
排 版／北京中文天地文化艺术有限公司
印 刷／北京智力达印刷有限公司

开 本／880×1230 毫米 1/32 开
印 张／11.25
字 数／269 千字
版 次／2007 年 2 月第 1 版 2007 年 2 月第 1 次印刷

书 号／ISBN 978-7-80230-450-5/K·058
定 价／28.00 元

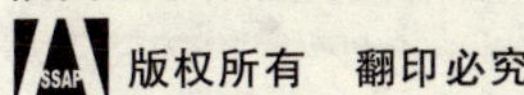

《列国志》主要编辑出版发行人

出 版 人 谢寿光

总 编 辑 邹东涛

项目负责人 杨 群

发 行 人 王 菲

编辑主任 宋月华

编 辑 （按姓名笔画为序）

朱希淦 杨 群 宋月华

陈文桂 李正乐 周志宽

范明礼

封面设计 孙元明

内文设计 熠 菲

责任印制 盖永东

编 务 李 敏

编辑中心 电话：65232637

网址：ssdphzh _ cn@ sohu. com